EN AVANT TOUTES

Sheryl Sandberg est directrice de l'exploitation de Facebook. Avant cela, elle a été vice-présidente des opérations et ventes en ligne chez Google et chef de cabinet au département du Trésor des États-Unis. Elle vit en Californie avec son mari et leurs deux enfants.

SHERYL SANDBERG

avec

NELL SCOVELL

En avant toutes

Les femmes, le travail et le pouvoir

TRADUIT DE L'ANGLAIS (ÉTATS-UNIS) PAR MARIE BOUDEWYN

JC LATTÈS

Titre original :

LEAN IN
WOMEN, WORK AND THE WILL TO LEAD
publié par Alfred A. Knopf, un département
de Random House Inc., New York

À mes parents, pour m'avoir inculqué la conviction que tout est possible

Et à mon mari, grâce à qui tout devient possible

Préface
de Christine Lagarde

Je me souviens du moment précis de ma vie où j'ai décidé, comme dit Sheryl Sandberg, de « *lean in* », de m'imposer.

Adolescente, l'idée ne m'avait jamais traversé l'esprit. En tout cas, pas de façon consciente. J'ai grandi avec trois frères et des parents formidables, et qui m'ont toujours soutenue. Ces derniers étaient l'un et l'autre des modèles à mes yeux, et m'ont toujours laissée choisir mon destin. Je ne me suis jamais demandé si « je devais » ou si « je ne devais pas » faire telle ou telle chose parce que j'étais une femme.

Mes parents m'ont toujours encouragée à donner le meilleur de moi-même, comme ils l'ont fait pour mes frères. J'ai ainsi eu le pouvoir de décider pour et par moi-même. Je me suis efforcée de me surpasser dans tout ce que j'ai entrepris, que ce soit pour rejoindre l'équipe de France de natation synchronisée, pour partir étudier à l'étranger à dix-sept ans puis traverser seule les États-Unis et le Mexique à vingt ans, ou encore me lancer dans des études de droit et de sciences politiques. À aucun moment il ne m'est venu à l'esprit de ne pas essayer.

Pourtant, lorsque j'ai postulé dans des cabinets d'avocats, les obstacles que rencontrent les femmes sont devenus une évidence. Je me souviens en particulier d'un entretien dans l'un des plus grands cabinets parisiens, au cours duquel mon interlocuteur m'a clairement fait comprendre que, en tant que collaboratrice, j'étais la bienvenue, mais pas comme femme, et que je ne deviendrais bien sûr jamais associée. Ce fut pour moi une révélation. C'est à ce moment précis que j'ai pris la décision délibérée de m'imposer. Je l'ai remercié, je me suis levée et je suis partie. J'avais autant le droit d'aspirer à devenir associée – ou quoi que ce soit d'ailleurs – que n'importe quelle autre personne. Homme ou femme.

Les histoires que Sheryl relate dans son livre nous conjurent de faire davantage pour aider toutes les femmes à exercer leurs droits. Il est certes important que chaque femme ait le pouvoir de s'affirmer, mais cela ne doit pas se résumer à un combat individuel. Il s'agit de changer les choses pour *toutes* les femmes. Sheryl défend ce point de vue avec conviction, en nous invitant à œuvrer toutes et tous ensemble afin de parvenir à l'égalité : « Plus il y aura de femmes à s'entraider, plus nous aiderons notre cause. » Ce livre témoigne, et participe, de la nécessité d'élargir considérablement le débat sur ce qu'il faut faire pour abattre les principaux obstacles systémiques auxquels se heurtent les femmes, que ce soit dans leur vie professionnelle, dans l'accès aux postes à responsabilités ou, plus généralement, dans la société.

Les femmes ne souhaitent pas toutes devenir dirigeantes ou gravir les échelons professionnels. Et c'est tout à fait légitime. L'essentiel est de pouvoir choisir. Cela dit, il est important d'avoir des femmes aux postes de pouvoir, car elles aident à faire progresser le débat et à créer une dynamique qui « garantira un traitement plus juste à l'ensemble des femmes ».

En qualité de directrice générale du Fonds monétaire international, j'ai eu, au fil de mes déplacements, le privilège de rencontrer de nombreuses femmes extraordinaires, aux parcours les plus variés. Certaines souhaitent réussir dans le secteur privé ou dans le monde universitaire. D'autres sont actives dans des organisations non gouvernementales ou militent dans la société civile pour essayer de la construire sur de nouvelles bases. D'autres encore sont des mères de famille ou de jeunes femmes soucieuses de s'entraider, de veiller mutuellement à leur sécurité ou à leur droit à l'éducation.

Elles occupent quotidiennement mes pensées. Comme Sheryl, lorsqu'elle évoque la trajectoire de Leymah Gbowee, je suis convaincue que plus il y aura de femmes au pouvoir, mieux elles aideront celles qui continuent à se battre pour les droits humains les plus fondamentaux.

Que pouvons-nous faire pour que la vie des femmes de tous horizons puisse véritablement changer ?

Pour les femmes qui deviennent des leaders, quoi de plus exaltant que de pouvoir inspirer et accompagner d'autres femmes ? Ni Sheryl ni moi-même ne serions là où nous sommes aujourd'hui sans les femmes qui nous ont précédées, sans celles qui nous ont tendu la main, ou nous ont inspirées. Ma mère, puis ma première « patronne » ont exercé sur moi une grande influence. Elles m'ont montré combien une femme confiante pouvait être forte et oser être exigeante.

Cela dit, ce sont les actes qui comptent. Comme Sheryl l'écrit, « il suffirait que les instances qui nous gouvernent décrètent un changement de politique pour que celui-ci ait lieu ». Nous pouvons agir de manière décisive pour les femmes qui nous entourent et pour les générations à venir.

Comme Sheryl, après la naissance de mes fils, encore jeune associée, j'ai changé mes horaires, ne travaillant plus le mercredi après-midi. J'ai connu le cynisme et le scepticisme de certains associés de mon cabinet d'avocats. Mais si c'était important pour moi et pour mes fils, il était encore plus important pour les autres avocates de constater que ce que je faisais était « *okay* » et qu'elles aussi pouvaient en faire autant.

Nous devons « oser la différence ». Mais à cela s'ajoute une responsabilité collective plus vaste de changer le monde du travail et, à certains égards, de changer les attentes de notre société. Ce changement systémique ne peut se produire que lorsque hommes et femmes s'asseyent à la même table.

La diversité apporte un regard différent sur le monde, un mode analytique original, et des solutions nouvelles. Une réelle valeur ajoutée. Les femmes ne doivent donc pas craindre de se comporter différemment. Notre objectif doit être de créer un environnement où elles sont respectées, appréciées, estimées en raison de l'originalité de leurs choix et ce, en toute sécurité.

Chacun suit son chemin dans la vie, mais tous ces chemins doivent avoir en commun de nous en laisser à tous, hommes et femmes, le choix.

Mars 2013

INTRODUCTION

Intérioriser la révolution

J'ai attendu mon premier enfant à l'été 2004. Je dirigeais alors la branche des ventes et opérations en ligne
chez Google. J'avais rejoint l'entreprise trois ans et
demi plus tôt, alors que ce n'était encore qu'une obs-
cure start-up, ne comptant que quelques centaines
d'employés, dans un immeuble de bureaux vétuste. Au
moment où je suis tombée enceinte, des milliers de
personnes travaillaient pour Google, dont les locaux
occupaient un complexe de bâtiments entourés d'es-
paces verts.

Ma grossesse n'a pas été facile. Les nausées mati-
nales, courantes au premier trimestre, ne m'ont pas
laissé un seul jour de répit en neuf mois. Pour ne rien
arranger, j'ai pris pas loin de trente kilos, au point que
je ne distinguais plus mes pieds déformés, enflés de
deux pointures, que lorsque je les hissais sur une table
basse. Un ingénieur de Google empreint d'un tact rare
a déclaré que le « projet baleine » avait été baptisé en
mon honneur.

Un jour, après une rude matinée face à la cuvette

des toilettes, j'ai dû me dépêcher de rejoindre une importante réunion avec un client. Google se développait à un tel rythme que le stationnement posait à l'entreprise un problème récurrent : je n'ai trouvé de place qu'à l'autre bout du parking, ce qui m'a contrainte à piquer un sprint, ou plutôt à me traîner un peu plus vite qu'à mon allure ridiculement lente de femme enceinte. Bien sûr, mes haut-le-cœur ont encore empiré : je suis arrivée à la réunion en priant pour que ne s'échappe de mes lèvres rien d'autre qu'un argument de vente. Le soir venu, j'ai confié mes déboires à mon mari, Dave. Il m'a fait remarquer que Yahoo, qui l'employait à l'époque, prévoyait des places de stationnement aux femmes enceintes à l'entrée de chaque bâtiment.

Le lendemain, j'ai foncé d'un pas décidé – plutôt clopin-clopant, en réalité – au bureau de Larry Page et Sergey Brin, les fondateurs de Google, une vaste pièce au sol jonché de jouets, de gadgets et de vêtements. J'ai déclaré à Sergey, en position du lotus dans un coin, qu'il était impératif de réserver des places aux femmes enceintes, et que le plus tôt serait le mieux. Il a levé les yeux sur moi et m'a tout de suite donné raison, non sans noter au passage que, jusque-là, il n'y avait pas pensé.

Aujourd'hui encore, j'ai honte de ne pas y avoir songé de moi-même avant d'avoir eu mal aux pieds. N'y allait-il pas de ma responsabilité de femme parmi les plus haut placées chez Google ? Pourtant, pas plus que Sergey, je ne m'en étais souciée. Les autres femmes enceintes au service de l'entreprise ont dû souffrir en silence, sans oser réclamer un traitement à part. À moins qu'elles n'aient manqué de l'assurance ou de l'autorité nécessaires pour exiger une solution au problème. Il a fallu attendre la grossesse d'une employée au sommet de la hiérarchie – quand bien même elle ressemblait à une baleine – pour que les choses bougent.

Aujourd'hui, aux États-Unis, en Europe et dans la majeure partie du monde, les femmes s'en sortent mieux que jamais encore. Nous bénéficions de ce qu'ont accompli celles qui nous ont précédées, qui se sont battues pour les droits que nous considérons aujourd'hui comme un dû. En 1947, la Standard Oil a proposé un poste d'économiste à Anita Summers, la mère de Larry Summers, qui m'a longtemps tenu lieu de mentor. Le jour où elle l'a accepté, son nouveau patron lui a dit : « Je suis ravi de vous avoir engagée. J'aurai à mon service une aussi bonne tête, sauf qu'elle me coûtera moins cher. » Anita s'est sentie flattée : quel compliment de s'entendre dire qu'intellectuellement, elle valait autant qu'un homme ! Il eût été impensable pour elle de réclamer un salaire équivalent.

Nous nous félicitons encore plus de notre sort lorsque nous comparons nos conditions de vie à celles de nos consœurs d'autres régions du monde. Certains pays refusent encore aux femmes des droits civiques fondamentaux. Sur l'ensemble de la planète, environ 4,4 millions de femmes et de jeunes filles sont victimes du commerce sexuel[1]. En Afghanistan ou au Soudan, les petites filles ne reçoivent que peu ou pas d'instruction, les épouses sont considérées comme la propriété de leur mari et les victimes de viols se retrouvent le plus souvent chassées de chez elles, accusées de jeter l'opprobre sur leur famille. Certaines échouent même en prison pour « crime moral[2] ». Heureusement, des siècles nous séparent du traitement inacceptable réservé aux femmes dans de tels pays.

La conscience que notre sort pourrait être pire ne doit pas pour autant nous dissuader de l'améliorer. Quand les suffragettes protestaient dans la rue, elles rêvaient d'un monde où régnerait une parfaite égalité entre hommes et femmes. Un siècle plus tard, nous nous efforçons encore de préciser leur vision d'avenir.

Il faut reconnaître que ce sont toujours les hommes qui dirigent le monde. Autrement dit : les voix des femmes ne se font pas entendre aussi fort quand il s'agit de prendre les décisions qui nous affectent le plus. Sur les cent quatre-vingt-quinze pays indépendants que compte le monde, seuls dix-sept sont gouvernés par des femmes[3]. Les femmes n'occupent que 20 % des sièges au parlement, sur l'ensemble de la planète[4]. Aux élections de novembre 2012 aux États-Unis, les femmes ont remporté plus de sièges au Congrès que jamais auparavant, soit 18 %[5]. La France compte un quart de députés femmes[6] et le parlement européen, un tiers. Nous sommes donc encore loin de la parité.

Le pourcentage de femmes au pouvoir est encore plus réduit dans le monde de l'entreprise. Sur la liste des P-DG des cinq cents plus grosses compagnies américaines, on ne dénombre que 4 % de femmes[7]. Aux États-Unis, les femmes détiennent à peu près 14 % des postes de cadres de direction et 17 % des sièges aux conseils d'administration, des chiffres qui ont à peine augmenté au cours des dix dernières années[8]. La situation des femmes de couleur est encore pire : elles n'occupent que 4 % des postes aux plus hauts échelons en entreprise, 3 % des sièges aux conseils d'administration et 5 % des sièges au Congrès[9]. En Europe, 14 % des membres des conseils d'administration sont des femmes[10]. En France, le chiffre atteint 22 % alors que 17 % des cadres de direction sont des femmes[11].

Il reste aussi beaucoup de progrès à faire en matière de rémunération. En 1970, les Américaines gagnaient cinquante-neuf cents, quand leurs homologues masculins empochaient un dollar. À force de protester, de lutter et de se démener, elles étaient parvenues, en 2010, à faire passer ce chiffre à soixante-dix-sept cents[12]. Comme l'a déclaré l'activiste Marlo Thomas, avec son humour à froid, le jour de l'égalité salariale, en 2011 : « Dix-huit cents en quarante ans ; pendant ce temps-là, la douzaine d'œufs a augmenté de dix fois autant[13]. » En Europe, les femmes gagnent en moyenne 16 % de moins que les hommes[14]. Le salaire moyen des Françaises qui travaillent à plein temps reste inférieur de 12 % à celui des hommes[15].

J'ai assisté aux premières loges à cette évolution décourageante. Diplômée de l'université en 1991, puis d'une école de commerce en 1995, j'ai eu pour collègues, dans les premiers postes que j'ai occupés, autant d'hommes que de femmes. Je me rendais bien compte que les postes les mieux placés revenaient presque exclusivement à des hommes, mais je pensais que cela s'expliquait historiquement par la discrimination contre les femmes. Le « plafond de verre » empêchant les femmes de se hisser au sommet de la hiérarchie avait disparu dans presque toutes les branches et, selon moi, ce n'était qu'une question de temps avant que ma génération n'assume une juste proportion des emplois de direction. Les années passant, le nombre de mes collègues femmes a tout de même diminué. De plus en plus souvent, je me retrouvais seule parmi des hommes.

Il en a parfois résulté des situations gênantes, encore que révélatrices. J'étais directrice de l'exploitation pour Facebook depuis deux ans quand notre directeur financier nous a quittés du jour au lendemain, m'obligeant à mener à bien un placement de titres au pied levé. Comme je m'occupais jusque-là d'opérations et non de finance, la levée de capitaux, une nouveauté pour moi, m'inspirait quelques craintes. Mon équipe et moi avons pris l'avion pour New York où nous devions faire l'article à des sociétés de financement par capitaux propres. Notre première réunion a eu pour cadre le genre de bureaux qu'on nous montre au cinéma, avec vue panoramique sur Manhattan. J'ai rapidement présenté nos activités avant de répondre aux questions. Jusque-là, tout allait bien. Quelqu'un a ensuite proposé cinq minutes de pause. J'ai prié l'associé de m'indiquer les toilettes des femmes. Il m'a fixée d'un œil vide. Ma question l'avait désarçonné. Je lui ai demandé :

« Depuis combien de temps travaillez-vous dans ce bureau ?

— Un an, m'a-t-il répondu.

— Ne me dites pas que je suis la seule femme qui ait tenté de conclure un marché ici en un an ?

— Je crois bien que si. Ou alors, vous êtes la seule qui ait eu besoin de passer aux toilettes. »

Voilà plus de vingt ans que je suis entrée dans la vie active et il y a tant de choses qui n'ont toujours pas changé. Il est temps pour nous d'admettre que notre révolution s'est enrayée[16]. La promesse de l'égalité, ce n'est pas la même chose qu'une véritable égalité.

Dans un monde vraiment égalitaire, les femmes dirigeraient un pays et une entreprise sur deux et les hommes seraient aussi nombreux à s'occuper de leur foyer que les femmes. Selon moi, il s'agirait d'un monde meilleur. Les lois de l'économie et de nombreuses études affirment qu'en mettant en commun nos ressources et nos capacités nous nous en sortirions mieux, en tant que collectivité. Warren Buffett, l'homme d'affaires aujourd'hui entré dans la légende, a charitablement mentionné parmi les raisons de son succès le fait qu'il ne se retrouvait en compétition qu'avec la moitié de la population. Les Warren Buffett de ma génération bénéficient du même avantage. Plus nous serons nombreux à entrer dans la course, plus nous briserons de records. Et ce que chacun de nous accomplira en tant qu'individu bénéficiera à tous.

La veille de la remise du prix Nobel de la paix 2011 à Leymah Gbowee, à la tête des femmes dont les protestations ont contribué à la chute du dictateur du Liberia, elle a fêté chez moi la parution de son autobiographie, *Notre force est infinie*. L'ambiance n'en était pas moins morose. Un invité lui a demandé comment les Américaines pouvaient venir en aide aux femmes ayant connu l'horreur de la guerre et des viols collectifs dans des pays comme le Liberia. Sa réponse, très simple, tenait en quelques mots : « Plus de femmes au pouvoir ». Leymah et moi venons de milieux radicalement différents, pourtant nous sommes toutes les deux parvenues à la même conclusion. Les conditions de vie des femmes s'amélioreront dès lors qu'elles seront plus nombreuses à détenir le pouvoir et à donner voix aux préoccupations de leurs consœurs[17].

Ce qui nous amène à l'inévitable question : comment ? Comment renverser les barrières qui empêchent un plus grand nombre de femmes de se hisser au sommet ? Les femmes sont confrontées à des obstacles bien réels dans le monde du travail : le sexisme, flagrant ou insidieux, la discrimination, le harcèlement sexuel. Trop peu d'employeurs garantissent la flexibilité, l'accès à des structures de garde et les congés parentaux nécessaires à la poursuite d'une carrière en parallèle avec la maternité. Les hommes ont moins de mal à s'assurer des recommandations, des soutiens d'une valeur inestimable pour leur avancement. Pour ne rien arranger, les femmes sont tenues plus que les hommes de faire leurs preuves. Et il ne s'agit pas que d'une idée que nous nous serions mise en tête. En 2011, une étude du cabinet de conseil McKinsey a établi que les promotions des hommes dépendaient de leur potentiel et celles des femmes, de leurs performances passées[18].

En plus des barrières extérieures dressées par la société, les femmes ont à surmonter des obstacles internes. Nous restons en retrait, à différents niveaux, par manque de confiance, parce que nous ne levons pas la main pour prendre la parole ou que nous reculons alors que nous devrions nous imposer. Nous intériorisons les messages négatifs qui nous parviennent au fil de notre vie – ceux qui nous persuadent que la franchise, l'agressivité ou encore l'acquisition d'un pouvoir supérieur à celui des hommes ne sont pas de bonnes choses. Nous revoyons à la baisse nos attentes en matière de réussite. Nous continuons à assumer l'essentiel des tâches ménagères et de la prise en charge des enfants. Nous consentons à des compromis, au détriment de notre carrière, pour ménager une place à un partenaire ou à des enfants qui, parfois, ne sont même pas encore apparus dans notre vie. Par rapport à nos collègues hommes, un plus petit nombre d'entre nous aspire à des postes à responsabilités. Je ne dresse pas ici la liste des erreurs que d'autres auraient commises. Moi-même, je m'en suis rendue responsable et, aujourd'hui encore, il m'arrive d'en répéter certaines.

Ce que je veux dire, c'est qu'il est essentiel de détruire ces barrières internes pour acquérir plus de pouvoir. D'aucuns prétendent que les femmes ne se hisseront au plus haut niveau qu'une fois renversés les obstacles institutionnels. Il s'agit là du problème de la poule et de l'œuf. La poule, c'est que les femmes surmonteront les barrières extérieures, à partir du moment où elles obtiendront des postes de direction. Nous foncerons alors dans le bureau de notre patron pour réclamer ce dont nous avons besoin, places de stationnement y comprises. Ou mieux : nous deviendrons à notre tour patron pour nous assurer que les femmes ne manquent de rien. L'œuf, c'est qu'il est nécessaire d'éliminer les barrières extérieures pour que les femmes accèdent aux postes clés avant toute chose. Il y a du vrai dans ces deux affirmations. Plutôt que de se lancer dans un débat philosophique sur la priorité de l'une ou l'autre, mettons-nous d'accord pour livrer bataille sur les deux fronts, d'une importance égale. J'encourage les femmes

à s'occuper de la poule tout en soutenant inconditionnellement celles qui se concentrent sur l'œuf.

Les obstacles internes sont rarement évoqués et
souvent minimisés. Tout au long de ma vie, on m'a
rebattu les oreilles des inégalités au travail et de la
difficulté à concilier carrière et famille. On m'a cependant peu parlé du risque que je reste volontairement
en retrait, en tant que femme. Les obstacles internes
méritent beaucoup plus d'attention, notamment parce
qu'ils sont de notre ressort. Il est en notre pouvoir de
démanteler dès aujourd'hui les entraves présentes
dans notre esprit. Libre à nous de commencer à l'instant même.

Jamais je n'aurais cru écrire un livre un jour. Je ne
suis pas une universitaire, ni une journaliste, ni une
sociologue. Je me suis résolue à prendre la plume après
avoir discuté avec des centaines de femmes, qui ont
évoqué devant moi leur combat, alors que je leur expo-
sais le mien ; je me suis rendu compte que les avancées obtenues ne suffisent pas, ou même, dans certains
cas, que l'on assiste à un recul. Le premier chapitre de
ce livre expose une partie des défis ardus auxquels sont
confrontées les femmes. Chacun des suivants s'intéresse à une amélioration qu'il est en notre pouvoir de
faire advenir : développer notre confiance en nous
(« prendre place à table »), convaincre nos partenaires
de se montrer plus actifs à la maison (« faire de son
partenaire un partenaire à part entière »), ne pas tenter
de nous imposer des normes intenables (« le mythe de
la capacité à tout concilier »). Je ne prétends pas détenir les solutions idéales à ces problèmes complexes. Je
m'appuie sur des données factuelles, des études uni-

versitaires, mes propres observations et ce que m'a appris mon expérience.

Je n'ai pas écrit ici mon autobiographie, même s'il m'est arrivé de raconter des anecdotes de mon passé. Je n'ai pas non plus conçu mon livre comme un manuel de développement personnel, même si j'espère qu'il contribuera à l'épanouissement de mes lectrices. Je ne traiterai pas de l'art de mener à bien une carrière, encore que cela ne m'empêchera pas de livrer des conseils à ce sujet. Enfin, je n'ai pas rédigé ici de manifeste féministe – encore qu'en un sens si, admettons-le, mais alors un manifeste qui, je l'espère, touchera les hommes autant que les femmes.

Peu importe la catégorie dans laquelle on classera ce livre : je l'ai écrit pour les femmes qui souhaitent augmenter leurs chances de parvenir au plus haut niveau dans leur domaine ou d'atteindre un but, quel qu'il soit. Je m'adresse donc à des femmes de tous âges : aussi bien à celles qui se lancent dans la vie active qu'à celles qui, ayant marqué une pause, se demandent peut-être comment réintégrer le monde du travail. Je m'adresse enfin à tout homme désireux de comprendre ce qu'une femme – sa collègue, son épouse, sa mère ou sa fille – doit affronter, et de remplir sa part du contrat en vue de bâtir un monde égalitaire.

Ce livre se veut un plaidoyer incitant les femmes à s'imposer, à faire preuve d'ambition, dans quelque domaine que ce soit. Si je suis convaincue qu'une augmentation du nombre de femmes aux postes haut placés reste indispensable à l'égalité, je ne pense pas qu'il existe une seule et unique définition du succès ou du

bonheur. Toutes les femmes ne désirent pas faire carrière. Toutes ne souhaitent pas d'enfants. Encore moins
les deux à la fois. Jamais je n'affirmerai que nous
aurions intérêt à toutes partager les mêmes objectifs.
Beaucoup de gens n'ont pas envie d'acquérir plus de
pouvoir, non par manque d'ambition mais parce qu'ils
mènent leur vie comme ils le désirent. Certaines contri-
butions parmi les plus essentielles à la société consistent à s'occuper d'une personne à la fois. Il revient à
chacun de nous de tracer sa route et de définir les
objectifs les plus en accord avec son style de vie, ses
valeurs et ses rêves.

J'ai en outre parfaitement conscience que l'immense
majorité des femmes luttent pour joindre les deux
bouts et s'occuper de leur famille. Certaines parties de
ce livre intéresseront surtout les femmes ayant la
chance de pouvoir choisir où et dans quelles conditions travailler, d'autres dépeindront des situations
auxquelles n'importe quelle femme est confrontée au
travail ou au sein de son foyer. À condition de faire
entendre plus de voix féminines au sommet, nous
garantirons un traitement plus juste et offrirons plus
d'opportunités à toutes.

Certaines femmes d'affaires m'ont dissuadée d'évoquer publiquement ces questions. Dans les occasions
où je m'y suis résolue malgré tout, il est arrivé que
mes déclarations agacent des hommes, autant que des
femmes. Je sais qu'en mettant l'accent sur les changements à la portée des femmes – en les incitant à s'imposer –, j'ai l'air de disculper les institutions. Ou pire,
on m'accuse de rejeter le blâme sur la victime. Bien
au contraire, j'estime que la solution du problème

viendra de l'accession de femmes à des postes de commandement. Certains de mes détracteurs souligneront qu'il m'est d'autant plus facile de m'imposer que mes ressources financières me permettent de bénéficier de toute l'aide souhaitable. Mon intention est de fournir ici des conseils qui m'auraient été utiles, bien avant que je n'entende parler de Google ou de Facebook, et qui trouveront un écho chez des femmes dans toutes sortes de situations.

J'ai déjà essuyé ces critiques et je sais que je n'ai pas fini de les entendre – ni d'autres encore. J'espère que l'on jugera mon message à son utilité. Nous ne pourrons pas éviter d'aborder le sujet : il nous concerne et nous dépasse tous. Il est plus que temps d'encourager un nombre croissant de femmes à rêver au possible et un nombre croissant d'hommes à soutenir les femmes, au travail comme à la maison.

Il est en notre pouvoir de relancer la révolution en l'intériorisant. Le passage à un monde plus juste se fera une personne à la fois. Et en attendant, toute femme déterminée à s'imposer nous rapprochera de notre objectif global : une égalité digne de ce nom.

1.

Le fossé de l'ambition :
que feriez-vous si vous n'aviez pas peur ?

Ma grand-mère Rosalind Einhorn est née très exactement cinquante-deux ans avant moi, le 28 août 1917. Ses parents, à l'instar de nombreux juifs new-yorkais aux maigres ressources, occupaient un petit appartement plein à craquer, à proximité du reste de la famille. Son père, sa mère, ses tantes et ses oncles appelaient leurs cousins par leurs noms. En revanche, ils s'adressaient à ses sœurs et à elle en leur disant « fillette ».

Pendant la crise de 1929, ma grand-mère a dû quitter le lycée Morris pour contribuer aux ressources du foyer en cousant des fleurs en tissu sur des sous-vêtements que sa mère revendait en engrangeant un petit bénéfice. Personne dans leur communauté n'aurait songé à obliger un garçon à quitter l'école. L'instruction d'un garçon représentait l'espoir pour la famille de s'élever sur l'échelle sociale. L'instruction des filles revêtait moins d'importance, parce qu'il était peu probable qu'elles assurent un revenu supplémentaire aux parents, et parce que par la suite les garçons étaient censés étudier la Torah, et les filles, s'occuper d'un foyer « comme il se doit ». Par chance pour ma grand-mère, l'un de ses professeurs a insisté pour que ses parents la renvoient à l'école. Non seulement elle a terminé le lycée mais elle est sortie diplômée de l'université de Berkeley.

Après ses études, « fillette » a trouvé un emploi de vendeuse de carnets et d'accessoires dans un grand magasin de la Cinquième Avenue. Quand elle a quitté son travail pour épouser mon grand-père, la légende familiale prétend qu'il a fallu engager quatre personnes pour la remplacer. Des années plus tard, lorsque l'entreprise de peinture de mon grand-père s'est mise à battre de l'aile, elle s'est interposée en imposant des mesures difficiles qu'il renâclait à prendre, et grâce à elle, ils ont échappé à la ruine. Passé la quarantaine, elle a une fois de plus témoigné de son flair pour les affaires. Atteinte d'un cancer du sein, elle a vaincu la maladie avant de récolter des fonds pour la clinique où elle avait été soignée, en vendant des copies de montres de marque entreposées dans le coffre de sa voiture. Fillette a engrangé une marge de profit à faire pâlir Apple d'envie. Je n'ai connu personne de plus énergique et déterminé que ma grand-mère. Quand Warren Buffett dit qu'il n'est entré en compétition qu'avec la moitié de la population, je pense à elle et me demande à quoi aurait ressemblé sa vie, si elle était née un demi-siècle plus tard.

Quand ma grand-mère a eu des enfants à son tour – ma mère et ses deux frères –, elle a insisté pour qu'ils fassent tous des études. Ma mère a suivi les cours de l'université mixte de Pennsylvanie. Quand elle a obtenu son diplôme de littérature française en 1965, le marché du travail laissait, selon elle, le choix aux femmes entre le milieu médical et l'enseignement. C'est pour ce dernier qu'elle a opté. Elle a commencé une thèse, abandonnée quand elle est tombée enceinte de moi, un peu après son mariage. Un homme obligé de compter sur sa femme pour subvenir aux besoins de la famille passait alors pour un raté. De ce fait, ma mère est devenue parent à plein temps et bénévole. La répartition pluriséculaire des tâches avait encore la vie dure.

Bien que j'aie grandi dans un foyer aux valeurs traditionnelles, mes parents n'attendaient pas moins de moi ou de ma sœur que de mon frère. Ils nous encourageaient tous les trois à donner le meilleur de nous-mêmes en classe, à contribuer à parts égales aux corvées ménagères et à nous consacrer à des activités extrascolaires. Nous étions en outre censés développer nos capacités physiques. Mon frère et ma sœur ont pratiqué des sports d'équipe mais, à l'école, j'étais toujours la dernière sélectionnée au moment de former les groupes. Bien que je n'aie pas toujours été à la hauteur en sport, l'éducation que j'ai reçue m'a convaincue que les filles étaient autant capables que les garçons et que j'étais libre de choisir entre absolument toutes les voies possibles.

À mon entrée à l'université, à l'automne 1987, les étudiants filles et garçons m'ont paru aussi investis les uns que les autres dans leurs études. Je ne me rappelle pas avoir envisagé ma carrière autrement que mes camarades de sexe masculin. Je ne me rappelle pas non plus de conversations sur la nécessité de concilier un jour ou l'autre travail et enfants. Mes amies et moi partions du principe que nous équilibrerions les deux.

Hommes et femmes se livraient alors une franche et rude compétition pendant les cours et les entretiens d'embauche. Deux générations à peine après celle de ma grand-mère, le terrain d'affrontement ne semblait plus favoriser qui que ce soit.

Depuis que j'ai obtenu mon diplôme, il y a plus de vingt ans, la société n'a toutefois pas autant évolué que je l'espérais. Presque tous mes camarades de fac de sexe masculin exercent aujourd'hui une activité professionnelle. Certaines de mes camarades femmes aussi, à plein ou à mi-temps, mais un nombre égal d'entre elles sont aujourd'hui mères au foyer ou bénévoles, comme ma mère. Ce qui reflète d'ailleurs la tendance nationale. À côté de leurs homologues masculins, les femmes diplômées renoncent en grand nombre à la vie active[1], ce qui pousse les institutions et les mentors à miser plutôt sur les hommes, statistiquement plus susceptibles de demeurer en activité.

Judith Rodin, la première femme à présider une université de l'Ivy League, aujourd'hui à la tête de la fondation Rockefeller, a déclaré en public à des femmes de mon âge : « Ma génération s'est rudement battue pour que vous ayez toutes le choix. Nous croyons aux vertus du choix. Mais nous ne pensions pas qu'un si grand nombre d'entre vous ferait celui de quitter le monde du travail[2]. »

Que s'est-il donc passé ? Ma génération a grandi à une époque d'égalité croissante, et nous pensions que la tendance allait se maintenir. Avec le recul, il semblerait que nous ayons été naïves, et trop idéalistes. Concilier nos aspirations professionnelles et personnelles a constitué un défi plus ardu que nous ne nous le figurions. Les années mêmes où notre avancement exigeait de nous un investissement maximal en temps, notre horloge biologique exigeait que nous devenions mères. Nos partenaires ne s'occupant ni des corvées ménagères ni des enfants, nous avons dû cumuler deux emplois à plein temps. Le monde du travail n'a pas évolué assez pour nous accorder la flexibilité que nécessitaient nos responsabilités à la maison. Nous ne nous y attendions absolument pas. Nous avons été prises au dépourvu.

Si l'on peut reprocher à ma génération sa naïveté, c'est en revanche par excès de pragmatisme qu'ont péché les suivantes. Nous n'en savions pas assez, alors que les filles d'aujourd'hui en savent trop. Elles ne sont historiquement pas les premières à bénéficier des mêmes opportunités que les garçons mais les premières à être conscientes que toutes les occasions qui se présentent à elles ne se traduiront pas forcément par une réussite professionnelle. Beaucoup d'entre elles ont vu leur mère s'efforcer de « tout mener à bien » et en ont conclu qu'il fallait tirer un trait sur quelque chose. Le plus souvent sur leur carrière.

L'aptitude des femmes à exercer une autorité dans le monde du travail ne laisse aucun doute. De plus en plus, les filles réussissent mieux que les garçons à l'école ; elles décrochent à peu près 57 % des diplômes de premier cycle et 60 % des masters aux États-Unis[3]. La tendance est aussi manifeste en France, où 55 % des diplômes de premier cycle reviennent à des femmes[4]. En Europe, 82 % des femmes âgées de vingt à vingt-quatre ans ont mené à bien leur scolarité dans le secondaire, contre 77 % d'hommes seulement[5]. C'en est au point que beaucoup s'inquiètent de la « fin des hommes[6] ». Mais l'attitude de soumission qui consiste à ne prendre la parole qu'en levant la main jusqu'à ce qu'on y soit invité a beau être récompensée à l'école, elle n'est pas aussi valorisée en milieu professionnel[7]. L'avancement dépend souvent de la capacité à prendre des risques et à se mettre en avant – un trait de caractère que l'on décourage les filles de développer. Voilà qui pourrait expliquer pourquoi la réussite universitaire des femmes ne s'est pas encore traduite par un nombre significativement plus élevé de femmes à des postes de commandement. Le conduit qui approvisionne le marché du travail en diplômés regorge de femmes au bas de la pyramide ; quand vient le moment de remplir des fonctions de direction, ce sont toutefois en majorité des hommes qui en sortent.

Il existe une multitude de raisons à cela ; l'une d'elles, et non la moindre, n'est autre que le fossé de l'ambition. Évidemment, beaucoup de femmes nourrissent autant d'ambition professionnelle que bien des hommes. Pourtant, à y regarder de plus près, quel que soit le secteur, on s'aperçoit que les hommes sont plus nombreux que les femmes à briguer un poste au sommet. En 2012, une étude du cabinet McKinsey a mis en évidence que, sur plus de quatre mille employés d'entreprises phares de leur secteur, 36 % des hommes souhaitaient devenir P-DG, contre 18 % des femmes seulement[8]. Un poste présenté comme un défi à relever et impliquant de grandes responsabilités attire en général un plus grand nombre de candidats que de candidates[9]. Si le fossé de l'ambition se creuse à mesure que l'on s'élève dans la hiérarchie, la dynamique qui le sous-tend transparaît en revanche à la moindre étape d'une carrière. Un questionnaire soumis à des étudiants a révélé que plus d'hommes que de femmes se fixent comme priorité « l'accès à un poste de manager » au cours des trois ans suivant l'obtention de leur diplôme[10]. Même parmi les professions libérales, on compte plus d'hommes que de femmes à se qualifier d'« ambitieux »[11].

L'espoir existe que la situation évolue avec la prochaine génération. Selon une étude du Pew Research Center, il y aurait, pour la première fois en 2012, plus de femmes (66 %) que d'hommes (59 %) âgés de dix-huit à trente-quatre ans à donner de l'importance à la « réussite dans une carrière ou un métier qui paye bien »[12]. Une récente enquête sur les membres de la génération Y[13] a mis en évidence que les femmes n'étaient pas moins enclines que les hommes à se définir comme ambitieuses. Bien qu'il s'agisse là d'un pas en avant, ne serait-ce que dans cette tranche d'âge, le fossé de l'ambition demeure une réalité. Les femmes de la génération Y sont moins nombreuses que les hommes à se reconnaître dans l'affirmation : « J'aspire à un poste de direction, quel que soit le secteur dans lequel je travaillerai. » Elles ont en outre moins tendance à se définir comme des « meneuses », des « visionnaires », « sûres d'elles », « prêtes à prendre des risques »[14].

Les hommes étant plus nombreux à briguer des postes de commandement, il n'est pas surprenant qu'ils en obtiennent, surtout quand on songe à tous les autres obstacles que doivent surmonter les femmes. Et il ne faut pas attendre l'entrée sur le marché du travail pour s'en rendre compte. L'essayiste Samantha Ettus et son mari ont épluché l'annuaire de l'école maternelle de leur fille, où chaque élève devait répondre à la ques-

tion : « Que veux-tu faire quand tu seras grand ? » Ils
ont remarqué que plusieurs garçons souhaitaient devenir président. Alors qu'aucune fille n'en a exprimé le
désir[15]. (Les données actuelles laissent penser qu'à
l'âge adulte, ces fillettes n'auront toujours pas changé
d'attitude[16].) Au collège, on compte plus de garçons
que de filles aspirant à un poste de direction[17]. Moins
d'un tiers des conseils d'étudiants des cinquante
meilleures universités américaines sont présidés par
des femmes[18].

Si l'on attend d'un homme un minimum d'ambition
professionnelle, chez une femme, en revanche, ce n'est
pas indispensable – quand ce n'est pas carrément mal
vu. Notre culture ne considère pas « Elle est très ambitieuse » comme un compliment. Les femmes agres-
sives ou rentre-dedans contreviennent à des normes
implicites à propos d'un comportement acceptable ou
pas. On applaudit les hommes de pouvoir, les ambitieux, qui ont du succès, alors que les femmes dans le
même cas en payent le prix, socialement. La réussite
d'une femme lui coûte, le plus souvent[19].

Et en dépit de l'évolution des mœurs, la société
continue d'exercer une pression sur les femmes pour
qu'elles songent dès leur plus jeune âge au mariage.
Quand je suis entrée à l'université, mes parents, tout
obnubilés qu'ils étaient par ma réussite scolaire, insistaient plus encore sur la nécessité de trouver un bon
mari. Ils m'ont seriné que les femmes les plus prisées
se mariaient jeunes pour être sûres de dénicher un
« bon parti » avant qu'ils ne soient tous pris. J'ai
écouté leur conseil et, pendant mes études, j'ai soumis
chacun de mes copains à un impitoyable examen,

comme si j'allais devoir l'épouser (ce qui, croyez-moi, à dix-neuf ans est le plus sûr moyen de mener à l'échec une relation).

En troisième cycle, mon directeur de thèse, Larry Summers, m'a conseillé de solliciter une bourse d'études à l'étranger. J'ai refusé parce qu'il me semblait peu probable de rencontrer dans un pays lointain un homme susceptible de m'épouser. Je me suis installée à Washington, une ville qui grouillait alors de futurs maris potentiels. Ma stratégie a fonctionné. Je n'avais pas quitté la fac depuis un an quand j'ai rencontré un bon parti, un homme tellement fabuleux que je l'ai épousé. À vingt-quatre ans, je considérais le mariage comme la première étape – indispensable – d'une vie heureuse et productive.

L'avenir allait me prouver mon erreur. Je manquais encore de maturité pour prendre une décision engageant ma vie entière, et ma relation avec mon mari n'a pas tardé à s'envenimer. J'ai réussi l'exploit de me marier... puis de divorcer avant vingt-six ans. Sur le coup, je l'ai pris comme un terrible échec personnel et social. Des années durant, il m'a semblé que, quoi que j'accomplisse sur le plan professionnel, ce ne serait rien à côté de la marque d'infamie que je traînais après moi. (Près de dix ans plus tard, j'ai découvert que les « bons partis » n'étaient pas tous accaparés, et j'ai pris la sage et heureuse décision d'épouser Dave Goldberg.)

Comme moi, Gayle Tzemach Lemmon, directrice adjointe du programme « Femmes et politique étrangère » au Conseil des relations extérieures, a été incitée à donner la priorité à son mariage, au détriment de sa carrière. « À vingt-sept ans, a-t-elle déclaré au

magazine *The Atlantic*, j'ai reçu une offre de stage en
or, en Allemagne, dans l'idée d'apprendre l'allemand
au *Wall Street Journal.* [...] Une chance incroyable,
vu mon âge, qui m'aiderait pour mon doctorat et la
suite de ma carrière, j'en étais consciente. L'idée que
j'abandonne mon petit ami de l'époque pour passer un
an à l'étranger a malgré tout choqué, et même horrifié
mes amies. Mes proches m'ont demandé si la perspective de ne jamais me marier ne m'inquiétait pas. Lors
d'un barbecue auquel nous étions invités, mon amoureux et moi, son patron m'a prise à part pour me rappeler que "des types comme lui, ça ne court pas les
rues". » D'après Gayle, à cause de ce genre de réactions, de nombreuses femmes estiment encore
qu'« ambitieuse, c'est une insulte[20] ».

Beaucoup m'ont toutefois rétorqué que le problème
ne venait pas d'un manque d'ambition des femmes. À
les entendre, celles-ci ne sont pas moins ambitieuses
que les hommes, seulement, mieux éclairées, elles se
proposent des objectifs autres, plus sensés. Je ne le nie
pas. On est en droit d'attendre autre chose de la vie
qu'une carrière ; par exemple élever des enfants, s'épanouir sur le plan personnel, apporter sa contribution à
la société, améliorer l'existence d'autrui. Sans compter que beaucoup de gens s'investissent dans leur travail sans pour autant aspirer – et rien ne devrait
d'ailleurs les y obliger – à diriger l'organisation qui
les emploie. Assumer un poste de commandement
n'est pas le seul moyen d'influer sur le monde.

Je ne nie pas non plus les différences biologiques
entre hommes et femmes. J'ai nourri au sein deux
enfants et remarqué, parfois à ma grande déconvenue,

que mon mari n'était pas équipé pour en faire autant. La propension des femmes à s'occuper de leur entourage et des hommes à s'affirmer s'expliquerait-elle par la biologie ? C'est bien possible. Il n'en reste pas moins qu'aujourd'hui, où nous n'avons plus à chasser pour nous nourrir, le désir d'assumer des responsabilités relève du phénomène culturel. Les attentes que fait peser sur nous la société façonnent en grande partie la manière dont chacun de nous perçoit ce qu'il peut et doit accomplir.

Dès leur naissance, garçons et filles reçoivent un traitement à part[21]. Les parents ont tendance à plus parler aux filles qu'aux garçons[22]. Les mères surestiment la capacité de leurs fils à se déplacer en rampant, alors qu'elles la sous-estiment chez leurs filles[23]. En vertu de l'idée reçue selon laquelle les filles ont plus besoin d'aide que les garçons, les mères passent souvent plus de temps à réconforter et câliner les filles et à regarder les garçons jouer seuls dans leur coin[24].

La culture ambiante véhicule en outre des messages très peu subtils. Une célèbre chaîne de magasins a vendu des maillots pour nourrissons où l'on pouvait lire « aussi malin que papa » ou « aussi jolie que maman[25] ». La même année, une marque de prêt-à-porter a lancé un tee-shirt pour adolescentes indiquant : « Je suis trop jolie pour faire mes devoirs, mon frère doit s'en charger à ma place[26]. » Cela ne remonte pas à 1951. Cela s'est passé en 2011.

Pis encore, certains messages adressés aux filles, non contents de les inciter à la superficialité, les découragent carrément de briguer le pouvoir. Quand une fille cherche à prendre les choses en main, on lui reproche souvent son autoritarisme. Une accusation dont il est rare qu'un garçon pâtisse, vu qu'il ne choquera personne en s'arrogeant une autorité. Je sais, pour me l'être entendu reprocher une bonne partie de mon enfance, qu'il ne s'agit pas là d'un compliment.

Certaines anecdotes à propos de ma volonté de commander les autres, enfant, circulent (encore et encore) pour le plus grand amusement de tous. Il paraît que, à l'école primaire, j'apprenais à mes cadets, David et Michelle, à me suivre partout, écouter mes discours et s'écrier : « Bien dit ! » à la fin. En tant que doyenne du quartier, je passais prétendument mon temps à mettre sur pied des spectacles dont j'assurais la mise en scène, ou des clubs que je dirigeais. Cela fait rire. Malgré tout, aujourd'hui encore, j'en ai un peu honte (embarras d'autant plus absurde que je viens de rédiger tout un livre pour expliquer en quoi les filles n'ont pas à réagir ainsi ; à moins que cela n'explique en partie ma motivation).

Même une fois passée la trentaine, mon frère et ma sœur ne trouvaient rien de mieux pour me taquiner que de me rappeler mon attitude, petite fille. Le jour de mon mariage avec Dave, David et Michelle ont prononcé un excellent discours, à mourir de rire, qui commençait ainsi : « Certains de vous nous prennent pour le frère et la sœur de Sheryl mais, en réalité, nous avons été ses premiers employés – l'employé numéro 1 et l'employée numéro 2. Au début, à respectivement trois et un ans, sans ressort, nous ne valions pas un clou. Paresseux, mal organisés. Nous avions plus vite fait de nous baver dessus que de lire le journal. Sheryl n'en a pas moins décelé notre potentiel. Pendant plus de dix ans, elle nous a pris sous son aile pour nous former. » Tout le monde a ri. Mon frère et ma sœur ont poursuivi : « Pour autant que nous sachions, Sheryl n'a jamais vraiment joué, enfant ; elle se contentait de diriger les jeux des autres. Sheryl exerçait son autorité sur les adultes aussi. Quand nos parents partaient en vacances, nos grands-parents venaient s'occuper de nous. Avant le départ de nos parents, Sheryl protestait : "Il va falloir que je veille sur David et Michelle, et Papi et Mamie en plus. Ce n'est pas juste !" » À ces mots, les éclats de rire ont redoublé.

Moi aussi, j'ai ri, bien que j'estime aujourd'hui encore en partie inconvenant qu'on juge une petite fille trop dominatrice. Autant dire que j'ai ri jaune.

Dès leur plus jeune âge, on incite les garçons à prendre les choses en main et exprimer leur opinion. Les enseignants s'occupent plus des élèves de sexe masculin : ils les sollicitent et les interrogent plus souvent. Ceux-ci se montrent en outre plus enclins à répondre spontanément et, quand ils prennent la parole sans y avoir été invités, en général, les enseignants les écoutent. À l'inverse, ils reprochent aux filles qui en font autant de ne pas respecter les règles et leur rappellent de lever la main avant d'ouvrir la bouche[27].

Il m'a été rappelé, il y a peu, que ces modes de comportement subsistent encore à l'âge adulte. J'ai assisté, récemment, à un dîner avec d'autres cadres, où l'invité d'honneur a monopolisé la parole. Impossible de poser une question ou de formuler une remarque sans l'interrompre. Trois ou quatre hommes se sont interposés et l'invité leur a poliment répondu avant de reprendre le fil de son discours. À un moment, j'ai tenté de m'immiscer dans la conversation. « Laissez-

moi finir ! a-t-il aboyé. Vous autres ne savez pas écouter ! » Quelques hommes l'ont encore interrompu, ce
qu'il a toléré de bonne grâce. Enfin, la seule autre
femme présente au dîner a ouvert la bouche… et il a
recommencé ! Il lui a reproché son impertinence. À
l'issue du dîner, l'un des P-DG m'a prise à part pour
me confier qu'il avait bien remarqué que seules les
femmes avaient été réduites au silence. Il a ajouté
qu'en tant qu'Hispano-Américain, il compatissait, vu
qu'il avait été traité ainsi à maintes reprises.

Le danger va bien au-delà du risque qu'une personne
incarnant l'autorité réduise les femmes au silence. Les
jeunes femmes intériorisent les normes de comportement que la société leur présente comme « conve-
nables » et se censurent elles-mêmes. On les félicite
d'être « aussi jolies que maman » en les incitant à
prendre soin de leur entourage, là aussi, comme maman.

L'album *Free to Be… You and Me,* sorti en 1972, a
marqué mon enfance. Ma chanson favorite, *La Poupée
de William*, raconte l'histoire d'un garçon de cinq ans
suppliant son père récalcitrant de lui acheter un jouet
pour fille. Près de quarante ans plus tard, l'industrie
du jouet continue de véhiculer des stéréotypes. En
2011, juste avant Noël, une vidéo montrant une fillette
de quatre ans prénommée Riley a créé le buzz. On l'y
voit dans un magasin de jouets, trépigner d'indigna-
tion parce que les fabricants de jeux veulent « persuader les filles d'acheter des trucs roses plutôt que ceux
que les garçons ont envie d'acheter. C'est pas vrai ? ».
Si, c'est vrai. Comme le remarque à juste titre Riley :
« Il y a des filles qui aiment les super-héros, et d'autres,
les princesses ; des garçons qui aiment les super-héros,

et d'autres, les princesses. Alors pourquoi faut-il que toutes les filles achètent des trucs roses et que les garçons, eux, achètent des trucs d'une autre couleur[28] ? » Même pour un enfant de quatre ans, un acte de rébellion se révèle presque nécessaire pour rompre avec les attentes de la société. William n'a toujours pas de poupée, alors que Riley se noie dans un océan de rose. Je passe aujourd'hui l'album *Free to be… You and Me* à mes enfants en espérant que, s'ils le font écouter un jour aux leurs, son message leur paraîtra désuet.

Les stéréotypes sexistes inculqués dans l'enfance se consolident au fil de notre vie, au point de se changer en prophéties autoréalisatrices. La plupart des postes de commandement étant détenus par des hommes, les femmes s'attendent à ne pas en décrocher. Or c'est précisément l'une des raisons pour lesquelles elles n'en obtiennent pas. Il en va de même de la rémunération. Les hommes gagnent en général plus que les femmes, de sorte qu'il semble aller de soi qu'elles perçoivent des revenus moindres. C'est d'ailleurs le cas.

Un phénomène psychosociologique, baptisé « menace du stéréotype », aggrave encore le problème. Des chercheurs ont observé que les membres d'un groupe conscients d'un stéréotype négatif manifestent une tendance accrue à s'y conformer. Par exemple, les garçons ont la réputation de mieux s'en sortir en maths et en sciences que les filles. Quand on le rappelle aux filles avant un examen de maths ou de sciences, elles le réussissent moins bien, y compris lorsqu'il s'agit de cocher M (*male*) ou F (*female*) en tête de page[29]. La menace du stéréotype décourage les filles de se lancer dans une carrière technique et explique en grande partie pourquoi un si petit nombre d'entre elles étudient l'informatique[30]. Comme me l'a fait remarquer un stagiaire chez Facebook : « Dans la section informatique de mon école, il y a plus de Dave que de filles. »

Le stéréotype de la femme active n'a généralement rien de séduisant. La culture populaire dépeint les femmes qui réussissent professionnellement comme obnubilées par leur carrière au point de ne pas avoir de vie privée (je pense ici à Sigourney Weaver dans *Working Girl* ou à Sandra Bullock dans *La Proposition*). Quand un personnage féminin se consacre à la fois à son travail et à sa famille, elle apparaît presque toujours au bout du rouleau et rongée par la culpabilité (comme Sarah Jessica Parker dans *Mais comment font les femmes ?*). De tels clichés dépassent le cadre de la fiction. Une étude a montré que seuls 20 % des hommes et femmes de la génération Y employés dans une structure où une femme assume une fonction de direction ont envie de suivre son exemple[31].

Ce stéréotype rebutant est d'autant plus malvenu que la plupart des femmes sont bien obligées de travailler. Aux États-Unis, 41 % des mères assurent l'essentiel des revenus de leur famille. 23 % y contribuent à hauteur d'au moins un quart[32]. Le nombre de femmes qui subviennent seules aux besoins de leurs proches augmente rapidement : entre 1973 et 2006, la proportion des mères célibataires à la tête d'un foyer est passée de une sur dix à une sur cinq[33]. Ces chiffres sont encore beaucoup plus élevés pour les minorités hispaniques ou afro-américaines. 27 % des enfants de Latino-Américains et 52 % des fils et filles d'Afro-Américains sont élevés par une mère célibataire[34]. En Europe aussi, ce sont de plus en plus les femmes qui pourvoient aux besoins des leurs[35].

Les États-Unis sont largement à la traîne en ce qui concerne l'aide aux parents désireux de s'occuper de leurs enfants tout en continuant à travailler. C'est le seul pays industrialisé au monde où il n'existe pas d'allocations de maternité[36]. Comme le note Ellen Bravo, directrice du réseau d'associations Family Values @ Work, la plupart des « femmes ne songent pas à "tout mener de front", elles s'inquiètent plutôt de tout perdre – leur travail, la santé de leur enfant, la stabilité financière de leur famille – à cause des conflits qui surgissent régulièrement entre les devoirs d'une employée modèle et d'une mère responsable[37] ».

De nombreux hommes partent du principe qu'ils pourront réussir dans leur métier tout en s'épanouissant dans leur vie privée. Beaucoup de femmes jugent en revanche au mieux difficile de concilier les deux quand ça ne leur paraît pas carrément impossible. Les médias bombardent les femmes de mises en garde leur assenant qu'elles ne peuvent se consacrer à la fois à leur famille et leur carrière. On leur serine qu'elles doivent choisir, sous peine de se rendre malheureuses ou de s'épuiser à force de vouloir en faire trop. Estimer que la difficulté consiste à parvenir à un équilibre entre le travail et le reste de la vie – comme s'il s'agissait de réalités diamétralement opposées – condamne l'emploi à passer au second plan. Qui opterait pour le travail au détriment de la vie ?

La bonne nouvelle, c'est que les femmes peuvent non seulement concilier leur vie de famille et leur carrière mais même s'épanouir, ce faisant. En 2009, Sharon Meers et Joanna Strober ont publié *Getting to 50/50*, une synthèse d'études gouvernementales et sociologiques, dont elles ont conclu que les enfants, leurs parents et le couple qu'ils formaient vivaient parfaitement heureux lorsque le père et la mère menaient l'un et l'autre une carrière. Les données recueillies indiquent que le partage des responsabilités, vis-à-vis des finances du couple et des enfants, soulage les mères de leur culpabilité, incite les pères à s'impliquer auprès de leurs proches et contribue au bien-être des plus jeunes[38]. La professeure Rosalind Chait Barnett de l'université Brandeis a épluché une multitude d'études sur l'équilibre entre le travail et la vie privée : il se trouve que les femmes qui assument de multiples rôles sont moins anxieuses et se sentent mieux mentalement[39]. Travailler à l'extérieur réussit aux femmes, auxquelles cela apporte une sécurité financière accrue, une plus forte stabilité de leur couple, une meilleure santé et, le plus souvent, plus de satisfaction par rapport à la vie qu'elles mènent[40].

Ce n'est pas forcément captivant ni comique de prendre pour héroïne d'un film une femme qui aime à la fois son métier et sa famille, et pourtant cela refléterait plus fidèlement la réalité. Il nous faudrait plus de portraits de femmes compétentes dans leur profession et heureuses en tant que mères – ou heureuses au travail et compétentes en tant que mères. Certes, les personnages qu'on nous présente aujourd'hui nous amusent, mais ils inspirent aux femmes des appréhensions inutiles en leur dépeignant comme insurmontables les défis qui les attendent. Notre société n'en revient toujours pas : *Mais comment font les femmes ?*

Un grand nombre d'obstacles que doivent affronter les femmes s'enracinent dans la peur. La peur de ne pas être appréciée. La peur de faire un choix malvenu. La peur d'attirer l'attention pour de mauvaises raisons. La peur d'excéder ses ressources. La peur d'être jugée. La peur de l'échec. Sans compter la sainte trinité de la peur : celle d'être une mauvaise mère, une mauvaise épouse, une mauvaise fille.

Une fois libérées de la peur, les femmes sont tout à fait capables de viser à la fois réussite professionnelle et épanouissement personnel – ou d'opter de leur plein gré pour l'un plutôt que l'autre. Chez Facebook, nous nous efforçons de créer une culture d'entreprise qui encourage la prise de risques. Partout dans les bureaux, des affiches font passer le message. L'une d'elles indique, en rouge vif : « La chance sourit aux audacieux. » Une autre insiste : « Fonce et fais preuve d'audace. » On peut lire sur celle que je préfère : « Que feriez-vous si vous n'aviez pas peur[41] ? »

En 2011, Debora Spar, présidente du Barnard College, une université qui enseigne les arts libéraux aux femmes à New York, m'a invitée à prononcer un discours, le jour de la remise des diplômes. Pour la première fois, j'ai ouvertement évoqué le fossé de l'ambition. Une légère appréhension m'a saisie au moment de monter sur l'estrade. J'ai déclaré aux diplômées que leur ambition ne devait pas s'arrêter à la réalisation de leurs rêves mais qu'elles devaient aspirer à se hisser au sommet, dans leur domaine. Je suis consciente du risque que l'on interprète mal mon message en s'imaginant que je critique celles qui ne font pas les mêmes choix que moi. Rien ne saurait pourtant être plus éloigné de la vérité. Je suis convaincue que la possibilité de choisir doit être une réalité pour toutes. Mais je suis aussi persuadée de la nécessité d'encourager les femmes à briguer des postes de commandement. Si l'on ne peut pas dire à des femmes de viser haut lors d'une cérémonie de remise des diplômes, alors quand pourra-t-on le leur conseiller ?

Alors même que je m'adressais à ces femmes enthousiastes, je me suis surprise à ravaler des larmes. J'ai malgré tout tenu bon jusqu'à la fin de mon discours, que j'ai conclu ainsi :

« Vous représentez la promesse d'un monde plus égalitaire. J'espère donc que chacune d'entre vous, une fois qu'elle montera sur l'estrade récupérer son diplôme et fêtera comme il se doit sa réussite, ira de l'avant dans sa carrière. Je vous souhaite de trouver une activité qui vous plaise et de la pratiquer avec enthousiasme, de chercher la voie qui vous convient le mieux et de gravir les échelons jusqu'au sommet.

» Quand vous descendrez de l'estrade tout à l'heure, vous entrerez de plain-pied dans votre vie d'adulte. Commencez donc par viser haut. Faites de votre mieux, et ne ménagez pas vos efforts.

» Comme tout le monde ici, je nourris de grands espoirs pour votre promotion. J'espère que vous trouverez un sens à votre vie, que vous y mettrez de la passion et qu'elle vous satisfera. J'espère que vous surmonterez les moments difficiles pour en sortir plus fortes et plus décidées. J'espère que vous trouverez votre équilibre, quel qu'il soit, en pleine connaissance de cause. Et j'espère que chacune, oui, chacune d'entre vous aura l'ambition d'aller de l'avant dans sa voie, au point de gouverner un jour le monde. Parce que le monde a besoin de vous pour changer. Partout dans le monde, les femmes comptent sur vous.

» Je vous en prie : posez-vous la question de ce que vous feriez si vous n'aviez pas peur. Et faites-le. »

J'ai serré la main de toutes les étudiantes, à mesure qu'elles venaient récupérer leur diplôme. Beaucoup m'ont donné l'accolade. Une jeune femme m'a même traitée de « pire chipie qui soit ». (Je me suis renseignée plus tard : il s'agissait d'un compliment.)

Mon discours se voulait motivant pour elles mais, au final, ce sont elles qui m'ont motivée. Les mois qui ont suivi, je me suis dit que je devrais aborder le sujet plus souvent, en public. Je devrais inciter plus de femmes à croire en elles et briguer le pouvoir. Je devrais pousser plus d'hommes à résoudre une part du problème en soutenant les femmes au travail et à la maison. Et je ne devrais pas seulement prendre la parole devant un public bien disposé envers moi, comme au Barnard College. Je devrais toucher une plus large audience, tant pis si elle me témoigne moins de bienveillance. Je devrais suivre mon propre conseil et faire preuve d'ambition.

En écrivant ce livre, je n'encourage pas seulement les autres à aller de l'avant. Moi-même, je suis allée de l'avant. Écrire ce livre, c'est ce que j'aurais fait si je n'avais pas eu peur.

2.

Prendre place à table

Il y a quelques années, j'ai organisé une réunion chez Facebook avec le secrétaire au Trésor Tim Geithner. Nous avons convié quinze cadres de la Silicon Valley à discuter économie autour d'un petit déjeuner. Quatre collaboratrices de Geithner l'ont accompagné, deux qui occupaient un poste en vue et deux autres plus bas dans la hiérarchie, et nous nous sommes tous retrouvés dans la seule salle de l'entreprise où il soit agréable de se réunir. Après les habituels tâtonnements, j'ai invité les participants à passer au buffet et s'asseoir. Nos invités, en majorité des hommes, ont rempli leurs assiettes et pris place à la table de réunion. Les collaboratrices de Geithner, en revanche, se sont servies en dernier avant de s'installer sur des chaises le long d'un mur. Je leur ai fait signe de nous rejoindre, tenant à ce qu'elles se sentent les bienvenues. Elles ont refusé et n'ont pas bougé.

La présence de ces quatre femmes à la réunion était entièrement légitime, mais du fait qu'elles se tenaient à l'écart, elles semblaient venues là en spectatrices et non pour y participer. Je ne pouvais pas laisser passer ça sans rien dire. À l'issue de la réunion, je les ai prises à part. Je leur ai fait remarquer qu'elles auraient dû s'asseoir à table, même sans y être invitées et, à plus forte raison, à partir du moment où je le leur avais proposé devant les autres. Elles ont d'abord paru surprises, mais m'ont donné raison.

Ce jour-là a marqué un tournant dans ma vie. J'ai été témoin de la manière dont un obstacle intériorisé parvient à déformer l'attitude d'une femme. J'ai pris conscience qu'en plus de devoir surmonter des barrières institutionnelles, les femmes ont à mener une lutte intérieure.

Quand j'ai prononcé un discours, à la conférence TED, sur le moyen pour les femmes de réussir dans le monde du travail, j'ai relaté l'anecdote afin d'illustrer comment les femmes se maintiennent délibérément en retrait en observant ce qui se passe depuis le banc de touche. Toute déçue que j'étais par l'attitude des collaboratrices de Geithner, je comprenais cependant le manque d'assurance qui les avait incitées à se placer à l'écart puis à rester collées à leur siège.

Lors de ma dernière année de fac, j'ai été cooptée dans le club estudiantin Phi Beta Kappa. Il en existait à l'époque deux sections, une à Harvard et l'autre à Radcliffe, de sorte qu'à ma cérémonie d'intronisation n'ont assisté que des femmes. La principale intervenante, le Dr Peggy McIntosh du Wellesley Center for Women, a prononcé un discours intitulé « Minées par un sentiment d'imposture[1] ». Elle a expliqué que beaucoup de gens, et en particulier de femmes, se sentent coupables d'imposture, quand on loue leur réussite. Au lieu de s'estimer dignes de reconnaissance, elles s'en veulent, comme s'il y avait eu erreur sur la personne. En dépit de leur succès, beaucoup de femmes, y compris des expertes dans leur domaine, ne parviennent pas à se défaire de l'impression que, tôt ou tard, se dévoilera leur véritable personnalité – ou plutôt leur imposture, du fait de leurs capacités limitées.

Je me suis dit que je n'avais encore jamais entendu un aussi bon discours. Dressée sur ma chaise, tout ouïe, je n'ai pas cessé d'opiner du chef. Carrie Weber, ma camarade de chambre, dont l'esprit brillant n'a rien d'une imposture, a partagé ma réaction. Enfin quelqu'un qui décrivait exactement ce que je ressentais ! Dès qu'un professeur m'interrogeait, je m'attendais à me couvrir de ridicule. Dès que je passais un examen, je me persuadais que je ne le réussirais pas. Et quand je ne me couvrais pas de ridicule – voire que je m'en sortais haut la main –, je me convainquais qu'une fois de plus, j'avais jeté de la poudre aux yeux. Tôt ou tard, la supercherie finirait par se dévoiler.

Lors de la réception mixte à l'issue de la cérémonie – un rassemblement d'intellos coincés, parmi lesquels je me suis fondue sans peine –, j'ai parlé à un camarade du fabuleux discours du Dr McIntosh, expliquant pourquoi nous souffrons tous d'un sentiment d'imposture. Il m'a lancé un coup d'œil perplexe et m'a demandé : « Et en quoi c'est intéressant ? » Carrie et moi avons plus tard supposé, par dérision, que le discours adressé aux hommes s'intitulait : « Comment s'en sortir dans un monde où tous ne sont pas aussi brillants que vous ».

Le penchant des personnes de talent à se laisser

miner par le doute porte un nom : le syndrome de l'imposteur. Les hommes comme les femmes sont susceptibles d'en pâtir, encore qu'à un degré plus aigu pour celles-ci, ce qui tend d'ailleurs à les handicaper[2]. Tina Fey, auteur et actrice au succès fou, a elle-même admis en souffrir. Elle a ainsi expliqué à un journal britannique : « Ce qu'il y a de formidable, dans le syndrome de l'imposteur, c'est qu'on oscille entre un narcissisme hypertrophié et la conviction que : "Je ne vaux rien, au fond ! Bon sang, les autres vont s'en apercevoir ! Je ne vaux rien !" Quand approche la vague de narcissisme, il faut en profiter pour surfer dessus et, quand l'impression de ne rien valoir refait surface, il ne reste plus qu'à enfouir la tête dans le sable. Plus sérieusement, je viens de m'apercevoir que le monde entier grouille d'imposteurs, alors je m'efforce de ne pas me laisser miner[3]. »

Chez les femmes, le sentiment d'imposture est symptomatique d'un problème plus grave. Nous n'arrêtons pas de nous sous-estimer. Une pléthore d'études dans une multitude de secteurs ont prouvé que les femmes jugent souvent leurs performances plus mauvaises qu'en réalité, alors que les hommes tombent dans le travers inverse. Parmi un panel d'étudiants en chirurgie priés d'évaluer leur performance, les femmes se sont attribué des scores moins bons que les hommes, alors qu'elles obtenaient de meilleurs résultats[4]. Sur plusieurs milliers de candidats potentiels à un mandat électoral, les hommes étaient à 60 % plus enclins à s'estimer « tout à fait qualifiés » pour entrer dans la course aux urnes, alors qu'objectivement, ils n'avaient pas plus de raison de l'être que les femmes[5]. Une étude

portant sur près d'un millier d'étudiants en droit de
Harvard a montré que les femmes jugeaient moindres
que les hommes leurs aptitudes utiles à la pratique du
droit, dans quelque domaine que ce soit[6]. Pis encore :
lorsque les femmes s'autoévaluent devant des tiers ou
dans un domaine typiquement masculin, elles se sous-
estiment encore plus[7].

Demandez à un homme d'expliquer sa réussite : il
en attribuera le mérite à ses qualités et ses compétences. Posez la même question à une femme : elle
invoquera des facteurs externes, soulignant qu'elle s'en
est bien tirée parce qu'elle a « travaillé très dur »,
qu'elle a « eu de la chance » ou « bénéficié d'une aide
extérieure ». Les hommes ne réagissent pas non plus
comme les femmes quand il s'agit de justifier un échec.
Un homme l'expliquera plus volontiers par le fait qu'il
n'a « pas assez travaillé » ou que « la matière ne l'in-
téressait pas ». Une femme qui échoue, en revanche, a
plus tendance à se considérer comme une incapable[8].
Quand un homme et une femme essuient tous deux une
critique, l'assurance et l'estime de soi de la femme
chutent plus dramatiquement[9]. Comme l'intériorisation
de l'échec et l'insécurité qu'elle génère font obstacle
à la réussite à l'avenir, le phénomène entraîne de
graves conséquences à long terme[10].

En plus, les femmes ne sont pas les seules à se montrer dures envers elles. Leurs collègues et les médias
sont eux aussi prompts à attribuer leur réussite à des
facteurs externes. Au moment de l'introduction en
Bourse de Facebook, le *New York Times* a publié un
article qui m'a charitablement rappelé – à moi et au
reste du monde – que j'avais « eu de la chance » et

« bénéficié de puissants appuis[11] ». Des journalistes et des blogueurs se sont hâtés de dénoncer ce « deux poids, deux mesures » en soulignant que le *New York Times* attribuait rarement la réussite d'un homme à un sort favorable. Cela dit, le *Times* n'a rien écrit que je ne m'étais pas déjà répété un millier de fois. À chaque étape de ma carrière, j'ai mis mon avancement sur le compte de la chance, d'un travail acharné et de l'aide de tiers.

Comme c'est généralement le cas, mon manque de confiance en moi a commencé à se manifester au lycée. Je fréquentais un gros établissement public à Miami – du genre *Ça chauffe au lycée Ridgemont* –, dont le personnel se souciait plus d'empêcher les bagarres dans les couloirs et de bannir la drogue des toilettes que de relever le niveau des cours. Quand j'ai été acceptée à Harvard, plus d'un camarade de classe m'a demandé ce que j'irais faire dans une fac pleine d'intellos coincés, avant de s'arrêter net, se rappelant tout à coup à qui il s'adressait, puis de s'en aller, la queue entre les pattes, sans attendre ma réponse, vu qu'il la connaissait déjà.

Ma première année de fac m'a fait l'effet d'un choc terrible. Au premier semestre, j'ai opté pour un séminaire intitulé « Le concept de héros dans la civilisation hellénique », surnommé « Les héros pour les zéros ». Je ne brûlais pas vraiment d'envie d'étudier la mythologie grecque mais c'était le moyen le plus simple de valider l'incontournable option littérature. Le professeur a entamé son premier cours en nous demandant qui parmi nous avait déjà lu les livres au programme. « Quels livres ? » ai-je demandé à ma voisine d'am-

phi. « L'*Iliade* et l'*Odyssée*, tiens ! » m'a-t-elle éclai-
rée. Presque toutes les mains se sont levées. Pas la
mienne, pourtant. Le professeur a poursuivi : « Et qui
les a lus dans le texte ? » « Quel texte ? » ai-je demandé.
« La version originale, en grec classique », m'a répondu
ma camarade. Un bon tiers de la classe a gardé la main
levée. Il m'a dès lors paru évident que je faisais partie des zéros.

Quelques semaines plus tard, mon professeur de phi-
losophie politique nous a donné un devoir de cinq
pages à rédiger. Panique à bord ! Cinq pages ! Jusque-là,
je n'avais rendu qu'un seul devoir aussi long au lycée,
et j'y avais travaillé toute l'année. Comment pou-
vait-on noircir cinq pages en une semaine à peine ? Je
suis restée enfermée tous les soirs à bûcher, et si l'on
m'avait jugée au temps passé, j'aurais obtenu un A.
Pourtant, je n'ai eu qu'un C. Il est pratiquement impossible de ne décrocher qu'un C à un devoir maison à
Harvard. Je n'exagère pas : un C dans ces circonstances équivalait à une note au-dessous de la moyenne.
Je suis allée voir la responsable de mon dortoir, qui
travaillait alors au bureau des admissions. Elle m'a
confié que c'était ma personnalité qui m'avait valu
mon entrée à Harvard et non mon potentiel intellectuel. Belle consolation !

J'ai trimé d'arrache-pied afin d'apprendre à rédiger
des devoirs de cinq pages avant la fin du semestre.
Aussi bons que soient mes résultats, il me semblait toutefois que les autres ne tarderaient plus à se rendre
compte qu'en réalité, je ne connaissais rien à rien. Il a
fallu que j'entende le discours sur le manque de
confiance en soi au club Phi Beta Kappa pour que le

déclic se produise : le problème ne résidait pas dans mon sentiment d'imposture mais dans la possibilité que je nourrisse au plus profond de moi une conviction parfaitement infondée.

J'aurais dû me douter, en grandissant auprès de mon frère, qu'il est plus fréquent que le doute mine les femmes. David a deux ans de moins que moi et compte parmi les personnes que j'aime et respecte le plus au monde. Il s'occupe de ses enfants à parts égales avec son épouse et, en tant que neurochirurgien pédiatrique, passe ses journées à trancher des questions de vie ou de mort par des décisions à déchirer le cœur. Bien que nous ayons reçu la même éducation, David a toujours eu plus confiance en lui que moi. Au lycée, un samedi, le copain et la copine avec qui nous devions sortir le soir ont annulé nos rendez-vous en fin d'après-midi. J'ai passé le reste du week-end à broyer du noir à la maison, en me demandant ce qui clochait chez moi. David, lui, a déclaré en riant que sa copine « raterait quelque chose », avant de s'en aller jouer au basket avec ses amis. Heureusement qu'il restait pour me consoler ma sœur cadette, plus mûre et compatissante que son âge ne l'aurait laissé supposer.

Quelques années plus tard, David m'a rejointe à la fac. Nous avons suivi le même cours sur l'histoire intellectuelle de l'Europe ; moi, en dernière année et lui, en deuxième. Ma camarade de chambre, Carrie, s'y était aussi inscrite ; ce qui nous a bien aidés, vu qu'elle étudiait la littérature comparée. Carrie a assisté à tous les cours et a lu les dix livres au programme en version originale (je n'ignorais plus, à ce moment-là, en quelle langue ils avaient été écrits). Je n'ai manqué presque aucun cours et lu l'ensemble des livres, en anglais. David a suivi deux cours, lu un seul livre et a spontanément frappé à notre porte pour que nous le préparions à l'examen. Nous l'avons passé tous les trois en même temps, noircissant frénétiquement nos copies pendant trois heures. À l'issue de l'épreuve, nous avons échangé nos impressions. Je m'en voulais. J'avais oublié de relier le « Ça » freudien à la conception schopenhauérienne de la volonté. Carrie se faisait du souci, elle aussi : elle n'avait pas assez clairement explicité la distinction opérée par Kant entre le beau et le sublime. Au tour de mon frère : quel était son ressenti ? « Je m'attends à un A », nous a-t-il assuré.

Il avait vu juste. Il a obtenu un A. Carrie et moi aussi, à vrai dire. Mon frère ne témoignait donc pas d'une confiance excessive. C'étaient nous qui manquions d'assurance.

De telles expériences m'ont enseigné la nécessité de procéder à un ajustement, aussi bien intellectuel qu'émotionnel. J'ai découvert au fil du temps que, s'il m'est difficile de faire taire mes doutes, j'arrive en revanche à admettre la distorsion entre l'image que je me forme de moi et la réalité. Je n'acquerrai jamais l'assurance innée de mon frère ; il me reste néanmoins la possibilité de remettre en cause ma conviction de courir à l'échec en permanence. Chaque fois que je me considère incapable de quelque chose, je me rappelle que je n'ai pas échoué à tous mes examens à la fac. Ni même à un seul d'entre eux. J'ai appris à redresser la distorsion.

Nous connaissons tous des gens très sûrs d'eux, qui n'ont pourtant aucune raison de l'être. Nous connaissons tous aussi des gens qui pourraient faire mieux, si seulement ils avaient foi en eux-mêmes. Le manque d'assurance a tôt fait de se changer en prophétie auto-réalisatrice. J'ignore comment convaincre une femme – ne fût-elle autre que moi – qu'elle est la mieux taillée pour tel ou tel poste. Aujourd'hui encore, j'avoue pour plaisanter que j'aimerais, ne serait-ce que quelques heures, partager l'assurance de mon frère. Ce doit être tellement gratifiant – autant que de recevoir un A chaque jour.

J'ai découvert une tactique efficace pour pallier un manque d'assurance : feindre qu'on en possède plus qu'en réalité. J'en ai pris conscience en tant que monitrice d'aérobic dans les années 1980 (ce qui supposait de porter un justaucorps argenté, des jambières et un bandeau fluo ; toutes choses qui s'accordaient on ne peut mieux avec mon énorme masse de cheveux). Pour qui croyait en l'évangile de Jane Fonda, l'aérobic impliquait en outre de sourire de toutes ses dents pendant une heure d'affilée. Certains jours, le sourire me venait naturellement aux lèvres. Il m'arrivait aussi d'être d'une humeur de chien et de devoir me forcer. Malgré tout, après une heure de sourire contraint, je me sentais en général plus gaie.

Il est arrivé à beaucoup d'entre nous de se disputer avec quelqu'un puis de devoir feindre en public que tout allait bien. Le ton monte parfois entre mon mari, Dave, et moi ; or c'est justement à ces moments-là que nous devons aller dîner chez des amis. Nous affichons alors notre sourire des meilleurs jours et – chose incroyable – quelques heures plus tard, tout va vraiment pour le mieux.

Les conclusions des chercheurs vont dans le même sens. Une étude a montré que ceux qui adoptent, pendant deux minutes à peine, une posture dénotant le pouvoir (en prenant toute la place pour étendre leurs jambes, par exemple) voient augmenter leur niveau de testostérone et diminuer leur taux d'hormone du stress (cortisol). Ils se sentent alors plus puissants, plus maîtres de la situation et prennent plus volontiers des risques. Une simple modification de leur manière de se tenir a provoqué en eux un changement d'attitude mentale[12].

Je ne conseille à personne de basculer dans l'arrogance ou la vantardise. Ce sont des traits de caractère que nul n'apprécie, ni chez les hommes ni chez les femmes. Malgré tout, on ne peut pas saisir d'opportunités si l'on ne se sent pas sûr de soi – ou du moins, si on ne le prétend pas. J'enfonce une porte ouverte, mais on nous offre rarement des opportunités sur un plateau ; c'est à nous de les saisir. Pendant les six ans et demi où j'ai travaillé pour Google, j'ai recruté une équipe de quatre mille employés. Je ne les connaissais pas tous personnellement, rien qu'une centaine, parmi les plus haut placés. J'ai remarqué, année après année, que les hommes bondissaient sur les occasions de promotion beaucoup plus rapidement que les femmes. Quand nous annoncions la création d'une nouvelle branche ou le lancement d'un projet, des tas d'hommes cognaient à ma porte afin de m'expliquer pourquoi il fallait le leur confier. Les hommes cherchaient en outre plus activement des occasions de promotion, même avant l'annonce d'une expansion des activités de l'entreprise. Impatients de progresser, ils étaient convaincus de pouvoir faire mieux. Et ils avaient souvent raison – tout comme mon frère. Les femmes de mon équipe se montraient quant à elles plus méfiantes au moment d'assumer de nouvelles fonctions ou de relever des défis. Je me suis souvent surprise à chercher à les convaincre de travailler dans de nouvelles branches. Un nombre incalculable de femmes ont répondu à mes encouragements : « Je ne suis pas certaine d'être douée pour ça », ou : « Ça paraît tentant mais je n'ai rien fait de tel. » Ou encore : « Il me reste beaucoup à apprendre à mon poste actuel. » J'ai rarement, voire jamais, entendu ce genre de réflexions dans la bouche d'un homme.

Vu la vitesse à laquelle évolue le monde aujourd'hui, saisir des opportunités se révèle plus déterminant que jamais. Peu de managers ont le temps d'éplucher l'ensemble des candidatures à un poste, encore moins de convaincre une postulante réticente de leur envoyer son C.V. De toute façon, la création d'opportunités de carrière passe de plus en plus par la décision spontanée d'assumer d'autres tâches. Celles-ci correspondront par la suite au descriptif d'une nouvelle fonction.

Dès que j'ai rejoint Facebook, j'ai planché avec toute une équipe sur la question cruciale de l'expansion optimale de nos activités. Le ton montait entre mes collaborateurs, dont beaucoup défendaient bec et ongles leur position. La semaine s'est terminée sans que nous parvenions à un consensus. Dan Rose, le chef de notre équipe de négociateurs, a passé le week-end à réunir des données sur l'état du marché, qui nous ont ensuite permis de recadrer la discussion. Grâce à lui, nous sommes sortis de l'impasse. J'ai dès lors confié à Dan plus de responsabilités, dont celle du marketing produit. Cela paie de prendre des initiatives. Difficile d'imaginer à un poste de direction une employée qui attend systématiquement qu'on lui dise quoi faire.

Le *Huffington Post* a demandé à Padmasree Warrior, directrice de la technologie chez Cisco : « Quelle est la principale leçon que vous ayez tirée d'une erreur passée ? » Elle a répondu : « J'ai refusé de nombreuses opportunités à mes débuts, parce que je me disais : "je n'ai pas de diplôme dans cette branche" ou "je ne connais pas ce secteur". Avec le recul, je me rends compte que c'est la capacité à vite apprendre et se rendre utile qui importe le plus. Ce que je répète aujourd'hui, c'est que, quand on cherche un projet phare dans lequel se lancer, on n'en trouve aucun qui nous corresponde parfaitement. Il faut saisir les occasions qui se présentent et s'arranger pour qu'elles nous conviennent plutôt que l'inverse. La capacité à apprendre est la qualité la plus essentielle d'un meneur d'hommes[13]. »

Virginia Rometty, la première femme P-DG d'IBM, a déclaré lors de la réunion des femmes les plus puissantes au monde, telles que le magazine *Fortune* en a dressé la liste en 2011, qu'au début de sa carrière, on lui avait proposé un « gros poste ». Craignant de manquer d'expérience, elle a répondu au recruteur qu'il fallait qu'elle réfléchisse. Le soir même, elle en a discuté avec son mari, qui lui a dit : « Crois-tu qu'un homme aurait réagi ainsi à ta place ? »

« Cela m'a appris qu'il faut avoir beaucoup de confiance en soi, a conclu Ginni. Même si, en notre for intérieur, nous restons très critiques vis-à-vis des

limites de nos compétences. Selon moi, une telle attitude invite à prendre des risques[14]. »

Cela continue de me préoccuper que nous, les
femmes, échouions à nous mettre en avant mais aussi
à nous en apercevoir et y remédier. Je m'inclus dans
ce « nous ». Il y a quelques années, j'ai prononcé un
discours sur le sexisme et le féminisme devant plusieurs centaines d'employés de Facebook. À l'issue de
mon intervention, j'ai répondu aux questions de mon
auditoire aussi longtemps que mon emploi du temps
me le permettait. Un peu plus tard, je suis retournée à
mon bureau, où une jeune femme m'attendait.

« J'ai appris quelque chose, aujourd'hui, m'a-t-elle
dit.

— Quoi ? lui ai-je demandé, flattée d'avance qu'elle
me confie combien mon discours l'avait touchée.

— J'ai appris qu'il faut garder la main levée. »

Elle m'a expliqué que, vers la fin de mon intervention, j'avais annoncé que je ne répondrais plus qu'à
deux questions ; ce que j'ai fait. Elle a alors baissé la
main, de même que les autres femmes. Plusieurs
hommes, eux, ont gardé la main levée. Or, voyant qu'il
restait des mains levées, j'ai répondu à d'autres questions encore – uniquement posées par des hommes. Ses
propos m'ont frappée, comme une gifle. Alors même
que je traitais des préjugés liés à l'appartenance
sexuelle, je les avais laissés m'aveugler.

Si nous voulons un monde plus égalitaire, nous
devons admettre que les femmes sont moins enclines
à garder la main levée. Il nous faut des institutions et
des individus qui le remarquent et y remédient en soutenant, en encourageant et en promouvant plus de

femmes. Quant aux femmes, elles devront apprendre à garder la main levée ; sinon, même les managers les mieux intentionnés du monde ne leur accorderont pas forcément l'attention qu'elles méritent.

Quand j'ai commencé à travailler pour Larry Summers, à l'époque chef économiste de la Banque mondiale, il était marié à Vicki, une avocate spécialiste du droit des impôts. Il la soutenait à fond dans sa carrière en l'incitant à « facturer comme un mec ». Selon lui, les hommes considèrent le moindre moment qu'ils passent à réfléchir à un problème – y compris sous la douche – comme du temps facturable. Sa femme et ses collègues du même sexe estimaient en revanche que, tel jour, elles n'avaient pas donné le meilleur d'elles-mêmes, et ne comptaient donc pas toutes les heures passées à leur bureau, par souci d'honnêteté envers leur client. Au travail de quels avocats le cabinet attachait-il le plus de valeur ? Pour enfoncer le clou, Larry a raconté l'histoire d'un célèbre professeur de droit de Harvard, auquel un juge avait demandé de détailler une facture. Le professeur a répondu que cela lui était impossible, parce qu'il lui arrivait souvent de penser à deux choses à la fois.

Aujourd'hui encore, je suis loin de maîtriser l'art de garder confiance en soi. En août 2011, le magazine *Forbes* a publié sa liste annuelle des cent femmes les plus puissantes au monde[15]. Je ne suis pas naïve au point d'ignorer que la liste n'est pas dressée d'après un algorithme scientifique et que la presse raffole des palmarès de ce genre parce que les lecteurs qui cliquent sur chaque nom consultent ainsi des quantités de pages en ligne. Malgré tout, cela m'a choquée – ou plutôt consternée – que *Forbes* me classe comme la cinquième femme la plus puissante au monde, après la chancelière allemande Angela Merkel, la secrétaire d'État Hillary Clinton, la présidente du Brésil Dilma Rousseff et la P-DG de PepsiCo, Indra Nooyi. Je me retrouvais ainsi devant la première dame Michelle Obama et la femme politique indienne Sonia Gandhi. N'importe quoi ! Ma propre mère m'a téléphoné pour me dire : « Ma chérie, je suis convaincue que tu détiens beaucoup de pouvoir, mais plus encore que Michelle Obama, je n'en suis pas certaine. » Ah bon ?

Loin de me croire toute-puissante, je me suis sentie gênée, vulnérable. Chaque fois qu'un collègue de Facebook m'arrêtait dans un couloir pour me féliciter, je déclarais le classement « ridicule ». J'ai demandé à des amis ayant posté le lien sur Facebook de le retirer. Au bout de quelques jours, Camille Hart, mon adjointe de direction depuis de nombreuses années, m'a convoquée dans une salle de réunion, dont elle a fermé la porte derrière nous. L'affaire était donc sérieuse. Elle m'a dit que je réagissais mal et qu'il fallait que j'arrête d'infliger un laïus sur l'absurdité du classement à la moindre personne qui m'en parlait. Je laissais entrevoir mon malaise et mon manque d'assurance à trop de monde. Je ferais mieux de répondre tout bonnement « merci ».

Nous avons toutes besoin de collaboratrices comme Camille, qui a eu l'honnêteté de me signaler le manque d'à-propos de mon attitude. Elle avait raison : que la liste soit ridicule ou pas, ce n'était pas moi qui l'avais dressée et je n'avais pas à la prendre en mauvaise part. Je doute qu'un homme eût été aussi excédé par l'idée que les autres se formaient de son pouvoir.

Je sais que ma réussite vient d'un travail acharné, de l'aide que m'ont apportée des tiers, et du hasard qui a voulu que je sois là où il fallait, quand il fallait. J'éprouve une gratitude profonde et durable envers ceux qui m'ont donné ma chance et m'ont soutenue. Je reconnais que le sort m'a favorisée en me faisant naître dans ma famille, aux États-Unis, plutôt que dans l'un des nombreux pays où les femmes ne jouissent pas des droits les plus élémentaires. Je suis convaincue que nous devrions tous – hommes autant que femmes – remercier à la fois le destin et ceux qui nous ont tendu la main. Nul ne peut rien accomplir seul.

Je sais aussi que, pour continuer à progresser et me lancer des défis, je dois croire en mes capacités. Il m'arrive encore d'affronter des situations dont je crains qu'elles me dépassent. Il y a encore des jours où m'envahit un sentiment d'imposture. Et il arrive encore que l'on me coupe la parole ou m'ignore, à la différence des hommes à côté de moi. Seulement, maintenant, je sais qu'il faut que j'inspire un grand coup et que je garde la main levée. J'ai appris à prendre place à table.

3.

La réussite et le capital sympathie

En résumé, il devrait suffire à une femme d'ignorer les attentes de la société, se montrer ambitieuse, prendre place à table et travailler dur pour que tout lui sourie. Qu'est-ce qui pourrait bien clocher dans ce tableau ?

En 2003, deux professeurs, Frank Flynn, de l'école de commerce de Columbia, et Cameron Anderson, de l'université de New York, ont mené une expérience sur la perception des hommes et des femmes en milieu professionnel[1]. Ils ont présenté à des étudiants en commerce de Harvard la biographie d'une femme d'affaires nommée Heidi Roizen, attribuant sa réussite dans le secteur du capital risque à « sa personnalité extravertie [...] ainsi qu'à l'étendue de son réseau personnel et professionnel englobant bon nombre des entrepreneurs les plus en vue du secteur des technologies[2] ». Flynn et Anderson ont fait lire à la moitié des étudiants l'histoire de Heidi et à l'autre, le même récit, à une différence près : Heidi y avait été rebaptisée Howard.

Flynn et Anderson ont demandé ce qu'ils pensaient de Heidi ou Howard aux étudiants. Ceux-ci les ont estimés au même niveau de compétence l'un que l'autre, ce qui se comprend vu que « tous deux » pouvaient se targuer de performances identiques. Ils respectaient en outre Heidi au même titre que Howard, mais auraient préféré Howard comme collègue. Heidi leur semblait égoïste, « pas le genre de personne qu'on souhaiterait embaucher ou pour qui on aimerait travailler ». Les mêmes données produisaient des impressions tout à fait distinctes selon qu'on modifiait un paramètre – qu'on les associait à un homme plutôt qu'à une femme.

L'expérience va dans le sens de ce que les chercheurs ont déjà démontré : le succès et la popularité sont positivement corrélés chez les hommes mais pas chez les femmes[3]. Quand un homme réussit ce qu'il entreprend, on ne l'en apprécie que plus. Quand une femme a du succès, en revanche, on observe la réaction inverse. C'est à la fois choquant et peu surprenant : choquant, parce que nul n'admettra que le sexe d'une personne détermine l'image qu'il a d'elle, et peu surprenant parce qu'il est évident que c'est pourtant le cas.

Des dizaines d'années d'études sociologiques ont confirmé ce que prouve de manière flagrante l'expérience sur Heidi et Howard : nous jugeons les gens en fonction d'idées reçues (sur leur sexe, leur type ethnique, leur nationalité ou encore leur âge[4]). Typiquement, un homme doit subvenir aux besoins des siens, prendre des décisions et savoir où il va. Une femme, en revanche, doit s'occuper de ses proches, faire preuve d'empathie et se soucier de l'intérêt de la communauté.

Comme notre archétype des femmes se forme par opposition à celui des hommes, la réussite professionnelle et les traits de caractère qui s'y rattachent se retrouvent associés aux hommes. En se concentrant sur sa carrière et en cherchant délibérément à s'assurer un maximum de pouvoir, Heidi est allée à l'encontre de ce que nous attendons d'une femme. En se comportant de la même façon, Howard, à l'inverse, a rempli nos attentes. Le résultat ? C'est qu'on l'apprécie, lui, alors qu'elle, pas du tout.

Je tiens ce préjugé pour la cause fondamentale du maintien en retrait des femmes. Et il explique aussi pourquoi elles sont si nombreuses à rester volontairement en retrait. La réussite professionnelle d'un homme l'entraîne dans un cercle vertueux qui le conforte dans sa volonté d'aller de l'avant à chaque étape de sa carrière. Les femmes qui réussissent, même quand ce qu'elles ont accompli leur vaut de la reconnaissance, sont souvent mal vues. Le journaliste Shankar Vedantam s'est amusé à dresser la liste des surnoms péjoratifs attribués aux premières femmes chefs d'État. « On appelait Margaret Thatcher *"Attila the hen**"*. Golda Meir, la première femme à devenir Premier ministre d'Israël, passait pour "le seul homme du gouvernement". Le président Richard Nixon surnommait Indira Gandhi, Premier ministre de l'Inde, un poste jusque-là uniquement occupé par des hommes, "la vieille sorcière". Enfin, Angela Merkel, la chancelière allemande, a reçu le surnom de "Frau de fer"[5]. »

---

* C'est-à-dire non plus « Attila le Hun » mais « Attila, la poule ». (*N.d.T.*)

J'ai vu cette dynamique se répéter à n'en plus finir. Quand une femme excelle à son poste, ses collègues de travail des deux sexes estiment typiquement qu'elle s'en sort très bien « mais n'est pas tellement appréciée ». Sans doute se montre-t-elle « trop agressive », « elle manque d'esprit d'équipe », « elle est avide de pouvoir », « on ne peut pas se fier à elle », « elle crée des difficultés ». C'est en tout cas ce qu'on a dit de moi et d'à peu près toutes les femmes assumant de hautes responsabilités que j'ai connues. La société semble se demander pourquoi nous ne ressemblons pas plus à Howard et moins à Heidi.

La plupart des femmes n'ont jamais eu vent de l'expérience à propos de Heidi et Howard. On ne parle pas à la majorité d'entre nous de ce revers de la médaille du succès. Nous pressentons malgré tout que réussir comporte pour nous un prix. Nous savons bien qu'une femme à poigne, mue par l'esprit de compétition, s'écarte des normes. Une femme qui fait pression sur son entourage pour que le travail soit exécuté à temps, une femme compétente, qui s'intéresse plus aux résultats qu'elle obtient qu'à la satisfaction des autres, se comporte comme un homme. Or une femme qui se comporte en homme déplaît. En réaction à une telle hostilité, nous revoyons à la baisse nos objectifs professionnels. Ken Auletta a bien résumé le problème dans le *New Yorker* : pour les femmes, écrit-il, « douter de soi devient une forme d'autodéfense[6] ». Soucieuses d'écarter le risque qu'on ne nous apprécie pas, nous remettons en question nos capacités et minimisons notre réussite, encore plus en présence de tiers.

Nous nous rabaissons avant que d'autres ne s'en char-
gent à notre place.

L'été qui a suivi ma première année en école de
commerce m'est parvenue une lettre de félicitations :
j'allais recevoir la bourse Henry Ford en récompense
de mes résultats, les meilleurs parmi les étudiants de
mon niveau. Le montant du chèque joint au courrier
(714,28 dollars) m'a tout de suite fait comprendre que
nous étions plusieurs à nous partager la bourse. À la
rentrée universitaire, six étudiants, tous de sexe masculin, ont fait savoir qu'ils avaient reçu le prix Henry
Ford. J'ai multiplié la somme reçue par sept et obtenu
un chiffre presque rond. Voilà le mystère éclairci !
Nous étions sept lauréats en tout – six hommes plus
moi.

Contrairement aux six autres, je n'ai pas rendu
public l'honneur qui m'avait été fait. Je n'en ai parlé
qu'à mon ami le plus proche, Stephen Paul, qui m'a
promis le secret. À première vue, il se peut que ma
décision se soit retournée contre moi. Les notes à
l'école de commerce de Harvard dépendent pour moitié de la participation en classe. Les professeurs donnent des cours d'une heure et demie où ils n'ont pas
l'autorisation de prendre de notes ; ils se fient donc à
leurs souvenirs des débats entre les étudiants. Bien sûr,
les enseignants se rappellent plus volontiers les commentaires auxquels d'autres se réfèrent (« J'aimerais
rebondir sur ce que Tom vient de dire... ») et, du
même coup, l'identité de leurs auteurs. Comme dans
le monde du travail, les appréciations dépendent donc
pour l'essentiel des réactions des uns par rapport aux
autres. Les six lauréats de la bourse Henry Ford n'ont

pas tardé à compter parmi les intervenants les plus
cités ; leur distinction garantissant la crédibilité de
leurs propos. De prestigieuses institutions leur ont en
outre adressé des propositions d'embauche avant même
le début officiel des recrutements. Un jour, en classe,
l'un des six heureux élus a lâché une remarque qui
prouvait, selon moi, qu'il n'avait même pas pris
connaissance du thème dont nous discutions. Tout le
monde s'est extasié. Je me suis demandé si je ne com-
mettais pas une erreur en ne dévoilant pas que, moi
aussi, je bénéficiais de la bourse. Ça n'aurait pas été
déplaisant de briller d'un bout à l'autre de ma deuxième
année sans même jeter un coup d'œil aux textes au
programme.

Je n'ai pourtant jamais sérieusement songé à divul-
guer ma situation. Mon instinct me soufflait que ce
serait une mauvaise idée. Des années plus tard, quand
j'ai entendu parler de l'expérience à propos de Howard
et Heidi, j'ai compris pourquoi. Se retrouver en tête de
classe a facilité la vie de mes camarades hommes mais
il n'en aurait résulté pour moi que des complications.

Je ne suis pas parvenue à cette conclusion dans
l'abstrait. J'ai reçu toute ma vie des signaux, confir-
més par la culture ambiante, de mise en garde contre
une réussite trop éclatante ou une réputation de trop
grande intelligence. Une petite fille a tôt fait de se
rendre compte qu'être brillante comporte de nombreux
avantages mais pas celui de plaire aux garçons. Mes
camarades disaient de moi que j'étais « la plus futée »
du lycée, ce qui avait le don de me déplaire. Qui a
envie de sortir avec la plus futée de l'école ? À la fin
de ma dernière année, mes camarades m'ont qualifiée,

moi et un autre garçon, de « plus susceptibles de réussir ». Ne voulant pas courir le risque de gâcher mon bal de fin d'année, j'ai convaincu un ami qui s'occupait de l'annuaire de ne pas le mentionner. J'ai déniché un cavalier plein d'humour et qui raffolait du sport. À vrai dire, le sport le passionnait tellement que, deux jours avant le bal, il m'a fait faux bond, préférant assister à un match de basket. « Je sais que tu comprendras, m'a-t-il assuré. Assister aux séries éliminatoires, c'est une occasion comme on n'en rencontre qu'une fois dans sa vie. » Je n'ai pas cru bon de lui répondre qu'en tant que lycéenne, je considérais le bal de fin d'année comme une occasion telle qu'il ne s'en présente pas deux dans une vie. Par chance, j'ai trouvé un autre cavalier moins porté sur le sport.

Je n'avais jamais vraiment réfléchi à ce qui me poussait depuis mon plus jeune âge à mettre une sourdine à ma réussite. À peu près dix ans après la fin de mes études de commerce, je me suis retrouvée lors d'un dîner à côté de Deborah Gruenfeld, professeure de comportement organisationnel à Stanford. Nos échanges de politesse ont rapidement débouché sur une discussion passionnée. La professeure Gruenfeld a été en mesure, pour avoir examiné la question, de m'expliquer le prix que paient les femmes du fait de leur réussite. « Les clichés ancrés dans notre culture associent l'aptitude à diriger aux hommes et la capacité de veiller sur autrui aux femmes, ce qui place celles-ci dans une situation impossible. Non seulement nous estimons les femmes aptes à s'occuper d'autrui mais il nous semble que ce devrait être leur principale qualité. Une femme dont le comportement indique que la gentillesse n'est pas for-

cément son trait de caractère le plus saillant produit
une mauvaise impression et nous met mal à l'aise[7]. »

Une femme, dès lors qu'elle est compétente, ne
paraît plus assez aimable. Or une femme aimable passe
forcément pour plus aimable que compétente. Vu que
les employeurs souhaitent des employés à la fois
aimables et compétents, les femmes ont du souci à se
faire. Une attitude typiquement féminine les empêche
de saisir les mêmes opportunités que les hommes. D'un
autre côté, rompre avec les attentes de la société en
saisissant les opportunités qui se présentent les amène
à passer pour des égoïstes ne méritant pas de s'en sortir. Rien n'a donc changé depuis mes années de lycée.
Il n'y a pas d'âge où l'intelligence et la réussite rendent populaires ; ce qui complique d'ailleurs la donne,
vu qu'alors même qu'il faudrait que les femmes prennent place à table et assument leur réussite, agir ainsi
leur garantit qu'on les appréciera moins[8].

La plupart des gens, dont moi, aspirent à ce qu'on
les apprécie – et pas seulement parce qu'ils en retirent
un sentiment agréable. Être apprécié constitue un fac-
teur clé de la réussite à la fois professionnelle et personnelle. Présenter un tiers à une relation, plaider sa
cause ou lui accorder une promotion suppose d'avoir
une bonne opinion de lui. Il faut pour cela l'estimer à
la hauteur de sa tâche et surtout capable de s'entendre
avec toutes les personnes qu'il lui faudra côtoyer pour
la mener à bien. Voilà pourquoi beaucoup de femmes
se sentent tenues de mettre une sourdine à leur réussite.

En octobre 2011, Jocelyn Goldfein, directrice de
l'ingénierie chez Facebook, a réuni les femmes ingé-

nieurs de l'entreprise pour qu'elles fassent part de leurs avancées sur les projets auxquels elles travaillaient. Un silence s'est installé. Aucune n'avait envie d'entonner sa propre louange. Qui allait prendre la parole, sachant que les femmes qui vantent leurs mérites ont le don de déplaire ? Jocelyn a changé d'approche. Plutôt que de demander aux femmes ingénieurs de parler d'elles-mêmes, elle leur a proposé de présenter les travaux les unes des autres. L'exercice a dès lors pris une tournure solidaire qui a mis tout le monde à l'aise.

Prendre la mesure de sa réussite est indispensable à qui souhaite aller encore plus loin. Les promotions ne reviennent qu'à ceux qui ont la réputation de contribuer aux bons résultats de l'entreprise. Les hommes peuvent sans problème revendiquer ce qu'ils ont accompli, tant qu'ils ne tombent pas dans le travers de l'arrogance. La même attitude, chez une femme, entraîne en revanche un coût social et professionnel. À vrai dire, une femme qui explique en quoi elle est qualifiée pour un poste ou mentionne ses succès passés lors d'un entretien d'embauche réduit ses chances de voir retenue sa candidature[9].

Comme s'il n'était pas déjà suffisamment délicat de surmonter le dilemme, les idées reçues sur l'identité sexuelle peuvent amener les femmes à se charger d'un travail en plus sans en retirer de bénéfice supplémentaire. Quelqu'un qu'un homme a aidé se considérera comme son obligé. Il y aura de fortes chances qu'il lui renvoie l'ascenseur. Une femme qui donne un coup de main suscite en revanche un sentiment de reconnaissance moindre. C'est dans sa nature de se montrer solidaire, non ? Aider les autres ? Elle ne demande pas

mieux. Le professeur Flynn parle à ce propos de
« dévaluation sexiste » : sur le plan professionnel, les
femmes paient le prix de l'importance que l'on suppose qu'elles accordent à la solidarité[10]. À l'inverse,
quand un homme tend la main à un collaborateur, on
part du principe que cela lui coûte et, en compensation, il reçoit de meilleures appréciations, des augmentations de salaire ou des primes. Plus frustrant encore :
une femme qui refuse de donner un coup de main a
droit à des évaluations et des gratifications revues à la
baisse. Qu'en est-il d'un homme qui refuse son aide ?
Il s'en tire sans conséquence[11].

À cause de ces attentes injustes, les femmes se
retrouvent dans une situation intenable où, quoi qu'elles
fassent, elles sont fichues[12]. La remarque vaut d'autant
plus en ce qui concerne la négociation des salaires,
titres et autres avantages. En général, les hommes
négocient plus que les femmes[13]. Une étude sur les
salaires de départ des titulaires d'un master de l'université Carnegie Mellon a révélé que 57 % des hommes
contre 7 % des femmes seulement avaient tenté de
négocier une meilleure offre[14]. Plutôt que de reprocher
aux femmes de ne pas négocier plus, nous devons
admettre qu'il y a de bonnes raisons à ce que défendre
leurs propres intérêts leur répugne : agir ainsi pourrait
aisément se retourner contre elles[15].

Il y a peu d'inconvénients pour les hommes à négocier dans leur intérêt. On s'attend à ce que les hommes
assurent leur promotion, soulignent en quoi ils ont été
utiles aux autres et que cela leur vaille reconnaissance
et gratifications. Pour un homme, il n'y a aucun mal
à demander. À l'inverse, parce que le souci d'autrui

passe pour ancré dans la nature des femmes, quand elles se mettent en valeur ou insistent sur leurs quali- tés, les hommes comme les femmes réagissent mal. Le plus intéressant, c'est que les femmes se tirent aussi bien, voire mieux que les hommes, des négociations pour le compte d'un tiers (leur entreprise ou un collè- gue, par exemple), parce que, dans ces cas-là, leur atti- tude ne les amène pas à passer pour des égoïstes[16]. Une femme qui lutte pour son intérêt contrevient aux normes. Les femmes comme les hommes rechignent souvent à collaborer avec une femme ayant réclamé une augmentation, parce qu'elle leur paraît plus exi- geante[17]. Une femme qui mène à bien une négociation pour son compte risque d'en payer le prix, à long terme, en s'aliénant ses collègues et en retardant son avancement[18]. Malheureusement, les femmes sont toutes des Heidi. Nous aurons beau faire, nous ne deviendrons jamais des Howard.

Je venais d'entamer des négociations avec Mark Zuckerberg, le fondateur et P-DG de Facebook, quand il m'a fait une offre qui m'a paru correcte. Depuis plus d'un mois et demi, nous dînions ensemble, plusieurs soirs par semaine, afin de discuter du rôle de Facebook et de sa vision de l'avenir. J'étais prête à accepter le poste. Ou plutôt, je mourais d'envie de l'accepter. Dave, mon mari, me répétait cependant de négocier. Je craignais malgré tout de saborder ma position par un faux pas. Libre à moi de ne pas céder d'un pouce. Seulement, l'envie passerait peut-être à Mark de tra- vailler avec moi. Cela en valait-il la peine, sachant que je finirais de toute façon par lui dire oui ? J'estimais que non. Mais alors que je m'apprêtais à donner ma réponse, Marc Bodnick, mon beau-frère, m'a lancé, exaspéré : « Mince alors, Sheryl ! Pourquoi gagnerais-tu moins que n'importe quel type qui ferait le même boulot ? »

Mon beau-frère ignorait en quoi consistait au juste l'offre de Mark. Il estimait simplement qu'aucun homme, à mon niveau, n'aurait accepté la première proposition qu'on lui faisait. Voilà qui m'a motivée. Je suis revenue vers Mark et lui ai déclaré que je ne pouvais pas lui dire oui tout de suite, mais j'ai pris soin de le prévenir : « Inutile de te rappeler que tu me recrutes pour chapeauter tes équipes de négociateurs ; tu tiens donc à ce que je sache négocier. C'est la seule occasion qui nous sera donnée de nous affronter face à face. » J'ai ensuite négocié dur, et passé une nuit sur les charbons ardents à me demander si je ne venais pas de tout gâcher. Mark m'a cependant téléphoné le lendemain. Il a résolu le problème en rendant plus alléchante son offre, allongeant d'un an la durée de mon contrat initial de quatre ans et m'autorisant à acquérir des parts de la société. L'habile solution qu'il a imaginée au problème, en plus de sceller notre accord, a eu le mérite de faire coïncider nos intérêts à long terme.

Une négociation est réussie quand on atteint le but qu'on se fixait en continuant à se faire apprécier. La professeure Hannah Riley Bowles de la Harvard's Kennedy School of Government, qui s'est penchée sur l'incidence de l'appartenance sexuelle sur les négociations, estime qu'il est possible aux femmes d'augmenter leurs chances de parvenir à leurs fins à condition de combiner deux attitudes[19]. D'abord, elles doivent manifester de la gentillesse et se préoccuper d'autrui, comme il convient à une personne de leur sexe. Celles qui optent pour une approche plus pragmatique (« Voici ce que je veux et mérite ») suscitent des réactions hostiles.

Un slogan conseille de « penser global et agir local ». Quand il s'agit de défendre ses intérêts, il convient de « penser personnel et agir solidaire ». J'ai conseillé à de nombreuses femmes d'annoncer, en préambule à une négociation, que, sachant que les femmes sont en général moins bien payées que les hommes, elles estimaient de leur devoir de ne pas accepter d'emblée l'offre qu'on leur soumettait. Elles se présentent ainsi en tant que représentantes d'un groupe plutôt que comme championnes de leur propre cause. De fait, elles négocient au bénéfice de toutes les femmes. Cela paraît bête mais le pronom a son importance. Dans la mesure du possible, les femmes ont intérêt à dire « nous » plutôt que « je ». La requête d'une femme recevra un meilleur accueil si elle déclare « nous avons eu une excellente année » au lieu de « j'ai eu une excellente année »[20].

Malgré tout, une approche solidaire ne suffit pas. Si l'on en croit la professeure Bowles, les femmes doivent en second lieu légitimer leur volonté de négocier[21]. Les hommes n'ont pas à s'en soucier : on s'attend à ce qu'ils défendent leurs intérêts. Les femmes, à l'inverse, sont tenues de justifier leurs revendications. Un moyen d'y parvenir consiste à laisser entendre que quelqu'un de plus haut placé les a incitées à négocier (« Mon manager m'a suggéré de discuter avec vous de ma rémunération ») ou de rappeler les normes en vigueur dans le secteur (« Il me semble que les postes qui impliquent un tel niveau de responsabilité correspondent à telle tranche de revenus »). Cela dit, chaque négociation est unique ; il revient donc aux femmes d'affiner leur stratégie au cas par cas.

La tactique répandue qui consiste à faire part à son employeur d'une proposition émanant d'une autre société fonctionne mieux pour les hommes. Ils ont tout à fait le droit de se focaliser sur leur réussite, alors qu'on attend des femmes plus de loyauté. En outre, la gentillesse pure et simple ne constitue pas une stratégie gagnante. Une femme avant tout gentille transmet le message qu'elle est prête à sacrifier son salaire pour rester appréciée. Voilà pourquoi les femmes ont intérêt à combiner gentillesse et insistance, à se montrer, comme l'a formulé Mary Sue Coleman, présidente de l'université du Michigan, « impitoyablement aimables[22] ». Une telle méthode oblige à beaucoup sourire, témoigner de la considération aux autres, le souci des tiers, invoquer des intérêts communs, mettre l'accent sur des objectifs plus vastes et aborder la négociation comme la quête d'une solution à un problème plutôt que de camper sur une position critique[23]. La plupart des négociations traînent en longueur et supposent une succession de manœuvres ; il est donc nécessaire de rester concentrée… et de garder le sourire.

Il n'y a rien d'étonnant à ce que les femmes ne négocient pas autant que les hommes. L'exercice s'apparente à la traversée d'un champ de mines à reculons sur des hauts talons. Que devons-nous faire ? Suivre les règles que d'autres ont édictées ? Trouver un moyen d'afficher une expression avenante sans pécher par excès de gentillesse ? Témoigner juste ce qu'il faut de loyauté et nous exprimer à la première personne du pluriel ? J'ai bien conscience qu'il est paradoxal d'inciter les femmes à changer le monde en se pliant à des règles et des attentes déformées par des a priori. Il ne s'agit pas là d'une solution idéale mais du moyen d'atteindre une fin louable. Il n'en reste pas moins vrai, comme le sait tout bon négociateur, que mieux comprendre la partie adverse garantit un résultat plus avantageux. Les femmes peuvent au moins aborder l'exercice en sachant qu'exprimer le souci de l'intérêt général, alors même qu'elles négocient pour leur compte, renforcera leur position.

Les efforts en vue d'une cause commune comportent eux-mêmes leurs bons côtés. Par définition, une organisation réunit des personnes qui œuvrent ensemble au même but. Privilégier l'esprit d'équipe donne de meilleurs résultats pour la simple raison que les groupes qui fonctionnent bien ont plus de force que les individus. Les groupes qui collaborent s'en sortent mieux que les autres. Sans compter que la réussite est plus savoureuse quand on a l'occasion de la partager. La présence d'un plus grand nombre de femmes au pouvoir aura peut-être pour effet positif la sensibilisation de nos dirigeants au bien-être d'autrui. Bien sûr, j'espère que nous n'aurons pas à tenir indéfiniment compte de ces règles archaïques et qu'un jour, nous pourrons enfin être nous-mêmes.

Il reste encore beaucoup de chemin à parcourir. En novembre 2011, le magazine *San Francisco* a illustré un article sur des femmes capitaines d'industrie de la

Silicon Valley par un collage de leurs têtes sur un corps
d'homme[24]. La rédaction ne concevait pas d'autre
tenue pour un entrepreneur à succès qu'un costume
cravate ou un sweat à capuche. Notre culture devrait
nous montrer une femme qui réussit autrement que
comme un homme ou le cliché de la Blanche au téléphone avec un bébé en pleurs dans les bras. L'image
de la « mauvaise mère munie d'un attaché-case » est
tellement répandue que Jessica Valenti en a réuni sur
son blog une collection à la fois comique et poignante,
intitulée : « Pauvres bébés blancs aux méchantes
mamans féministes »[25].

Avant d'en arriver là, je crains que les femmes ne
continuent à sacrifier leur capital sympathie à leur
réussite. Quand j'ai rejoint Facebook, un blogueur s'est
mis en tête de casser du sucre sur mon dos. Il a publié
une photo de moi où il m'a collé un pistolet au poing
en écrivant « menteuse » en grosses lettres rouges sur
mon visage. Des sources anonymes m'ont accusée de
« duplicité » et de m'apprêter à « entraîner la ruine
définitive de Facebook ». J'en ai pleuré. J'en ai même
perdu le sommeil. J'ai eu peur que ne sonne le glas de
ma carrière. Puis je me suis dit que peu importait, au
fond. C'est d'ailleurs ce que tout le monde m'a assuré
– ce qui prouvait que tout le monde lisait ces affreux
commentaires. J'ai songé à toutes sortes de ripostes
mais, au bout du compte, le mieux restait encore de ne
pas tenir compte de ces attaques et d'accomplir mon
travail.

Selon Arianna Huffington, la fondatrice du *Huffington Post*, il est nécessaire pour les femmes d'apprendre
à encaisser les critiques. Au début de sa carrière,

Arianna a dû admettre qu'en livrant le fond de sa pensée, elle vexerait forcément quelqu'un. Elle n'estime ni réaliste ni même souhaitable de conseiller aux femmes de ne pas se soucier des coups qu'on leur porte. Elle nous conseille plutôt de ne pas brider nos émotions et d'accepter la colère ou la peine que les critiques éveillent en nous. Avant de passer rapidement à la suite. Elle cite comme modèles les enfants. Un petit peut très bien pleurer à chaudes larmes et, l'instant d'après, s'en aller jouer. Son conseil m'a bien servi. J'aimerais avoir la force de ne pas tenir compte de ce que disent les autres, mais l'expérience m'a prouvé que ce n'était bien souvent pas dans mes cordes. Me mettre dans tous mes états puis passer à autre chose – ça, en revanche, j'en suis capable.

Cela aide, de s'appuyer les unes sur les autres. On peut toujours se consoler en se rappelant que de telles attaques n'ont rien de personnel ou, comme l'a dit en blaguant Marlo Thomas, que « pour qu'on qualifie un homme d'impitoyable, il faut qu'il se comporte comme Joe McCarthy. Alors qu'il suffit à une femme de faire poireauter son interlocuteur au téléphone ». La situation se débloquera pour de bon quand les femmes au pouvoir feront moins figure d'exception. Il est aisé de prendre en grippe les femmes haut placées, parce qu'elles sont peu nombreuses. Si les femmes détenaient la moitié des postes de direction, il deviendrait impossible d'éprouver de l'aversion pour une telle quantité de personnes.

C'est en assistant au franchissement d'un seuil critique de ce point de vue que l'envie est venue à Sharon Meers d'écrire *Getting to 50/50*. À la fin des

années 1990, Amy Goodfriend a été choisie pour diriger l'équipe en charge des produits dérivés chez Goldman Sachs aux États-Unis (avant de devenir la première
femme associée du pôle actions). Suite à sa nomination – une révolution en soi –, quatre hommes qui détenaient des postes clés ont quitté la société. Amy a dû
affronter beaucoup de scepticisme et de critiques.
Avant que Sharon ne rejoigne son équipe, un ami lui
a confié : « Amy est une garce, mais une honnête
garce. » Sharon a découvert en Amy une chef formidable et, au fil des années suivantes, la branche des
produits dérivés a subi de profondes mutations sous sa
houlette. Il a suffi que celle-ci compte plus de cinq
femmes directrices générales – un seuil critique – pour
que l'hostilité et les grognements baissent d'un cran.
Il était alors devenu normal que des femmes détiennent le pouvoir, au point d'ailleurs qu'en 2000, l'opprobre attaché à une telle situation n'appartenait plus
qu'au passé. Malheureusement, après le départ des
directrices générales et le recul du seuil critique de
femmes au pouvoir, la conviction qu'une femme n'est
pas moins capable de s'en sortir qu'un homme a perdu
du terrain.

Il est nécessaire que l'idée d'une femme à un poste
de direction passe mieux – y compris pour celles qui
en détiennent un. Depuis 1999, Pattie Sellers du magazine *Fortune* organise une conférence annuelle, qu'elle
a baptisée « le sommet des femmes les plus puissantes ». La première fois que j'y ai assisté, en 2005,
j'y ai retrouvé deux amies proches : Diana Farrell, à
la tête du cabinet de conseil McKinsey, et Sue Decker,
directrice financière de Yahoo. Nous discutions du

nom de la conférence, quand je leur ai confié qu'en l'apercevant sur l'agenda d'entreprise de Google, j'ai couru voir Camille pour lui demander de lui substituer « la conférence des femmes organisée par *Fortune* ». Diana et Sue m'ont avoué en riant qu'elles avaient eu la même réaction.

Pattie a par la suite expliqué qu'elle avait choisi ce nom-là exprès pour contraindre les femmes à se confronter à leur pouvoir jusqu'à ce qu'elles se sentent plus à l'aise avec ce terme. Personnellement, j'ai encore du mal. Cela ne me gêne pas d'associer le mot « pouvoir » à d'autres femmes – plus nombreuses elles seront, mieux cela vaudra – et pourtant, je proteste d'un vigoureux mouvement de tête quand on me l'applique à moi. Une petite voix dans un recoin de ma tête me rappelle, comme du temps de mes études : « Ne te vante pas de ta réussite, et ne laisse pas les autres s'en apercevoir. Sinon, ils ne vont plus t'aimer. »

Moins de six mois après mon arrivée chez Facebook, Mark et moi nous sommes réunis en vue de ma première évaluation officielle. Il m'a lâché, entre autres, que mon désir d'être appréciée de tous risquait de m'empêcher d'aller de l'avant. Il a ajouté que, quand on veut faire bouger les choses, on ne peut pas satisfaire tout le monde. Quand on fait plaisir à tout le monde, c'est qu'on ne progresse pas assez. Mark a raison.

4.

Une cage à grimper
et non pas une échelle

Je travaillais pour Facebook depuis un mois quand j'ai reçu un appel de Lori Goler, directrice du marketing très estimée chez eBay. Je la connaissais un peu mais elle m'a tout de suite précisé qu'elle me contactait à titre professionnel, avant d'aller droit au but. « Je voudrais poser ma candidature pour travailler avec vous chez Facebook. J'ai songé à vous téléphoner pour vous dresser la liste de ce dont je suis capable et souhaiterais me charger. Puis je me suis dit que tout le monde devait en faire autant. J'aime donc autant vous demander : quel est votre principal problème et comment pourrais-je le résoudre ? »

J'en suis restée bouche bée. Au fil des dix années précédentes, j'avais engagé des milliers de personnes, or pas une ne m'avait tenu un discours un tant soit peu approchant. La plupart des candidats à l'embauche s'attachent à déterminer le rôle qui leur convient, partant du principe que leurs talents serviront à l'entreprise. Lori, elle, plaçait les besoins de Facebook au cœur de sa démarche. Une tactique imparable. Je lui ai répondu que mon principal souci venait du recrutement et que « oui, vous pourriez bien y trouver une solution ».

Lori n'aurait jamais cru s'occuper un jour de recrutement, pourtant elle a bondi sur l'occasion. Elle a même accepté de reculer d'un échelon, estimant qu'elle y gagnerait au final en acquérant de nouvelles compétences dans un secteur qu'elle ne connaissait pas. Lori a fait du bon travail au département recrutement et, au bout de quelques mois, a été promue au poste qu'elle occupe actuellement, à la tête de People@Facebook. Quand je lui ai demandé, il y a peu, si elle souhaiterait un jour revenir au marketing, elle m'a répondu qu'elle estimait disposer de plus de latitude aux ressources humaines pour assurer la bonne marche de l'entreprise.

La métaphore la plus courante d'une carrière, c'est une échelle. Seulement, l'image ne correspond plus à la situation de la majeure partie de la population active. En 2010, l'Américain moyen avait occupé onze postes rien qu'entre dix-huit et quarante-six ans[1]. Autrement dit, l'époque où l'on entrait dans une société pour y gravir un échelon après l'autre est depuis longtemps révolue. Lori cite souvent Pattie Sellers, qui a eu l'idée d'une métaphore plus adaptée : « Les carrières s'apparentent à des cages à grimper, pas à des échelles. »

Comme l'explique Lori, une échelle n'offre que des possibilités limitées – on ne peut qu'y monter ou en descendre, s'y hisser ou reculer. S'il n'existe qu'un moyen d'atteindre le sommet d'une échelle, nombreuses sont en revanche les possibilités de progresser dans une cage à grimper. Considérer les choses sous cet angle profite à tout le monde et en particulier aux femmes qui se lancent dans la vie active, changent de branche, se heurtent à des obstacles externes ou retournent sur le marché du travail à l'issue d'un long congé. La possibilité de tracer sa propre voie, quitte à reculer d'un niveau, faire un détour ou rencontrer une impasse, garantit plus de chances de s'épanouir qu'une ascension rectiligne. En plus, sur une cage à grimper, ceux qui trônent au sommet ne sont pas les seuls à jouir d'un point de vue avantageux. Alors que sur une échelle, la plupart ne voient rien au-delà des fesses de la personne au-dessus d'eux.

Rien n'illustre mieux ma carrière qu'un parcours à l'intérieur d'une cage à grimper. Il arrive souvent que de jeunes collègues ou des étudiants me demandent comment je l'ai planifiée. Quand je leur avoue que ça n'a pas été le cas, le soulagement succède le plus souvent en eux à la surprise. L'idée qu'il n'est pas nécessaire de définir d'entrée de jeu les étapes d'une carrière leur donne apparemment du courage. C'est d'autant plus réconfortant sur un marché du travail en berne, où les demandeurs d'emploi sont souvent contraints d'accepter les offres qui se présentent en espérant qu'elles les aiguilleront sur une voie souhaitable. Nous aspirons tous à un emploi ou un rôle qui nous passionne. Pour le trouver, il faut se montrer flexible tout en restant concentré sur le but à atteindre. Je recommande de ce fait de se fixer deux objectifs : un, de l'ordre du rêve, à long terme, et un autre très concret à un horizon de dix-huit mois.

De moi-même, je n'aurais jamais imaginé le chemin

qui m'a conduite de mon point de départ à ma situation actuelle. D'abord, Mark Zuckerberg n'avait que sept ans quand je suis sortie diplômée de l'université. À l'époque, les nouvelles technologies et moi, ça faisait deux. Je n'ai utilisé les ordinateurs de Harvard qu'une seule fois en premier cycle, pour une analyse de régression dans le cadre de mon mémoire sur la dynamique économique de la maltraitance conjugale. Les données figuraient sur de lourdes bandes magnétiques que j'ai dû transporter dans d'énormes cartons d'un bout à l'autre du campus en pestant tout le long du chemin, avant d'arriver en nage au bâtiment informatique, où ne traînaient que des étudiants de sexe masculin. J'ai dû passer la nuit à dévider les bandes pour entrer les données dans la machine. En voulant effectuer mes derniers calculs, j'ai bousillé tout le système. Eh oui ! Des années avant que Mark ne devienne célèbre en faisant planter ce même réseau informatique de Harvard. Je l'ai doublé !

Quand j'ai quitté l'université, je n'avais qu'une vague idée de la direction que j'allais suivre. Contrairement à mon père qui, lui, a su très jeune ce qu'il voulait. Un jour, à seize ans, il a ressenti une vive douleur abdominale alors qu'il s'entraînait au basket. Ma grand-mère – en bonne maman juive – a supposé qu'il avait faim et lui a servi un copieux dîner. Cela n'a rien arrangé, au contraire. Mon père s'est retrouvé à l'hôpital, où on lui a diagnostiqué une crise d'appendicite aiguë mais, comme il venait de manger, il n'a pas pu être opéré avant douze longues heures de torture. Un chirurgien a tout de même fini par le débarrasser de son appendice et de ses douleurs, le lendemain matin.

Ce jour-là, mon père a décidé de devenir médecin afin de soulager les souffrances de son prochain.

Ma mère partageait le désir de mon père de venir en aide aux autres. Elle n'avait que onze ans quand elle a entendu un rabbin prononcer un sermon sur les droits civiques et l'importance du *tikkoun olam* – une expression hébraïque qui désigne la « réparation du monde ». Elle a répondu à son appel en frappant aux portes, une boîte en fer-blanc à la main, afin de soutenir les activistes du sud des États-Unis. Elle n'a pas cessé depuis de promouvoir bénévolement mais avec passion les droits de l'homme. J'ai grandi en voyant ma mère œuvrer sans répit à la défense des juifs persécutés en Union soviétique. Avec son amie Margery Sanford, elle rédigeait d'émouvantes pétitions pour la libération de prisonniers politiques. Le soir venu, mon père leur prêtait main-forte. Grâce à l'implication et aux efforts conjoints d'hommes et de femmes partout dans le monde, beaucoup de vies ont été sauvées.

Pendant toute mon enfance, mes parents ont souligné à quel point cela compte de mener une vie qui ait du sens. Au dîner, la conversation portait souvent sur l'injustice sociale et ceux qui se battent pour un monde meilleur. Enfant, je n'ai jamais réfléchi à ce que je voulais devenir, mais j'ai beaucoup pensé à ce que j'aimerais faire. Aussi niais que cela paraisse, j'espérais changer le monde. Ma sœur et mon frère sont tous les deux devenus médecins alors que je m'imaginais travailler pour une ONG ou le gouvernement. Tel était mon rêve. Or, si je ne crois pas qu'il soit utile de planifier chaque étape d'une carrière, je suis convaincue qu'il est bon de se fixer un rêve ou un objectif à long terme.

Un rêve n'a pas à être réaliste ni même précis. Il peut refléter le désir de travailler dans tel secteur ou de voyager de par le monde. Peut-être consistera-t-il à s'assurer de l'autonomie dans son métier ou du temps libre. Peut-être s'agira-t-il de créer quelque chose de durable ou de remporter un prix convoité. Certains buts obligent à suivre un chemin relativement classique. Quelqu'un qui aspire à siéger à la Cour suprême a tout intérêt à s'inscrire en fac de droit. Cela dit, même un objectif assez flou suffit à fournir une orientation, une direction dans laquelle avancer.

Sans perdre de vue mon rêve d'enfant, j'ai commencé, à la sortie de l'université, par devenir assistante de recherches de Larry Summers à la Banque mondiale, dont il était alors chef économiste. La mission de la banque, qui siège à Washington, consiste à réduire la pauvreté à l'échelle mondiale. J'ai commencé par passer neuf mois dans les rayons de la bibliothèque de la banque, au coin de la 19e Rue et de l'avenue Pennsylvania, à chercher des données que Larry comptait citer dans ses articles et ses discours. Il a ensuite eu la bonté de s'arranger pour que je participe à une mission de terrain en Inde, histoire de voir de plus près de quoi s'occupait au juste la banque.

À mon atterrissage en Inde, j'ai découvert un autre monde. Les membres de la mission cherchaient à éradiquer la lèpre, endémique dans les régions les plus reculées et les plus pauvres du pays, où régnaient des conditions de vie atroces. Compte tenu de l'opprobre attaché à la maladie, ceux qui en souffraient, chassés de leurs villages, finissaient souvent prostrés sur un sol de terre battue, dans d'horribles endroits n'ayant de dispensaires que le nom. Des données brutes et des chiffres n'étaient pas à même de me préparer à une telle réalité. Je garde le plus grand respect pour ceux qui tendent la main aux personnes en difficulté : il s'agit là de la tâche la plus difficile au monde.

Je suis revenue à Washington en caressant le projet d'entrer en fac de droit mais Lant Pritchett, un économiste de l'équipe de Larry, qui a passé sa vie à étudier la pauvreté, m'a convaincue d'opter plutôt pour une école de commerce. Je suis retournée à Harvard. J'ai entretenu ma conscience sociale en rejoignant le très impopulaire Nonprofit club (à but non lucratif). J'ai enfin étudié en deuxième année le marketing social – l'art d'utiliser le marketing pour résoudre des problèmes de société – auprès du professeur Kash Rangan. Nous nous sommes notamment penchés sur le manque de dons d'organes, responsable de dix-huit décès par jour, rien qu'aux États-Unis. Je ne l'oublierai jamais. Dix-sept ans plus tard, Facebook a collaboré avec des registres de donneurs d'organes partout dans le monde en vue de créer un outil informatique y facilitant l'inscription.

Après mon passage en école de commerce, je suis devenue consultante au cabinet McKinsey à Los Angeles. Le poste ne me convenant pas vraiment, je n'y suis restée qu'un an, avant de retourner à Washington rejoindre Larry, à l'époque sous-secrétaire au Trésor. Au début, j'ai assumé auprès de lui un rôle d'assistante. Quand il a été nommé secrétaire, j'ai obtenu le poste de chef de cabinet. Ma mission consistait à aider Larry à gérer à la fois les opérations courantes et son budget de quatorze milliards de dollars.

J'ai eu l'occasion de me mêler de politique économique au niveau national et international. J'ai en outre
chapeauté quelques projets mineurs, tels que la cam-
pagne de promotion des vaccins contre les maladies
infectieuses.

Au cours de mes quatre années au Trésor, j'ai
assisté, de loin, au premier boom des nouvelles technologies. Son impact, manifeste et séduisant, allait bien
au-delà de la possibilité de porter des jeans au bureau.
Le progrès de la technologie transformait alors les
modes de communication et bouleversait le quotidien
sur toute la planète, pas seulement aux États-Unis ou
dans les pays développés. Mon vieux rêve a refait surface. À la fin du mandat de Clinton, n'ayant plus d'emploi, je me suis installée dans la Silicon Valley. Avec
le recul, ma décision paraît avisée mais, en 2001, elle
était au mieux douteuse. La bulle des nouvelles technologies venait d'éclater et le secteur ne s'en était pas
encore remis. Je me suis accordé quatre mois pour
décrocher un travail, en espérant que je ne devrais pas
attendre si longtemps. Il m'a fallu patienter près d'un
an.

Ma quête d'un emploi dans la Silicon Valley a
connu des hauts, comme la rencontre de Meg Whit-
man, la P-DG d'eBay, que j'admire énormément. Elle
a aussi connu des bas, tels que l'entretien d'embauche
avec une cadre de direction qui m'a déclaré d'entrée
de jeu que sa société n'engagerait jamais quelqu'un
comme moi, vu qu'un poste dans l'Administration ne
préparait pas à travailler dans l'industrie des nouvelles
technologies. La remercier de son honnêteté avant de
prendre la porte eût été un geste à la fois élégant et

désinvolte. Hélas ! la désinvolture n'a jamais été mon fort. Je suis restée là à bafouiller et bredouiller jusqu'à ce qu'il ne reste plus une molécule d'oxygène dans la pièce. Fidèle à sa parole, elle n'a pas songé un instant à me recruter.

Heureusement que tous ne pensaient pas comme elle. J'avais croisé Eric Schmidt à plusieurs reprises à l'époque où je travaillais pour le Trésor. Je suis allée le trouver, peu après son accession au poste de P-DG de Google, une entreprise alors peu connue. Après plusieurs séries d'entretiens avec les fondateurs de Google, ceux-ci m'ont proposé un emploi. Mon compte en banque se vidait à vue d'œil, il était donc temps de retourner au boulot, et vite. Fidèle aux préceptes – pour le coup horripilants – des écoles de commerce, j'ai dressé sur un tableau à double entrée la liste des opportunités qui s'offraient à moi, face à mes critères de sélection. J'ai comparé les responsabilités, les fonctions et ainsi de suite. Au fond de moi, je voulais prendre part à la mission de Google d'assurer au monde entier l'accès à l'information, mais sur le papier, l'entreprise me proposait le poste le moins prometteur, et de loin.

Je suis retournée voir Eric, à qui j'ai exposé mon dilemme. Les autres sociétés m'offraient de vrais postes, avec des équipes à diriger et des objectifs à atteindre. Chez Google, j'assumerais la « direction générale de la section commerciale », ce qui semblait formidable, sauf qu'il n'existait pas encore de section commerciale dans l'entreprise et que je n'aurais donc rien du tout à diriger. Non seulement je me retrouverais moins haut placée dans la hiérarchie qu'ailleurs mais en quoi consisterait au juste ma mission ? Ce n'était pas clair.

Eric m'a alors donné ce qui a probablement été le meilleur conseil professionnel que j'aie jamais reçu. Il a masqué d'une main mon tableau et m'a dit : « Ne sois pas idiote. » (Là aussi, un excellent conseil, soit dit en passant.) Il m'a expliqué qu'à l'heure de choisir un poste, un seul critère importait : le rythme de croissance de l'entreprise. Dans une société à l'expansion rapide, il y a plus de choses à faire que d'employés pour s'en charger. Dans une société qui ne se développe qu'au ralenti, voire plus du tout, les tâches se raréfient et les salariés sont trop nombreux pour ne pas les mener à bien. Les luttes pour le pouvoir condamnent dès lors à l'inefficacité et à l'enlisement. « Si on t'offre un siège à bord d'une fusée, tu ne demandes pas : quel siège ? Tu embarques et c'est tout », m'a-t-il dit. Je me suis aussitôt décidée. Google était une petite entreprise mal organisée mais c'était une fusée. Plus important encore à mes yeux, elle poursuivait une mission à laquelle je croyais de tout cœur.

Au fil des ans, j'ai répété le conseil d'Eric à d'innombrables personnes, les incitant à réduire leur tableau à une seule colonne : le potentiel de croissance. Bien sûr, tout le monde n'a pas l'occasion ni l'envie de travailler dans un secteur comme celui des nouvelles technologies. Mais dans n'importe quelle branche existent des postes au potentiel d'expansion supérieur à d'autres. On peut chercher parmi les industries mieux établies une « fusée » – une division ou une équipe en forte croissance – au sein même de l'entreprise pour laquelle on travaille. Quelqu'un qui œuvre dans l'enseignement ou le secteur de la santé briguera une place là où ses compétences restent les plus demandées. Par exemple, certaines villes comptent trop de neurochirurgiens pédiatriques alors que d'autres en manquent. Mon frère, dont c'est la profession, s'est toujours établi là où sa formation était la plus sollicitée afin de se rendre le plus utile.

De même que je crois à la nécessité pour chacun d'entretenir un rêve, je suis convaincue que tout le monde devrait se fixer un projet à un horizon de dix-huit mois. (Je parle ici de dix-huit mois parce que deux ans me semblent trop longs et une année, trop courte, mais il n'est pas indispensable de s'en tenir à un laps de temps précis.) En principe, mon projet pour les dix-huit mois à venir précise mes objectifs sur deux fronts. D'abord, et c'est l'essentiel, je propose un but à mon équipe. Les employés focalisés sur les résultats sont ceux qui apportent le plus à l'entreprise – comme Lori, qui a eu l'intelligence de se colleter au problème de recrutement de Facebook plutôt que de se concentrer sur son intérêt personnel. Il ne s'agit pas seulement de penser solidaire – l'option la plus avisée et qui paraît la plus naturelle pour une femme – mais de veiller à la bonne marche des affaires.

Je me donne en second lieu pour cible la mission plus personnelle d'acquérir de nouvelles compétences au cours des dix-huit mois à venir. C'est souvent douloureux mais je me demande : « En quoi puis-je m'améliorer ? » Quand j'appréhende de me lancer dans une activité, c'est en général parce que je ne suis pas douée pour ou que mes craintes me retiennent de tenter l'aventure. Au bout de plus de quatre années chez

Google, à gérer plus de la moitié des recettes de la société, j'étais gênée d'admettre que je n'avais pas encore négocié de partenariat commercial. Eh non, pas un seul. J'ai pris mon courage à deux mains et l'ai avoué à mon chef, Omid Kordestani, à l'époque directeur du développement des ventes. Omid a bien voulu me donner ma chance à la tête d'une petite équipe de négociateurs. J'ai manqué de peu tout fiche en l'air en formulant ma première offre à un éventuel partenaire avant d'avoir bien saisi la nature de son activité. Heureusement, mon équipe comprenait un négociateur de talent, Shailesh Rao, qui s'est interposé pour m'enseigner une évidence : laisser les autres établir la première offre permet souvent d'obtenir des conditions avantageuses.

Tout le monde peut progresser. Beaucoup tendent, en milieu professionnel, à trop développer tel ou tel trait de caractère – l'agressivité ou la passivité, la timidité ou la hardiesse. Lors de ma première négociation, j'en ai trop dit. Pour qui me connaît, il n'y avait pas lieu de s'en étonner. Une fois identifié mon point faible, j'ai sollicité une aide extérieure pour y remédier. J'ai fait appel à Maureen Taylor, coach en communication, qui m'a recommandé un exercice. Elle m'a interdit, pendant une semaine, de donner mon opinion, à moins qu'on ne me la demande. J'ai vécu là l'une des plus longues semaines de ma vie. Si je m'étais mordu la langue, chaque fois que je m'apprêtais à ouvrir la bouche, il ne m'en serait plus resté le moindre bout.

Tenter de surcompenser me paraît un bon moyen de parvenir à un juste milieu. Pour que je prenne la parole le temps qu'il faut, ni plus ni moins, lors d'une réunion, je dois estimer que je n'ai pas dit grand-chose. L'impression devra en revanche venir aux timides que l'on n'a entendu qu'eux. Je connais une femme qui parle très doucement et doit s'obliger à « crier » en réunion pour s'exprimer à un volume normal. Aller à l'encontre de notre tendance naturelle n'a rien d'aisé. Depuis le temps que je multiplie les efforts, je ne me rappelle que quelques occasions où l'on m'ait dit : « Sheryl, j'aurais aimé que tu t'exprimes plus à cette réunion. » Omid m'a fait cette remarque, un jour, et je l'ai serré dans mes bras.

Eric avait vu juste à propos de Google et je saurai toujours gré à Larry Page, Sergey Brin et lui d'avoir misé sur moi. Mon horizon de dix-huit mois chez Google a été repoussé cinq ans de plus et j'ai appris plus que je ne l'aurais jamais espéré en travaillant avec d'authentiques visionnaires. À la fin, le moment m'a tout de même paru venu d'avancer dans la cage à grimper.

En privé, je ne suis pas du genre à m'en tenir à des incertitudes. J'aime que tout soit en ordre. Je classe mes papiers dans des chemises en couleur (eh oui, encore à mon âge) et mon enthousiasme à réorganiser mes placards ne cesse de déconcerter mon mari. Sur le plan professionnel, j'ai toutefois appris à accepter l'incertitude et même à la revendiquer. C'est en prenant des risques – et en ayant de la chance – que je me suis retrouvée chez Google. Ma stratégie a si bien payé que j'ai décidé d'assumer de plus amples risques encore. Et voilà ce qui m'a menée chez Facebook. À l'époque, d'autres sociétés étaient prêtes à m'engager comme P-DG, pourtant j'ai rejoint Facebook en tant que directrice de l'exploitation. Beaucoup, au début, ont exprimé des doutes sur ma volonté d'assumer un poste « à un échelon inférieur » au service d'un type de vingt-trois ans. Aujourd'hui, plus personne ne remet en cause le bien-fondé de ma décision. De même qu'au moment de rejoindre Google, j'ai donné la priorité au potentiel de croissance et à la mission de l'entreprise plutôt qu'à mon titre.

J'ai vu des hommes et des femmes obnubilés par leur niveau hiérarchique rater à cause de cela de fabuleuses occasions. Une amie à moi, avocate depuis quatre ans, a fini par admettre qu'elle aimerait mieux travailler en entreprise, dans le secteur des ventes ou du marketing, que de devenir associée d'un cabinet. L'un de ses clients se disait prêt à l'engager, mais à condition qu'elle commence au bas de l'échelle. Comme elle pouvait se permettre de gagner moins pendant un temps, je l'ai incitée à franchir le pas, mais au final, elle n'a pas voulu d'un poste qui l'aurait ramenée « quatre ans en arrière ». Je conçois que céder du terrain chèrement gagné lui eût causé un déchirement. Je n'en pense pas moins que, puisqu'elle allait encore travailler une trentaine d'années, revenir quatre ans « en arrière » n'aurait pas changé grand-chose, au bout du compte. Dans la mesure où une réorientation l'eût rendue plus heureuse en lui permettant d'acquérir de nouvelles compétences, elle aurait même été de l'avant.

Dans bien des circonstances, les femmes devraient témoigner d'une tolérance accrue aux risques dans leur carrière[2]. Quand j'ai quitté Google pour Facebook, proportionnellement au reste de mon équipe, les femmes

ont été moins nombreuses à me suivre. Fidèles à eux-
mêmes, mes collaborateurs de sexe masculin se sont
montrés plus intéressés par de nouvelles opportunités
impliquant des risques mais susceptibles de rapporter
plus au final. Bon nombre de mes collaboratrices ont
fini par exprimer le souhait de rejoindre Facebook mais
pas avant plusieurs années, une fois la société mieux
établie. La stabilité a souvent un revers : des possibilités de croissance moindres.

Bien entendu, il y a des étapes de la vie où l'aversion au risque est une bonne chose ; à l'adolescence,
comme à l'âge adulte, les hommes sont beaucoup plus
nombreux à se noyer que les femmes[3]. Cela dit, en
affaires, l'aversion pour le risque condamne souvent à
piétiner. Une étude des promotions à des postes de
direction en entreprise a mis en évidence une propension plus nette chez les femmes à conserver la même
fonction, y compris en assumant de nouvelles responsabilités. Et une femme manager gravira plus probablement un échelon en interne qu'à l'occasion d'un
changement de société[4]. Parfois, rester dans la même
branche et la même entreprise crée une inertie qui
limite les occasions de développement. Diversifier son
expérience prépare utilement à exercer des fonctions
de direction.

Je conçois que des pressions extérieures obligent les
femmes à privilégier la sécurité en restant au même
poste. Il est difficile, du fait de certains stéréotypes,
d'assumer des fonctions traditionnellement détenues
par des hommes. Les femmes sont en outre plus
enclines à faire passer la carrière de leur partenaire
avant la leur[5]. Une femme en couple est tout à fait sus-

ceptible d'estimer hors de question un nouvel emploi qui implique un déménagement. Il en résulte une regrettable tautologie : la tendance à stagner entraîne la stagnation.

L'aversion pour le risque en milieu professionnel peut en outre occasionner chez les femmes une répugnance à se charger d'une tâche présentant un défi. Si j'en crois mon expérience, les hommes sont plus nombreux à rechercher les missions qui les obligent à se remettre en cause ou à se lancer dans un projet sur lequel tout le monde a les yeux braqués, alors qu'un plus grand nombre de femmes restent à la traîne. Des études indiquent que la remarque s'applique d'autant plus aux femmes en étroite collaboration avec des hommes ou dans les milieux où c'est surtout la réussite individuelle qui compte[6].

Si les femmes évitent les défis et les missions qui les obligent à se dépasser, c'est notamment parce qu'elles s'inquiètent trop de ne pas posséder les capacités requises. Leurs doutes ont tôt fait de se changer en prophétie autoréalisatrice, vu qu'on apprend souvent par la pratique, sur le tas. Un rapport interne de Hewlett-Packard a montré que les employées de l'entreprise ne se portaient candidates à un poste que lorsqu'elles estimaient satisfaire la totalité des critères de sélection. Les hommes, eux, se contentaient de correspondre au profil décrit à 60 %[7]. La différence entraîne des conséquences à la chaîne. Les femmes ne doivent plus se dire « je ne suis pas formée pour » mais « j'ai envie de le faire, et j'apprendrai par la pratique ».

Lors de mon premier jour de travail à la Banque mondiale, Larry Summers m'a demandé d'effectuer des calculs. Ne sachant comment m'y prendre, j'ai demandé de l'aide à Lant Pritchett. « Entre les données dans un tableur », m'a-t-il conseillé. Je lui ai avoué que je ne savais pas me servir d'un tel programme. « Mince alors ! s'est-il exclamé. Je ne peux pas croire que tu sois parvenue à ce stade, ni même que tu aies compris les bases de l'économie, sans savoir utiliser un tableur. » Je suis rentrée chez moi convaincue que j'allais me retrouver à la porte. Le lendemain, Lant m'a fait venir dans son bureau. Mon cœur battait alors à tout rompre. Au lieu de me virer, il m'a montré comment utiliser le logiciel. Voilà un chef formidable !

Qui plus est, les femmes répugnent plus à poser leur candidature à une promotion, même quand elles la méritent, persuadées que leurs bons et loyaux services leur vaudront naturellement une gratification[8]. Carol Frohlinger et Deborah Kolb, fondatrices de Negotiating Women, Inc., parlent à ce propos du « syndrome du diadème » : les femmes « s'attendent à ce que bien faire leur travail leur vaille l'attention d'un supérieur qui les couronnera d'un diadème[9] ». Dans une parfaite méritocratie, les diadèmes reviendraient à celles qui les méritent le plus, mais je n'en ai encore jamais vu circuler dans un bureau. Un travail acharné et de bons résultats devraient en principe garantir la reconnaissance, seulement, lorsqu'il n'en va pas ainsi, il devient nécessaire de se faire le champion de sa propre cause. Comme je l'ai évoqué plus tôt, l'exercice suppose beaucoup de tact. Il n'en reste pas moins indispensable.

Prendre des risques, privilégier les entreprises en expansion, se lancer des défis et réclamer des promotions (le sourire aux lèvres, bien sûr) constituent des facettes essentielles de la gestion d'une carrière. L'une de mes citations préférées vient de l'écrivain Alice Walker : « La manière la plus commune de renoncer à son pouvoir consiste à se convaincre qu'on n'en a pas. »

N'attendez pas qu'on vous offre le pouvoir sur un plateau. À l'instar du diadème, il pourrait bien ne jamais apparaître. Et de toute façon, qui s'encombrerait d'un diadème sur une cage à grimper ?

5.

C'est toi, mon mentor ?

L'un des livres que j'aimais le plus, enfant, s'intitulait *C'est toi, ma mère ?*, et racontait l'histoire d'un oisillon qui, en brisant sa coquille, découvrait un nid vide. Partant à la recherche de sa mère, il posait la question fatidique : « C'est toi, ma mère ? » à un chaton, une poule, un chien et enfin une vache, qui le détrompaient chacun à leur tour. Au désespoir, l'oisillon finissait par crier : « C'est toi, ma mère ? » à une voiture, un bateau, un avion et même une pelle à vapeur, qui, pour toute réponse, expulsait à grand bruit un jet de vapeur. Un triste sort menaçait dès lors l'oisillon pris entre les mâchoires de l'engin, qui, miraculeusement, le ramenait à son nid. À la fin, la maman oiseau revenait et son petit déclarait : « Tu es un oiseau et c'est toi, ma mère. »

Ce conte offre un poignant reflet des avatars de la question si prégnante en milieu professionnel : « C'est toi, mon mentor ? » Quand il paraît nécessaire de se la poser, c'est que la réponse est probablement « non ». Une fois trouvé le mentor adéquat, l'évidence s'impose

d'elle-même. Chercher à tout prix à établir une relation de ce type donne rarement de bons résultats et,
pourtant, je vois sans arrêt des femmes agir ainsi.
Quand je prononce un discours ou assiste à une réunion, un nombre incroyable de femmes se présentent
à moi et me prient, dans le même souffle, de devenir
leur mentor. Je ne me rappelle pas qu'un seul homme
me l'ait demandé (encore que certains aient exprimé
le souhait de me voir prendre sous mon aile leur épouse
ou leur petite amie).

En tout cas, la question a le chic pour casser l'ambiance – autant que de demander à un petit ami rêveur
lors d'un tête-à-tête amoureux « à quoi tu penses ? ».
Toutes les femmes haut placées à qui j'en ai parlé crou-
lent elles aussi sous les sollicitations de ce type. Leur
réaction est unanime : « Je ne sais jamais quoi dire
quand quelqu'un que je ne connais pas me prie de lui
servir de mentor. » La requête est flatteuse mais tombe
comme un cheveu sur la soupe. Même Oprah Winfrey,
la grande prêtresse des médias, qui a tant appris à une
génération entière, admet que la proposition la met mal
à l'aise. Elle a d'ailleurs déclaré : « J'assume un rôle
de mentor quand je découvre quelque chose et que
l'envie me vient "d'assister à son développement". »

En un sens, nous ne pouvons nous en plaindre qu'à
nous-mêmes. Depuis dix ans, le rôle des mentors et
des soutiens occupe la première place dans les sémi-
naires où les femmes apprennent à gérer au mieux leur
carrière. Il fait l'objet de blogs, d'articles de journaux
et de comptes-rendus de recherches. Beaucoup de
femmes en début de parcours désireuses de se hisser
dans la hiérarchie suivent le conseil maintes fois réi-

téré de se trouver à la fois un mentor (quelqu'un qui les conseillera) et un soutien (quelqu'un qui usera de son influence pour les promouvoir)[1]. L'accent mis sur le rôle du mentor m'a particulièrement frappée le jour de printemps 2011 où j'ai pris la parole en public à l'école de commerce de Harvard. Le recteur Nitin Nohria qui m'y avait invitée m'a rejointe sur scène afin d'orienter notre entretien. Ses premières questions ont porté sur Facebook et la nature de mon travail auprès de Mark. Je lui ai confié que j'aimais beaucoup ce que je faisais, sauf quand mes collègues lâchaient des remarques du genre : « Sheryl, tu peux jeter un œil à ça ? Il faudrait qu'on sache ce que les vieux en pensent. » Nous avons évoqué le printemps arabe et une foule d'autres sujets d'actualité. Le recteur Nohria m'a ensuite posé une question sur les femmes au travail. Je ne sais pas ce qui m'a prise, mais je me suis tournée vers le public, j'ai marqué un temps de silence et répondu sans prendre de gants : « Si la tendance actuelle se poursuit, dans quinze ans, un tiers des femmes ici présentes travailleront à plein temps et vous travaillerez presque toutes pour le type assis à côté de vous. »

Un silence de mort s'est abattu dans le vaste auditorium. J'ai poursuivi : « Je vous prie de m'excuser si mes propos semblent durs ou surprenants, mais voilà où nous en sommes. Si vous ne souhaitez pas qu'on en arrive là, il va falloir agir. »

Sur cette note tendue, le recteur Nohria a conclu notre entretien avant d'inviter le public à intervenir. Un certain nombre d'hommes ont bondi sur le micro pour me poser des questions pertinentes témoignant d'une vue d'ensemble de la situation, du genre : « Qu'avez-vous appris chez Google qui vous serve aujourd'hui chez Facebook ? » ou : « Comment gérer une société plate-forme en assurant un minimum de stabilité aux développeurs ? » Deux femmes ont alors réclamé la parole. La première m'a demandé : « Estimez-vous correct de travailler pour une société en concurrence avec celle qui vous employait avant votre passage en école de commerce ? » Et l'autre : « Comment pourrais-je me trouver un mentor ? » Sa question m'a serré le cœur.

Les hommes se focalisaient sur la gestion d'une entreprise et les femmes, sur celle de leur carrière. Les hommes attendaient des réponses concrètes ; les femmes, ma bénédiction et mon aide. Je me suis fait la réflexion que la quête d'un mentor était devenue l'équivalent professionnel de l'attente du prince charmant. Notre enfance à toutes a été marquée par le conte de la Belle au bois dormant, qui apprend aux filles que, pour peu qu'elles attendent patiemment leur prince, celui-ci leur donnera un baiser et les emmènera sur son cheval blanc et ils vivront heureux jusqu'à la fin de leurs jours. À présent, on serine aux femmes en début de carrière que, pour peu qu'elles trouvent le bon mentor, il facilitera leur ascension hiérarchique et les emmènera dans un bureau au détour du couloir où elles vivront heureuses jusqu'à la fin de leurs jours. Une fois de plus, nous incitons les femmes à trop dépendre d'autrui.

Que ce soit clair : le problème n'est pas de déterminer s'il est important ou pas de s'assurer un mentor. Ça l'est. Dénicher un mentor et un soutien s'avère

décisif du point de vue de l'avancement. Les hommes
et les femmes qui bénéficient d'appuis sont plus enclins
à réclamer des augmentations ou des missions qui les
obligent à se dépasser que leurs homologues du même
sexe à qui cela fait défaut[2]. Malheureusement pour les
femmes, les hommes ont en général plus de facilité à
nouer et entretenir ce type de relations[3]. Une récente
étude montre que les hommes ont significativement
plus de chances de bénéficier d'un appui en haut lieu
et qu'ils se disent dans ce cas plus satisfaits de l'évolution de leur carrière[4].

Comme les jeunes femmes peinent plus à trouver
des mentors et des soutiens, elles tentent plus activement d'en dénicher. Si, en temps normal, je loue la
volonté de prendre les choses en main, leurs efforts,
dans ce cas précis, me paraissent mal dirigés. Aussi
déterminants soient-ils, de tels contacts ne se noueront
pas du simple fait que l'on a demandé à un quasi-
inconnu : « Voulez-vous bien me servir de mentor ? »
Les relations les plus solides reposent sur des liens sincères à l'épreuve du temps.

J'ai eu la chance de pouvoir compter sur des mentors et des soutiens tout au long de ma carrière. Dans
les remerciements de ce livre figure une longue liste
de personnes ayant eu la générosité de me guider par
leurs conseils. En première année de fac, j'ai suivi le
cours d'économie du secteur public de Larry Summers. Il s'est dit prêt à diriger mon mémoire de fin
d'études – ce que peu de professeurs de Harvard proposent aux étudiants de premier cycle. Depuis, Larry
a beaucoup compté dans ma vie. J'ai rencontré Don
Graham, le président de la Washington Post Company,

il y a plus de quinze ans, alors que je travaillais à Washington, et il m'a aidée à me tirer de situations parmi les plus difficiles que j'ai connues, profession-nellement. Sans les encouragements et le soutien de Pat Mitchell, la P-DG du Paley Center, je ne me serais peut-être jamais exprimée en public au sujet des femmes au travail. Ces trois-là, parmi tant d'autres, m'ont encouragée, m'ont permis de nouer d'autres contacts et m'ont beaucoup enseigné par leur exemple. Leur sagacité m'a évité des erreurs – et m'a permis de rattraper celles que je n'ai pas eu l'intelligence de ne pas commettre.

Moi-même, je me suis efforcée d'assumer à mon tour un rôle de mentor, notamment auprès d'amis d'amis et, à mesure que le temps passe, d'enfants d'amis. C'est une grande joie pour moi de suivre la carrière d'Emily White, qui a commencé à travailler avec moi dès sa sortie de l'université, et s'occupe à présent des partenariats avec les opérateurs de télépho-nie mobile chez Facebook. Quand j'ai fait la connais-sance de Bryan Schreier, il n'avait jamais occupé de poste dans le secteur des nouvelles technologies ni voyagé à l'étranger, mais il a témoigné de remar-quables capacités d'analyse et d'une aptitude hors pair à diriger une équipe. Je l'ai engagé pour qu'il m'aide à lancer les opérations globales chez Google et il a dépassé toutes mes espérances. Plus tard, quand il a souhaité se réorienter vers l'investissement en capital risque, je l'ai présenté à ceux qui sont depuis devenus ses associés, chez Sequoia Capital. Le succès sourit aujourd'hui à Bryan et je mesure parfaitement ce qu'il apporte aux entreprises qu'il conseille. J'ai de la chance de compter dans mon entourage Emily, Bryan et tant d'autres jeunes gens talentueux.

Des études ont montré que les mentors choisissent leurs protégés en fonction du potentiel de ces derniers et de ce qu'ils ont déjà accompli[5]. Notre instinct nous pousse à nous impliquer auprès des gens doués qui se détachent du lot ou de ceux à qui un coup de pouce profiterait vraiment. Les mentors continuent de soutenir leur poulain à condition que celui-ci use de leur temps à bon escient et tienne compte de leurs remarques. Il se peut qu'une amitié naisse, même s'il s'agit avant tout d'une relation professionnelle. Il me semble de ce fait que nous avons transmis un message erroné aux jeunes femmes. Nous ne devons plus leur dire : « Trouve-toi un mentor et tu feras des étincelles » mais plutôt : « Fais des étincelles et tu te trouveras un mentor. »

Clara Shih illustre à merveille mon propos. Je l'ai rencontrée voici à peu près cinq ans, lors d'une conférence. Ses idées sur les médias sociaux m'ont tout de suite impressionnée. Elle a écrit un excellent essai sur le sujet, avant de fonder Hearsay Social, une société de logiciels aidant des entreprises à gérer leur présence dans les réseaux sociaux. Régulièrement, Clara m'a contactée afin de me soumettre une remarque toujours pertinente ou une question mûrement réfléchie. Pas une seule fois elle n'a demandé à me voir pour faire le point. Et elle ne m'a pas posé une seule question dont elle aurait pu trouver la réponse sans mon aide. Quand j'ai quitté le conseil d'administration de Starbucks en 2012, j'ai glissé quelques noms d'experts en médias sociaux susceptibles de me remplacer, dont celui de

Clara. Bien qu'elle n'eût que vingt-neuf ans à l'époque, c'est elle qui a été retenue.

Si demander à un inconnu de nous tenir lieu de mentor n'aboutit pratiquement jamais, adresser à quelqu'un une requête ciblée bien pensée peut en revanche donner des résultats. Garrett Neiman m'a abordée à l'issue d'un discours que j'ai prononcé à Stanford pour m'expliquer qu'il avait fondé une organisation à but non lucratif, CollegeSpring, apportant des conseils et une aide aux devoirs aux élèves et aux étudiants aux faibles revenus. Il tenait à me rencontrer et a bien souligné qu'il ne me réclamait pas plus de quelques minutes, le temps de me convaincre de le présenter à des tiers en mesure de l'aider à développer son organisation. S'étant renseigné au préalable, il n'ignorait pas l'importance que j'attache au savoir-vivre. Chaque fois que j'ai été en contact avec Garrett, il s'est montré respectueux de mon temps. Il sait où il va et fait preuve d'une grande courtoisie. En plus, il me tient toujours au courant des résultats de nos conversations.

Il est possible de retenir l'attention en une minute à peine, à condition de réfléchir au discours que l'on va tenir et de l'adapter à son interlocuteur. Poser une question vague, du genre : « Quelle est la culture d'entreprise de Facebook ? » atteste de plus d'ignorance que d'intérêt pour l'entreprise, vu que des centaines d'articles fournissent la réponse. Il est fondamental de bien se préparer quand on cherche un travail. Lorsque j'ai quitté le Département du Trésor, le chef de cabinet sortant Josh Steiner m'a donné un excellent conseil sur l'art de réclamer un conseil. Il m'a dit de déterminer ce que je voulais faire avant de m'adresser à la per-

sonne susceptible de m'embaucher. Ainsi, plutôt que
de griller mon unique cartouche en sollicitant une orientation d'ordre général, je serais en mesure de discuter
d'opportunités précises que l'on pourrait m'offrir.

Le relation entre un mentor et son protégé suppose
plus de réciprocité qu'il n'y paraît bien souvent, surtout quand l'un et l'autre travaillent pour la même
entreprise. Si le protégé profite d'un appui en haut lieu,
le mentor tire lui aussi son épingle du jeu en bénéficiant d'informations utiles, d'une plus grande implication de la part de ses collègues, et d'un sentiment
d'accomplissement, de fierté. Les sociologues et les
psychologues ont depuis longtemps noté notre profond
désir d'établir des relations à double sens. L'obligation
que se créent les êtres humains de rendre une faveur a
été mise en évidence pour ainsi dire dans toutes les
sociétés et sous-tend une grande variété de liens
sociaux[6], dont les relations de mentor à protégé. À
condition de respecter les règles du jeu, tout le monde
y gagne.

Erin Burnett, une journaliste aujourd'hui bien
connue de CNN, attribue à Willow Bay, correspon-
dante de longue date pour la télé, le mérite de l'avoir
prise sous son aile à ses débuts. À l'époque, Willow
venait d'être choisie pour présenter *Moneyline*, mais
elle manquait d'expérience en matière de finance. Erin
ayant travaillé pour Goldman Sachs, elle est apparue
à Willow comme l'assistante idéale. L'ambition d'Erin,
son respect de la déontologie et son talent ont impres-
sionné Willow. Erin, quant à elle, a eu l'occasion
d'observer de près une journaliste en vue. Au final,
toutes deux ont gagné au contact l'une de l'autre.

Justin Osofsky a retenu mon attention chez Face-book, il y a des années de ça, alors que nous prépa-rions notre première réunion au sommet avec la Walt Disney Company. Nos équipes de vente, de prospec-tion de clientèle et de marketing nous avaient toutes soufflé des idées, mais faute de coordination, notre pré-sentation, brouillonne, manquait d'unité. Plutôt que de s'occuper uniquement de sa branche, Justin a pris l'ini-tiative de chapeauter le groupe et de rassembler les idées de tout le monde. Depuis, je le « patronne ». Ce qui signifie, en ce qui le concerne, que je lui confie fréquemment des problèmes à résoudre. L'entreprise en profite et cela crée pour lui des opportunités à n'en plus finir.

Attirer par un coup de maître l'attention de quelqu'un de haut placé se révèle efficace mais ne constitue pas le seul moyen de dénicher un mentor. J'ai vu des employés au bas de la pyramide profiter de l'issue d'une réunion ou d'une rencontre fortuite dans un cou-loir pour demander conseil à un supérieur considéré, à l'emploi du temps chargé. Un échange informel et rapide suffit. Une fois reçu le conseil, celui qui aspire à se trouver un mentor n'a plus qu'à exprimer sa recon-naissance, en sollicitant du même coup d'autres recom-mandations. Sans même s'en rendre compte, le supérieur se retrouve alors impliqué dans l'avancement de l'autre. Inutile, dans ce cas, de prononcer le mot « mentor ». La relation compte plus que le nom qu'on lui donne.

L'étiquette de « mentor » reste de toute façon sujette à interprétation. Des années durant, j'ai gardé un œil sur une jeune femme très douée de mon équipe chez

Google, à laquelle j'ai donné des conseils, chaque fois qu'il lui a fallu prendre une décision importante. Sans employer devant elle le mot « mentor », j'ai consacré beaucoup de temps à son évolution. J'ai donc été surprise de l'entendre déclarer un beau jour sans ambages qu'elle n'avait « jamais eu de mentor ni personne qui la prenne sous son aile ». Je lui ai demandé ce qu'elle entendait par « mentor ». Quelqu'un à qui elle parlerait au moins une heure par semaine, m'a-t-elle expliqué. J'ai souri en songeant : il ne s'agirait plus d'un mentor mais d'un psy.

Peu de mentors ont le temps de tenir leur protégé par la main. La plupart sont déjà aux prises avec leurs propres responsabilités stressantes. Un poulain résolu à voir le bon côté des choses peut toutefois faire l'effet d'un rayon de soleil. Pour la même raison, il vaut mieux éviter de trop se plaindre à un mentor. Employer le temps qu'il nous consacre à justifier notre ressenti peut nous aider sur le plan psychologique, mais il vaut mieux nous attacher à des problèmes précis auxquels existe une solution. La plupart de ceux dont la position leur permet de prendre un tiers sous leur aile sont doués pour surmonter des difficultés. Donnez-leur donc un problème à résoudre. Il en coûte parfois aux femmes dotées d'un grand potentiel de demander de l'aide, parce qu'elles ne veulent pas paraître en défaut. Il n'y a pourtant rien de plus naturel au monde que de douter de la marche à suivre. Cela m'arrive tout le temps. Solliciter un avis éclairé n'est pas un signe de faiblesse mais plutôt une première étape nécessaire pour tracer la voie qui nous mènera de l'avant.

La relation d'un mentor ou d'un soutien à son poulain rapprochera souvent deux personnes aux intérêts communs ou un aîné qui se reconnaît dans quelqu'un de plus jeune[7]. Cela signifie que les hommes tendent à prendre sous leur aile surtout de jeunes hommes, avec lesquels ils établissent plus naturellement un lien. Compte tenu de l'écrasante majorité d'hommes à la tête de l'ensemble des industries, le bon vieux réseau de copinage continue de faire merveille. Et vu le petit nombre de femmes au pouvoir, les plus jeunes ne pourront pas s'assurer le soutien qu'il leur faut, tant que les hommes haut placés ne veilleront pas à leurs intérêts à elles aussi. Il est nécessaire d'amener les hommes de pouvoir à en prendre conscience en les incitant à élargir leur cercle de relations.

Il est formidable que des hommes haut placés prennent sous leur aile des femmes. Surtout quand ils défendent leurs intérêts en appuyant leur candidature à une promotion. N'importe quel homme de pouvoir soucieux de bâtir un monde plus égalitaire peut en faire une priorité en contribuant lui-même à la solution du problème. Il faudrait que les hommes estiment un honneur de devenir les champions de ces dames. Sachant qu'une diversité de points de vue garantit de meilleurs résultats, les entreprises devraient encourager une telle attitude de leur part en la récompensant.

Il y a évidemment certains points délicats à gérer, dont les implications sexuelles de toute relation homme-femme. À l'époque où je travaillais pour le Trésor, j'ai accompagné Larry Summers en Afrique du Sud. Nous nous sommes installés à l'hôtel, dans le salon de sa suite, pour peaufiner son discours du lendemain, sur la politique fiscale. Encore sous le coup du décalage horaire auquel nous n'avions pas prêté attention, nous nous sommes tout à coup aperçus qu'il était trois heures du matin. Conscients de l'impression catastrophique que produirait ma présence dans sa suite à une heure pareille, nous avons réfléchi à d'autres solutions. Et si Larry allait jeter un coup d'œil dans le couloir ? Nous avons dû admettre que nous étions coincés : tenter d'échapper aux regards à la sortie d'une chambre d'hôtel en pleine nuit revient au même que d'en sortir pour de bon. J'ai fini par me risquer dans le couloir (heureusement vide) et regagner ma chambre, ni vu ni connu.

Les femmes en début de carrière et les hommes haut placés rechignent souvent à nouer une relation de mentor ou de soutien par crainte du qu'en-dira-t-on. Une étude publiée par le Center for Work-Life Policy et la *Harvard Business Review* affirme que 64 % des hommes à des fonctions de vice-président et plus hautes hésitent à s'entretenir en tête à tête avec une subordonnée. La moitié des femmes aux échelons inférieurs évitent quant à elles toute proximité avec leurs supérieurs[8]. Cela doit cesser. Les contacts personnels débouchant sur des missions ou des promotions, il ne faut pas que cela pose un problème aux hommes ni aux femmes de passer du temps ensemble dans un cadre informel, comme le feraient des hommes entre eux. Quand un cadre de direction va boire un verre avec un employé, on en conclut qu'il lui tient lieu de mentor. Quand il en fait autant avec une femme à un échelon inférieur, il est possible qu'il obéisse à la même motivation… sauf qu'il a plutôt l'air de la draguer. Une telle perception bloque les femmes en les plaçant dans une situation impossible. En essayant de cultiver une relation étroite avec un mentor, elles risquent de faire l'objet de commérages. En tentant de gravir les échelons sans l'aide de personne, elles doivent s'attendre à ce que leur carrière piétine. Nous ne pouvons pas partir du principe que la moindre interaction entre un homme et une femme comporte un sous-entendu sexuel. Tout le monde doit veiller à garder une attitude professionnelle, afin que femmes – et hommes – se sentent à l'aise dans n'importe quelles circonstances.

À la fin des années 1990, Bob Steel, du comité de gestion de Goldman Sachs, a reconnu la réalité du problème, auquel il a trouvé une admirable solution. Père de trois filles, Steel a expliqué lors d'un séminaire de formation qu'il s'imposait de ne partager avec des collègues que des petits déjeuners ou des déjeuners. Cela le mettait mal à l'aise de dîner à l'extérieur avec une employée et il tenait à réserver à tous le même traitement. Sharon Meers, qui travaillait chez Goldman à l'époque, prétend que la décision de Steel a créé des remous, ce qui ne l'a pas empêchée de juger sa probité héroïque. Tout ce qui nivelle les chances de réussite des hommes et des femmes est une bonne chose. Certains s'interdiront de dîner avec leurs relations de travail ; d'autres adopteront pour principe d'inviter des collaborateurs des deux sexes au restaurant. Quoi qu'il en soit, il nous faut des politiques qui puissent s'appliquer aussi bien aux hommes qu'aux femmes.

De nombreuses sociétés basculent petit à petit des initiatives individuelles aux programmes institutionnalisés de patronage ou de soutien. À condition de les prendre au sérieux, ils peuvent donner d'excellents résultats. Ils réduisent en outre la pression qui incite les femmes en début de carrière à se poser l'épineuse question : « C'est toi, mon mentor ? » Une étude a montré que les femmes qu'un programme officiel avait dotées d'un mentor détenaient 50 % de chances en plus d'obtenir une promotion que celles qui en trouvaient un par leurs propres moyens[9]. Les initiatives les plus efficaces sensibilisent les hommes à la nécessité de prendre sous leur aile des femmes et leur indiquent des règles de comportement à suivre, à même de normaliser les relations entre une femme en début de carrière et un cadre supérieur.

Les programmes institutionnels ne sont pas en eux-mêmes suffisants et fonctionnent mieux en association avec d'autres types de formations. Le projet WIN (Women's Initiative) du cabinet de conseil Deloitte l'illustre très bien. Il existait déjà chez Deloitte un programme de soutien aux femmes, qui n'en restaient pas moins sous-représentées aux plus hauts échelons. Cela a incité Chet Wood, le P-DG de Deloitte Tax, à se demander : « Où sont les femmes ? » En guise de réponse, sa société a lancé en 2008 un plan d'incitation à l'avancement. Celui-ci s'adressait surtout aux employées de la branche fiscale sur le point d'être promues. Un sponsor leur a été attribué, elles ont reçu les conseils d'un coach, suivi de près les membres du comité exécutif et assumé différentes missions au nom de l'entreprise entière. Sur les vingt-neuf employées concernées au départ, dix-huit sont depuis montées en grade.

Bien qu'utiles, de telles initiatives n'ont rien de systématique ; d'autant qu'il n'y a parfois pas de supérieurs disponibles pour dispenser des conseils. La bonne nouvelle, c'est que ceux-ci peuvent émaner de tous les niveaux de la hiérarchie. Quand j'ai rejoint Facebook, l'un des plus gros défis qui m'attendaient consistait à mettre en place certains processus indispensables sans pour autant nuire à la culture à la va-comme-je-te-pousse de l'entreprise. Son fonctionnement reposait sur la rapidité de son évolution et sa tolérance aux erreurs, or beaucoup craignaient non seulement que je gâche la fête mais que je mette un frein aux innovations. Naomi Gleit avait rejoint Facebook dès la fin de ses études, quelques années plus tôt. Du fait de son ancienneté dans l'entreprise, elle connaissait très bien son *modus operandi*. Naomi et moi sommes devenues proches. Je parie que la plupart, Naomi y compris, ont supposé que je la prenais sous mon aile. En réalité, c'est elle qui m'a servi de mentor. Elle m'a aidée à imposer les changements nécessaires en s'interposant pour m'éviter de m'y prendre de travers. Naomi m'a toujours dit la vérité, même quand elle estimait qu'il m'en coûterait de l'entendre. Aujourd'hui encore, elle continue d'agir ainsi avec moi.

Des collègues au même échelon sont tout à fait en mesure de s'épauler les uns les autres. On dit que « tous les conseils sont autobiographiques ». Les plus pertinents peuvent fort bien provenir d'amis parvenus à une même étape de leur carrière. Plusieurs de mes mentors les plus âgés m'ont déconseillé d'entrer chez Google en 2001. Ceux qui appartenaient à ma génération flairaient cependant presque tous le potentiel de la Silicon Valley. Des collègues aux mains dans le cambouis cerneront en outre certaines difficultés qui

échappent aux supérieurs, en particulier lorsque ceux-ci
en sont la principale cause.

En tant qu'associée du cabinet McKinsey, j'ai
d'abord travaillé avec une équipe composée d'un responsable de l'engagement client et de deux autres associés, Abe Wu et Derek Holley. Quand le responsable
souhaitait s'entretenir avec Abe ou Derek, il se rendait
à leur bureau. Quand il désirait me parler, il me criait
de son poste de travail : « Venez ici, Sandberg ! » du
ton dont on appelle un enfant ou, pire, un chien. Cela
me hérissait chaque fois. Je n'ai rien dit à personne
mais Abe et Derek ont pris l'habitude de s'interpeller
en hurlant « Sandberg ! ». Le responsable absorbé par
sa tâche n'a pas paru le remarquer. Ils ont persisté. Un
trop grand nombre de « Sandberg » prêtant à confusion, il leur a semblé nécessaire de distinguer. Abe
s'est baptisé « le Sandberg asiatique » et Derek, « le
Sandberg beau gosse », alors que j'ai pour ma part reçu
le surnom de « Sandberg Sandberg ». Mes collègues
ont transformé un contexte pénible en une situation où
je me suis sentie protégée. Ils ont pris ma défense et
m'ont fait rire. Je n'aurais pas pu espérer de meilleurs
mentors.

Comme un malheur n'arrive jamais seul, le client
pour lequel nous travaillions voulait me caser avec son
fils. Il n'arrêtait pas d'en parler à son équipe. Je savais
qu'il l'entendait comme un compliment, mais il sapait
tout de même mon autorité professionnelle. Comment
convaincre mes clients de me prendre au sérieux quand
leur chef leur rappelait à tout bout de champ que j'avais
l'âge de son fils, et que je ferais bien de sortir avec
lui, par-dessus le marché ? Un jour, j'ai pris mon cou-

rage à deux mains et lui ai demandé un entretien privé. Je lui ai déclaré (gentiment) que je n'estimais pas correct de sa part de ramener sans arrêt son fils sur le tapis. Il m'a ri au nez et a persisté.

N'ayant pas réussi à régler le problème par moi-même, je me suis tournée vers mon responsable – celui qui m'appelait en criant « Sandberg ! » Il m'a écoutée me plaindre avant de lâcher que je ferais mieux de réfléchir à ce qui dans mon attitude « transmettait ce genre de signaux ». Gloups ! C'était ma faute. J'en ai parlé aux deux autres Sandberg. Outragés par la réaction de notre chef, ils m'ont incitée à le court-circuiter pour m'adresser à Robert Taylor, son supérieur. Robert a tout de suite compati à mon malaise. Il m'a expliqué qu'il arrive à ceux d'entre nous qui ne ressemblent pas aux autres (lui-même est afro-américain) de devoir leur rappeler comment il convient de nous traiter. Il s'est déclaré content que j'aie remis à sa place notre client, qui aurait dû m'écouter. Robert lui en a d'ailleurs touché un mot : il l'a convaincu que son attitude devait changer. Il a en outre discuté avec mon responsable de son manque d'empathie. Je n'aurais pas pu être plus reconnaissante à Robert de son appui. À ce moment-là, j'ai compris ce que ressentait le petit oisillon quand il retrouvait enfin sa mère.

6.

Soyez vraie, dites ce que vous pensez

Mon amie Betsy Cohen attendait un heureux événement pour la deuxième fois quand son fils aîné Sam
s'est montré curieux de savoir où le bébé à naître se
logeait au juste à l'intérieur de son corps.

« Maman, a-t-il demandé, ses bras sont dans tes
bras ?

— Non, le bébé se trouve dans mon ventre.

— Et ses jambes sont dans tes jambes ?

— Non, il tient tout entier dans mon ventre.

— Vraiment ? Tu es sûre ?

— Oui, tu peux me croire.

— Alors dis-moi, Maman, qu'est-ce qui pousse
dans tes fesses ? »

Une telle franchise, courante de la part d'enfants,
demeure pour ainsi dire inédite de la part des adultes.
À mesure qu'ils grandissent, nous apprenons aux
enfants la politesse et à veiller à ce qu'ils disent pour
ne pas blesser les autres. Ce n'est pas plus mal. En tant
qu'ex-« baleine » pendant ma grossesse, je me réjouis
que beaucoup gardent pour eux certaines remarques.

D'un autre côté, s'accoutumer à ne dire que ce qu'il convient nous amène à perdre en sincérité.

Il n'est pas toujours simple d'établir une forme de communication authentique, bien que ce soit là-dessus que repose notre épanouissement en privé et notre efficacité au travail. Beaucoup renoncent à se montrer honnêtes par souci de se protéger, eux ou les autres. Leur réticence à se livrer occasionne et entretient toutes sortes de problèmes : des questions délicates passent à la trappe, le ressentiment s'accumule, des incapables sont promus au lieu de se retrouver à la porte, et ainsi de suite. Souvent, de telles situations ne s'arrangent pas, parce que personne ne prévient qui que ce soit de ce qui se passe en réalité. Nous trouvons rarement le courage de dire la vérité.

Il est particulièrement difficile de rester sincère au travail. Toutes les organisations obéissent à une hiérarchie, ce qui implique que quelqu'un y jugera selon son point de vue ce qu'accomplissent les autres. Voilà qui incite d'autant moins à la franchise. Toutes les compagnies se heurtent au problème, aussi égalitaires se prétendent-elles. Chez Facebook, nous nous mettons en quatre pour aplanir la hiérarchie. Tout le monde travaille en open space – il n'existe ni bureaux individuels ni cloisons. Un rassemblement de tous les employés chaque vendredi offre l'occasion à n'importe qui de poser une question ou émettre un commentaire. Ceux qui n'approuvent pas telle ou telle décision en font part en ligne par un post au groupe Facebook de la société. Malgré tout, il faudrait que je sois idiote ou que je me mente à moi-même pour croire que mes collaborateurs se sentent toujours libres de me critiquer, moi, Mark ou leurs collègues.

Les psychologues qui étudient les dynamiques de pouvoir s'aperçoivent que ceux qui ne détiennent que peu de pouvoir hésitent plus à partager leur point de vue et tendent, lorsqu'ils s'y risquent, à atténuer leurs propos[1]. Voilà qui explique que la sincérité en milieu professionnel suscite chez beaucoup de femmes de multiples craintes : celle de se voir accusée de manquer d'esprit d'équipe. La crainte de sembler pessimiste ou - importune. La crainte qu'une critique constructive soit assimilée à un bon vieux reproche. La crainte, enfin, d'attirer l'attention sur nous en prenant la parole, et de nous exposer ainsi à des attaques (une telle peur émane de la même petite voix intérieure qui nous dissuade de prendre place à table).

Le meilleur moyen de communiquer consiste à associer la courtoisie à la sincérité, en quête du juste milieu où franchise ne rime plus avec brusquerie mais avec tact. Certains savent spontanément livrer le fond de leur pensée sans vexer autrui, alors que cela coûte beaucoup à d'autres. Pour ma part, j'avais grand besoin d'aide dans ce domaine. Heureusement, j'en ai trouvé.

À l'époque où Dave travaillait pour Yahoo, il a suivi une formation au management organisée par Fred Kofman, un ancien professeur du MIT, auteur de *L'Entreprise consciente : comment créer de la valeur sans oublier les valeurs*. Dave a horreur des formations, quelles qu'elles soient, au point que la direction des ressources humaines a dû le forcer à suivre ce séminaire de deux jours. De retour à la maison, le premier soir, Dave m'a étonnée en le qualifiant de « pas trop mal ». Le lendemain, il a cité Fred et m'a soumis plusieurs remarques à propos de notre manière de communiquer.

Je n'en revenais pas : ce Fred devait être vraiment doué. Je l'ai appelé, me suis présentée, et lui ai dit : « Je ne sais pas en quoi consistent au juste vos formations, mais j'aimerais en faire profiter mon équipe chez Google. »

Fred est intervenu dans les locaux de Google et ce qu'il m'a appris a changé ma carrière et ma vie. Il compte parmi les théoriciens du management et de l'art de mener une équipe parmi les plus extraordinaires que j'aie rencontrés. Une bonne part des idées de ce chapitre viennent de lui et reflètent sa conviction que l'on ne peut correctement exercer son autorité qu'en pleine conscience.

Fred m'a enseigné que, pour communiquer efficacement, il faut d'abord admettre qu'il y a, d'une part, mon point de vue (ma vérité) et, de l'autre, celui de mon interlocuteur (sa vérité). Les vérités absolues ne courant pas les rues, ceux qui croient en détenir brident en réalité la liberté de parole des autres. Il suffit d'admettre que nous n'envisageons les choses que selon notre propre perspective pour parvenir à énoncer notre opinion sans agressivité. Il est toujours plus constructif d'utiliser la première personne. Prenez par exemple ces deux énoncés : « Tu ne prends jamais mes suggestions au sérieux » et : « Cela me frustre que tu n'aies pas répondu à mes quatre derniers e-mails, ce qui m'amène à penser que mes suggestions ne comptent pas à tes yeux. Je me trompe ? » Le premier a de grandes chances de susciter aussitôt un « ce n'est pas vrai ! » sur la défensive. Le second est en revanche plus difficile à contester. L'un suscite un désaccord, l'autre ouvre une discussion. J'aimerais être en mesure de m'en tenir à une telle attitude en toutes circonstances. Ce n'est pas le cas – mais je persiste à essayer.

Une vérité passe mieux quand on la formule simplement. Le jargon de bureau comporte souvent des nuances et des concessions qui masquent le point fort ou même la raison d'être du message. Une comédie comme *35 heures, c'est déjà trop* sonne vrai pour une bonne raison. Par crainte de se montrer insultants, surtout envers leur chef, les employés louvoient sans arrêt. Au lieu de déclarer : « Je ne suis pas d'accord avec notre stratégie d'expansion », ils disent : « Bien que je sois convaincu que nous avons des raisons valables de nous lancer dans de nouvelles activités et que je ne doute pas que l'équipe ait procédé à une analyse de retour sur investissement en bonne et due forme, je ne suis pas certain que nous ayons parfaitement mesuré l'ensemble des conséquences possibles d'une telle expansion à la date d'aujourd'hui. » *Plaît-il ?* Un tel luxe de précautions oratoires rend ardue la compréhension de ce que pense au fond le locuteur.

Quand il faut transmettre un message pénible à entendre, « moins, c'est souvent plus ». Il y a quelques années, Mark Zuckerberg a décidé d'apprendre le chinois. Pour s'entraîner, il discutait avec des employés de Facebook dont c'était la langue maternelle. On pourrait penser que les connaissances linguistiques limitées de Mark ôtaient à ces échanges toute utilité quant à leur contenu. Au contraire, ils lui ont permis de mieux se rendre compte de ce qui se passait au sein de la société. Par exemple, une employée a un jour tenté de dire à Mark ce qu'elle pensait de son chef. Ne la comprenant pas, Mark lui a demandé de faire « plus simple, s'il te

plaît ». Elle a reformulé sa pensée mais, comme il ne
saisissait toujours pas, il l'a priée de simplifier encore.
Le problème s'est renouvelé à plusieurs reprises. Pour
finir, la frustration de la jeune femme a été telle qu'elle
a lâché : « Mon chef est nul ! » Bien qu'elle eût continué à parler chinois, Mark a percuté. Si un plus grand
nombre de personnes s'exprimaient aussi clairement,
beaucoup d'organisations fonctionneraient mieux.

La capacité d'écouter ne compte pas moins que celle
de s'exprimer. Dès notre plus jeune âge, ma mère nous
a enseigné, à mes frères et moi – ou plutôt nous a forcés –, en cas de conflit, à reformuler nos points de vue
mutuels avant de rebondir sur ce que disait l'un ou
l'autre. Par exemple, ma sœur et moi nous sommes un
jour disputées à propos d'une sucette. « Sheryl a mangé
la dernière ! » a protesté Michelle. « Mais elle en a eu
une hier et pas moi ! » ai-je hurlé à mon tour, avançant là un argument à mon sens imparable. Ma mère
nous a fait asseoir l'une en face de l'autre. Je n'ai eu
le droit de souligner à quel point la répartition des
sucettes m'avait lésée qu'une fois admis ce que ressentait ma sœur. « Michelle, je conçois que cela te
contrarie que j'aie mangé la dernière sucette, parce que
tu la voulais. » Aussi pénible que m'ait paru l'exercice
à l'époque, reformuler le point de vue de l'autre clari-
fie le conflit et fournit un point de départ à sa résolution. Nous souhaitons tous être entendus, or, en nous
efforçant de montrer aux autres que nous les écoutons,
nous leur fournissons de fait une oreille plus attentive.
Aujourd'hui, j'agis de même avec mes enfants. Bien
qu'une telle approche leur répugne sans doute autant
qu'à moi au même âge, j'adore entendre mon fils

expliquer à ma fille : « Je regrette que cela te contrarie de perdre au Monopoly, mais comme je suis plus
grand que toi, c'est normal que je gagne. » Pas mal
pour un garçon de sept ans. (Encore que Fred recom-
manderait à mon fils de retirer le « mais » et la suite,
vu qu'il tend à contredire ce qui précède. Imaginez
qu'on vous dise : « Je t'apprécie vraiment, mais... »)

Prendre conscience d'un problème marque la première étape de sa résolution. Il est presque impossible
de savoir comment les autres perçoivent nos décisions.
Nous pouvons toujours essayer de deviner ce qu'ils
pensent, mais il est plus efficace de le leur demander
carrément. Dès lors qu'on le sait, il ne reste plus qu'à
s'adapter en évitant les faux pas. Malgré tout, on sollicite rarement assez l'avis d'autrui. Il y a quelques
années, Tom Brokaw m'a interrogée dans le cadre d'un
reportage sur Facebook. Tom est un journaliste hors
pair, or il m'a semblé que j'avais répondu de travers à
certaines de ses questions. À la fin, je lui ai demandé
en quoi j'aurais pu faire mieux. Ma question a paru le
surprendre, je la lui ai donc répétée. Il m'a confié que,
depuis le début de sa carrière, une seule autre personne
avait sollicité un retour de sa part sur sa prestation.

La stratégie qui consiste à solliciter l'avis le plus
complet possible a pour la première fois été mise en
œuvre devant moi par Robert Rubin, secrétaire au Trésor à l'époque où j'ai rejoint le département, en 1996.
Je ne travaillais pas là depuis une semaine quand j'ai
été conviée à une réunion sur la restructuration de l'IRS
(l'administration fiscale). À notre arrivée, une dizaine
de fonctionnaires haut placés étaient déjà installés à
table. Ne connaissant rien au sujet, je me suis assise

dans un coin de la salle (même pas à proximité de la table, oups !). Vers la fin de la réunion, Rubin s'est tout à coup retourné pour me demander : « Sheryl, qu'en penses-tu ? » J'en suis restée muette de stupeur – j'ai ouvert la bouche sans qu'un traître mot en sorte. Au vu de ma réaction, Rubin a expliqué pourquoi il venait d'attirer sur moi l'attention. « Vu que tu n'es pas encore au fait de notre manière de procéder, j'ai pensé que tu avais pu remarquer quelque chose qui nous échappait. » Manifestement, non. Rubin ne nous en a pas moins transmis un signal fort sur l'intérêt de solliciter un avis, d'où qu'il provienne (y compris du fond de la salle).

Qui plus est, Rubin n'ignorait pas qu'il est dangereux de suivre aveuglément un chef ou, en ce qui le concernait, de se laisser aveuglément suivre. Avant de devenir secrétaire au Trésor, Rubin a coprésidé le conseil d'administration de Goldman Sachs. À l'issue de sa première semaine en poste, il a remarqué que Goldman avait beaucoup investi dans l'or. Il en a demandé la raison à quelqu'un qui, surpris, lui a répondu : « Mais c'est à cause de vous. » En passant, la veille, dans les bureaux des traders, il avait lâché : « L'or paraît prometteur. » Cela s'est traduit par « l'or plaît à Rubin » et on ne sait qui a fini par dépenser des millions de dollars dans l'espoir de satisfaire le nouveau patron.

Plus de dix ans plus tard, j'ai à mon tour été victime du même genre de malentendu. Quand j'ai rejoint Facebook, je me suis trouvée face à un dilemme : je devais consolider la branche « affaires » de la société tout en respectant sa culture anticonformiste. Compte tenu de la popularité des présentations PowerPoint dans la plupart des entreprises, j'ai prié mes collabo-

rateurs de ne *pas* m'en préparer en réunion pour me
soumettre de préférence une liste de points à aborder.
J'ai eu beau insister là-dessus, il semblait que la
moindre réunion dût inclure une présentation Power-
Point détaillée. Au bout de deux années de frustration,
j'ai annoncé que, tant pis si je n'aimais pas édicter de
règles, j'allais cette fois en imposer une : pas de Power-
Point en réunion avec moi.

Quelques semaines plus tard, alors que je m'apprêtais à prendre la parole devant notre équipe de vente,
Kirsten Nevill-Manning, une responsable des ressources humaines très compétente de Facebook, est
venue me trouver. Elle estimait de son devoir de m'in-
former qu'en Europe, tout le monde m'en voulait. *Ah
bon ? J'ai mis en colère un continent entier ?* Elle m'a
expliqué que l'absence de PowerPoint compliquait les
réunions avec les clients et m'a demandé pourquoi
j'imposais une règle aussi absurde. Je lui ai expliqué
que celle-ci ne valait que pour les réunions auxquelles
je participais. De même que l'équipe de Goldman avait
compris « il faut mettre le paquet sur l'or », mes collaborateurs chez Facebook s'étaient mis en tête que
« PowerPoint est à proscrire ». J'ai présenté mes
excuses à propos du malentendu devant nos responsables des ventes au grand complet. J'ai ajouté qu'ils
devaient s'opposer aux mauvaises idées qu'on leur
soumettait, ou du moins les ignorer, même quand ils
les croyaient provenir de moi ou de Mark.

Quelle que soit la difficulté à établir un dialogue
sincère sur les décisions prises en affaires, il est encore
plus ardu de livrer à quelqu'un une appréciation
franche de son travail. La remarque vaut pour les

employés au bas de la pyramide comme pour ceux qui
en occupent le sommet ou n'importe quel niveau inter-
médiaire. Cela aide de se rappeler que les appréciations ne relèvent pas d'une vérité absolue. Ce ne sont
que des opinions fondées sur des observations, nous
permettant de savoir quelle impression nous produi-
sons. Leur caractère révélateur et potentiellement désa-
gréable explique que nous en fassions part de préférence
à ceux qui les sollicitent. Quand quelqu'un réagit mal
à une remarque ou un conseil de ma part – ou se crispe
tout simplement –, j'en conclus bien vite qu'il vaut
mieux garder ce que je pense pour une situation qui
importe vraiment. Voilà pourquoi j'admire autant l'approche de Molly Graham. Elle a rejoint Facebook en
2008 et a occupé un certain nombre de postes aux ressources humaines ainsi qu'aux services communication et produits mobiles. Chaque fois, elle a fait des
étincelles ; pas seulement en raison de son exceptionnel talent, mais parce qu'elle ne cesse d'apprendre. Un
jour, elle a présidé avec moi une réunion délicate avec
un client. Elle a mené la discussion si efficacement
qu'une fois le client parti, je l'ai félicitée. « Merci,
m'a-t-elle répondu après un temps de silence, mais tu
as sans doute des idées sur ce que j'aurais pu faire de
plus. »

Comment m'améliorer ? Y a-t-il quelque chose qui
m'échappe dans mon attitude ? Quelque chose que je
devrais faire mais dont je ne me rends pas compte ? Il
y a beaucoup à gagner à se poser de telles questions.
Croyez-moi, la vérité blesse. Même quand je sollicite
l'opinion d'un tiers, celle-ci peut me sembler rude.
Cela dit, le bénéfice d'une prise de conscience doulou-

reuse compense largement les inconvénients d'une bienheureuse ignorance.

Réclamer des conseils contribue par ailleurs à resserrer les liens. Chez Facebook, j'ai tout de suite senti que le plus déterminant pour ma réussite serait ma relation avec Mark. Dès mon arrivée dans la société, je l'ai prié de s'engager à me communiquer ses critiques chaque semaine afin que la moindre chose qui le chiffonne fasse rapidement l'objet d'une discussion entre nous. Mark, non content d'accepter, a tout de suite ajouté qu'il tenait à ce que j'agisse de même vis-à-vis de lui. Les premières années, fidèles à notre parole, nous avons pris l'habitude, chaque vendredi, d'exprimer nos préoccupations, quelles qu'elles soient. Les années passant, la franchise de nos échanges est devenue indissociable de notre relation. À présent, nous réagissons à chaud plutôt que d'attendre la fin de la semaine. Je ne prétends pas que toutes les relations doivent s'appuyer sur des échanges aussi intensifs – parfois, trop c'est trop –, mais ils ont en tout cas été décisifs pour Mark et moi.

J'ai en outre appris à mon grand dam qu'être disposé à entendre la vérité implique d'assumer la responsabilité de ses erreurs. Moins d'une semaine après ma promotion au poste de chef de cabinet au Trésor, j'ai eu pour la première fois l'occasion de travailler directement avec les responsables des différents bureaux du département. Il y a une bonne et une mauvaise manière d'entamer une relation de travail. J'ai opté pour la mauvaise. J'ai d'abord appelé Ray Kelly, à l'époque commissaire des douanes et aujourd'hui commissaire principal de la police de New York. Au lieu de lui proposer mes services, je lui ai transmis une requête du secrétaire au Trésor. Je lui ai ainsi laissé l'impression que mon travail consistait à exiger et le sien, à écouter. Ce fut une erreur de ma part. La réaction de Ray ne s'est pas fait attendre : « [juron] Sheryl ! Ce n'est pas parce que je n'appartiens pas à la [grossièreté] équipe vieille de trente ans de Larry Summers que je ne sais pas ce que je fais ! Si le secrétaire a besoin de moi, dites-lui de m'appeler lui-même [juron] ! » Là-dessus, il a raccroché. Ça ne va pas, me suis-je dit. Je n'occupais pas mon poste depuis une semaine que, déjà, je m'étais mis à dos un homme qui s'y connaissait en armes à feu.

Quand j'ai cessé de trembler, j'ai pris conscience que le commissaire Kelly m'avait en réalité fait une fleur. Sa réaction m'a beaucoup aidée, et je ne suis pas près d'oublier sa franchise. J'ai revu ma stratégie d'approche. J'ai entamé la conversation avec les autres chefs de bureau en leur demandant ce que je pouvais faire pour les aider à atteindre leurs objectifs. Il n'y a rien d'étonnant à ce qu'ils m'aient moins injuriée. Mon recours à la tactique du « qu'ai-je fait pour vous dernièrement ? » les a en outre incités à me renvoyer l'ascenseur.

J'ai beau ne pas ménager mes efforts, cela reste un défi d'inciter les uns et les autres à livrer le fond de leur pensée. À l'époque où je me constituais une équipe chez Google, je m'entretenais avec chaque candidat avant de confier un poste à qui que ce soit. L'équipe a bientôt comporté près d'une centaine de personnes, mais je n'en continuais pas moins de discuter avec tous les aspirants à l'embauche. Un jour, lors d'une réunion avec mes supérieurs directs, j'ai proposé de renoncer aux entretiens, m'attendant à ce que tout le monde proteste, tant importait mon opinion. Pas du tout : les autres ont applaudi ma décision. Ils se sont tous empressés d'expliquer – en chœur – que mon insistance à rencontrer personnellement chaque candidat obstruait le processus de sélection. Je ne me doutais pas que j'empêchais mon équipe d'avancer et cela m'a rendue furieuse que personne ne m'en ait touché mot. J'ai passé quelques heures à fulminer sans rien dire, ce que tout le monde a d'ailleurs dû remarquer, vu que je ne sais pas cacher ce que je ressens. J'ai alors dû admettre que, si mes collègues avaient gardé pour eux ce qu'ils pensaient, c'est que je ne leur transmettais pas le message que leur opinion était la bienvenue. Un malentendu est toujours à double sens. Si je voulais des conseils, je devais assumer la responsabilité de le faire comprendre aux autres. Je suis retournée voir mes collaborateurs en leur promettant de ne plus passer d'entretiens d'embauche. Surtout, j'ai affirmé que je comptais sur eux pour me signaler le moindre souci.

Un autre moyen pour moi de promouvoir la communication consiste à évoquer ouvertement mes points faibles. Pour n'en mentionner qu'un, j'ai tendance à m'impatienter face à une situation qui reste à clarifier. Je pousse alors mon entourage à s'en occuper au plus vite, parfois avant même que cela ne soit possible. David Fischer et moi avons étroitement collaboré pendant quinze ans au Trésor, chez Google et Facebook. Il prétend en plaisantant que rien qu'à mon intonation, il sait si cela vaut la peine qu'il mène à bien une tâche ou si je suis sur le point de m'en charger moi-même. Je reconnais que je manque de patience et prie mes collègues de me dire quand j'ai besoin de me calmer. En prenant les devants, je donne aux autres la permission de mentionner mon impatience à leur tour – et d'en rire. Mes collaborateurs me lancent parfois : « Sheryl, tu nous as demandé de te signaler quand tu t'énerves et fais trop pression sur les équipes. Il nous semble que c'est le cas. » Si je ne disais rien, quelqu'un viendrait-il me déclarer : « Hé, Sheryl ! Calme-toi ! Tu tapes sur les nerfs de tout le monde » ? J'en doute. Les autres le penseraient. Ils le commenteraient entre eux. Mais ils ne me le diraient pas.

Remercier en public ceux qui se montrent francs et honnêtes les encourage à persévérer tout en transmettant un message fort aux autres. À l'occasion d'une réunion avec une soixantaine d'ingénieurs chez Facebook, j'ai annoncé que je souhaitais ouvrir plus de bureaux de par le monde, en particulier dans telle région. J'ai demandé aux membres de l'équipe sécurité ce qui les inquiétait le plus. Sans y avoir été invité, Chad Greene a lâché : « La création d'une branche Facebook dans la région. » Il a expliqué pourquoi ça ne fonctionnerait pas et pourquoi je faisais fausse route, devant l'ensemble des participants. J'ai beaucoup apprécié son attitude. Nous ne nous connaissions pas encore et je n'oublierai jamais ce premier contact marquant. J'ai conclu la réunion en remerciant Chad de sa sincérité et relaté l'anecdote en ligne sur Facebook en le citant comme modèle à suivre. Mark est du même avis que moi. Lors d'un barbecue, il y a quatre ans, un stagiaire lui a conseillé de s'entraîner à mieux s'exprimer en public. Mark l'a remercié devant tout le monde avant de nous pousser à lui trouver un poste.

L'humour est un fabuleux moyen de faire passer avec amabilité un message un peu rude. Une récente étude

a montré que le sens de l'humour était le trait de caractère le plus fréquemment associé aux meneurs d'hommes
efficaces[2]. J'ai vu l'humour accomplir des miracles à
maintes reprises. Après un passage par la Maison
Blanche sous la présidence d'Obama, Marne Levine a
pris en charge la politique publique de Facebook. Marne
est à la fois courtoise, professionnelle et très compétente. Lors de sa première semaine en poste, elle a eu
besoin qu'un collègue d'une autre équipe finisse de
rédiger un témoignage devant le Congrès. Celui-ci
rechignait à s'y mettre. Il n'arrêtait pas de venir poser
des questions à Marne, qui lui répondait et prenait son
mal en patience, mais toujours pas de texte en vue.
Alors qu'il lui soumettait une énième question, elle a
souri et lui a dit : « Je vais répondre à toutes vos questions. Sans exception. Mais là, la seule chose qui pourrait m'éviter une crise cardiaque, ce serait de vous voir
retourner à votre bureau pour rédiger le texte que le
Congrès nous réclame. » Son approche a fait merveille.

À un moment, Adam Freed (un collègue de Google)
et moi étions excédés par quelqu'un qui nous créait des
difficultés. Je me suis entretenue avec cette personne à
plusieurs reprises pour lui expliquer qu'elle me donnait
l'impression de critiquer nos moindres décisions, nous
empêchant ainsi d'avancer. À chaque fois, elle m'a
écoutée en opinant du chef et remerciée d'aborder le
sujet. Je prenais alors congé d'elle, le cœur léger. Puis
la situation empirait. Adam a opté pour une approche
radicalement différente. Il l'a invitée à déjeuner. Ils se
sont retrouvés à la cafétéria de Google, ont bavardé un
peu, puis il s'est tourné vers elle et lui a demandé sur
le ton de la plaisanterie : « Pourquoi tu me détestes ? »

Là où j'avais échoué à plusieurs reprises, Adam a réussi. Elle lui a demandé la raison de sa question, ce qui a permis à Adam de formuler ses griefs de manière à ce qu'elle reçoive le message.

Il arrive hélas que notre sens de l'humour nous fasse défaut lorsque nous en avons le plus besoin. Quand mes émotions me submergent, j'ai beaucoup de mal à prendre un problème à la légère. Je travaillais pour Google depuis trois mois quand un souci est apparu. À mon arrivée dans l'entreprise, mon supérieur direct n'était autre qu'Eric Schmidt. Or j'allais bientôt me retrouver sous les ordres d'Omid Kordestani. Pendant la phase de transition, un gros malentendu a surgi entre Omid et moi. Je suis allée le trouver, dans l'intention de lui expliquer posément ce qui me mettait hors de moi, mais je n'ai pas plus tôt ouvert la bouche que j'ai éclaté en sanglots. Consternée de me retrouver en larmes devant mon nouveau chef que je connaissais à peine, j'ai pleuré de plus belle. J'ai quand même eu de la chance. Omid, patient, m'a rassurée en affirmant qu'il « arrive à tout le monde d'exploser au travail. Ça ne fait rien ».

La plupart des femmes estiment – ce que confirment d'ailleurs les chercheurs – qu'il n'est pas bon de pleurer au travail[3]. Je n'éclate jamais délibérément en sanglots, d'ailleurs ce n'est pas recommandé dans *Les Sept Habitudes de ceux qui réalisent tout ce qu'ils entreprennent*, mais les rares fois où je me suis vraiment sentie excédée ou, pire, trahie, des larmes m'ont tout de même brouillé la vue. Malgré l'âge et l'expérience, il m'arrive encore de pleurer.

Environ un an après mon embauche chez Facebook, j'ai appris que quelqu'un avait répandu sur mon compte un bruit sans fondement mais surtout cruel. J'en ai touché un mot à Mark et, malgré moi, j'ai fondu en larmes. Il m'a assuré que personne ne pouvait croire à une telle rumeur. Puis il m'a demandé : « Tu veux que je te donne l'accolade ? » J'ai dû admettre que oui. Ce jour-là a marqué pour nous un tournant : je me suis sentie plus proche de Mark que jamais encore. J'ai ensuite relaté publiquement l'anecdote dans l'espoir qu'elle soulagerait ceux qui pleurent parfois sans le vouloir. La presse l'a résumée en prétendant que « Sheryl Sandberg a pleuré sur l'épaule de Mark Zuckerberg », ce qui ne correspond pas tout à fait à la réalité. La réalité, c'est que j'ai exprimé ce que je ressentais et Mark a réagi avec beaucoup d'humanité.

Partager des émotions contribue à nouer des relations plus sincères. La motivation au travail vient de l'intérêt que l'on porte à sa tâche. Ou à ses collègues. Avant de s'intéresser pour de bon à quelqu'un, il est impératif de le comprendre – de savoir ce qu'il aime, ce qu'il ressent et ce qu'il pense. Les émotions guident les hommes autant que les femmes et influent sur nos moindres décisions. Reconnaître le rôle des émotions et se montrer prêt à en discuter fera de nous de meilleurs managers, partenaires et collaborateurs.

J'ai mis du temps à le comprendre. Je croyais autrefois que professionnalisme rimait avec sens de l'organisation et strict cloisonnement entre travail et vie privée. À mes débuts chez Google, Omid et moi nous réunissions chaque semaine. Je surgissais dans son bureau munie d'une liste de points à traiter et entrais tout de suite dans le vif du sujet. Je me croyais super efficace jusqu'à ce que mon collègue Tim Armstrong

(le futur P-DG d'AOL) me prenne à part pour me donner un conseil. À l'entendre, il eût été bon que je
consacre un peu de temps à établir le contact avec Omid
avant de passer aux choses sérieuses. Vu que personne
d'autre qu'Omid n'assistait à nos entrevues, je n'ai pas
eu de mal à deviner qui avait soufflé l'idée à Tim. J'ai
rectifié le tir et pris le pli de demander à Omid comment il allait avant d'embrayer sur ma liste. J'ai reçu là
une bonne leçon. Se focaliser sur le boulot et rien que
le boulot ne garantit pas sa meilleure exécution.

Je n'ai pas toujours pensé ainsi mais je suis
aujourd'hui convaincue de l'intérêt de nous montrer
tels que nous sommes au travail. Je ne crois plus qu'à
un « moi » professionnel en activité du lundi au vendredi succède un « moi » authentique le reste du temps.
Une telle distinction n'a probablement jamais eu cours
et n'aurait de toute façon pas de sens à notre époque
de libre expression individuelle où tout le monde possède une page Facebook ou tweete ses moindres faits
et gestes. Plutôt que d'endosser une personnalité arti-
ficielle entièrement dédiée à notre métier, il me semble
que nous gagnerions à nous montrer sous notre vrai
jour, à évoquer certaines situations privées et admettre
que nos émotions président à la plupart de nos décisions professionnelles. J'aurais dû en tirer la leçon des
années plus tôt. En 1995, alors que je sortais tout juste
de mon école de commerce, Larry Summers m'a proposé un poste au Trésor. Je brûlais d'accepter, mais un
problème se posait : je ne voulais pas retourner à
Washington, où vivait mon futur ex-mari. J'ai passé
un coup de fil à Larry, parmi ceux qui m'ont le plus
coûté de toute ma vie, pour lui annoncer mon refus.

Larry m'en demandant la raison, j'ai songé à prétendre qu'il me tenait à cœur de devenir consultante à Los Angeles. J'ai finalement été franche. J'ai expliqué que, sur le point de divorcer, je souhaitais m'éloigner de la capitale où je gardais trop de souvenirs douloureux. Larry a rétorqué que la ville était grande ; mais pas assez à mes yeux. L'année d'après, quand je me suis sentie enfin prête à retourner à Washington, j'ai rappelé Larry pour lui demander si son offre tenait toujours. Il m'a rarement été plus aisé de décrocher mon téléphone, en partie grâce à mon honnêteté, quelques mois plus tôt. Si j'avais raconté à Larry que je refusais le poste pour des motifs professionnels, il m'aurait jugée impulsive au moment de revenir sur ma décision. Comme celle-ci se rapportait à ma vie privée, le mieux restait encore de le reconnaître franchement.

Beaucoup nient l'incidence de leur vie privée sur leurs décisions professionnelles. Ils craignent de parler au travail de ce qu'ils affrontent chez eux, comme si l'un ne devait jamais interférer avec l'autre, alors qu'en réalité, c'est bien sûr le cas. Je connais quantité de femmes qui ne mentionnent pas leurs enfants au bureau par crainte que l'on remette en question leurs priorités. J'espère qu'il n'en ira pas toujours ainsi.

Ma belle-sœur Amy Schefler a partagé sa chambre d'étudiante avec Abby Hemani, aujourd'hui au service d'un des plus prestigieux cabinets d'avocats de Boston. La ligne de démarcation entre vie privée et travail s'est effacée pour Abby quand on a diagnostiqué à sa fille de sept mois le syndrome de Dravet, une forme d'épilepsie rare et grave. Abby raconte que ses collègues, en majorité des hommes, se sont accoutumés à la voir pleurer au bureau. Leur réaction lui a mis du baume au cœur : « Comme s'ils me prenaient pour leur fille et tenaient à me réconforter. » Abby affirme qu'exprimer ses émotions lui a facilité la vie au travail en lui assurant le soutien de ses collègues et surtout des horaires plus flexibles. « Plusieurs hommes au cabinet ont connu des situations comparables avec leurs enfants malades, mais ils ne se sont pas sentis en droit d'en parler aussi franchement que moi. Au final, je pense que ma manière typiquement féminine d'entrer en relation m'a servie. »

Tout le monde n'a pas la chance de rencontrer tant de générosité ni de bienveillance dans son environnement professionnel. Il me semble toutefois que la limite entre vie privée et travail a tendance à se brouiller. De plus en plus, des théoriciens reconnus de l'art du management, tels que Marcus Buckingham, remettent en cause les présupposés traditionnels sur la capacité à mener une équipe. Leurs recherches suggèrent qu'il n'est plus valable d'assimiler cette aptitude à une liste de qualités (telles que l'esprit d'analyse ou la capacité à définir une stratégie ou ne pas perdre de vue un objectif). On ne peut en réalité affirmer son autorité qu'à condition de se montrer tel que l'on est, avec ses défauts[4]. Selon eux, un dirigeant doit privilégier la sincérité à la perfection. Voilà une bonne nouvelle pour les femmes, qui s'estiment souvent tenues de brider leurs émotions au travail afin de coller de plus près à un stéréotype masculin. Les hommes aussi peuvent s'en réjouir, en particulier ceux qui se heurtent à la même difficulté.

J'ai eu l'occasion de mesurer aux premières loges l'impact d'un discours sincère prononcé par un homme de pouvoir, à l'époque où je siégeais au conseil d'administration de Starbucks. Howard Schultz, P-DG de 1987 à 2000, a transformé l'entreprise, qui comptait au départ quelques boutiques à peine, en une grosse multinationale. Il s'en est allé en 2000 et, les huit années suivantes, les résultats de la société ont chuté. Au moment de reprendre son poste de P-DG en 2008, Howard a présidé une réunion des managers à La Nouvelle-Orléans. Il a ouvertement admis que la compagnie connaissait de sérieux problèmes. Il s'est autorisé à montrer ce qu'il ressentait : il a craqué en avouant qu'il estimait avoir manqué à ce qu'il devait aux employés et à leurs familles. Les salariés de Starbucks se sont tous résolus à retrousser leurs manches. La société a pris un virage radical et, quelques années plus tard, ses recettes et gains ont battu des records.

Un jour, peut-être, verser des larmes au travail ne sera plus assimilé à un signe de faiblesse ou une source de gêne mais à l'expression d'une sincère émotion. Peut-être que l'empathie et la sensibilité qui ont historiquement retenu d'avancer bien des femmes les amèneront plus naturellement à exercer un pouvoir à l'avenir. En attendant, nous pouvons toujours hâter le changement en nous engageant à chercher – et exprimer – notre vérité.

7.

Ne vous en allez pas
avant de partir pour de bon

Voici quelques années, une jeune employée de Facebook a voulu me parler en privé. Nous nous sommes rendues dans une salle de réunion, où elle m'a aussitôt mitraillée de questions sur ma manière de concilier travail et famille. Ses demandes se succédant à un rythme de plus en plus rapide, je me suis interrogée sur l'urgence qui l'habitait. Je l'ai interrompue pour lui demander si elle avait un enfant. Elle m'a répondu que non, mais qu'elle aimait mieux prévoir longtemps à l'avance. Je me suis enquise de ses projets de maternité. Elle a admis qu'elle n'était pas encore mariée, ajoutant avec un petit rire : « À vrai dire, je n'ai même pas de petit ami. »

Elle m'a fait l'effet de vouloir aller plus vite que la musique – et pas qu'un peu ; d'un autre côté, je la comprenais. Très tôt, les filles reçoivent le message qu'elles vont devoir choisir entre réussir professionnellement ou être une bonne mère. À l'université, les jeunes femmes réfléchissent déjà à leurs futurs compromis

entre objectifs personnels et professionnels[1]. Forcées
de choisir entre leur couple et leur carrière, les étudiantes sont deux fois plus nombreuses que leurs camarades masculins à opter pour leur couple[2]. Ce genre de
préoccupation se manifeste parfois à un très jeune âge.
Peggy Orenstein, auteur de *Cinderella Ate My Daugh-*
ter (« Cendrillon a avalé ma fille »), relate le cas d'une
petite de cinq ans qui, de retour de l'école, annonce,
embêtée, à sa mère, qu'elle et son amoureux veulent
tous deux devenir astronautes. Sa mère lui demandant
en quoi c'est un problème, elle lui réplique : « Qui
s'occupera des enfants quand nous irons ensemble
dans l'espace ? » À cinq ans, elle considérait le mode
de garde de ses enfants comme l'aspect le plus problé-
matique des voyages spatiaux.

Comme je l'ai déjà dit, je crois fermement aux vertus des préparatifs. Où que j'aille, j'emporte avec moi
un petit carnet où je note ce que je dois faire, un carnet avec des feuilles de papier où j'écris à l'aide d'un
crayon. (Ce qui équivaut, dans le milieu des nouvelles
technologies, à transporter partout une tablette en pierre
et un burin.) Cela dit, quand il s'agit de concilier carrière et famille, planifier trop à l'avance risque de fermer des portes plutôt que d'en ouvrir. J'en ai été témoin
à maintes reprises. Il est rare que les femmes renoncent à leur travail à cause d'une seule décision mar-
quante. Elles accumulent plutôt les choix en apparence
anodins, consentant à des sacrifices qu'elles estiment
nécessaires pour fonder un jour une famille. Parmi
toutes les manières qu'ont les femmes de se maintenir
volontairement en retrait, la plus insidieuse consiste
sans doute à s'en aller avant de partir pour de bon.

Voici typiquement ce qui se passe : une ambitieuse à qui tout sourit se lance dans une carrière comportant des défis à relever en gardant dans un recoin de son esprit l'idée de devenir un jour mère. À un moment donné, son désir de maternité passe au premier plan, le plus souvent lorsqu'elle rencontre un compagnon. Elle mesure alors à quel point elle travaille dur et se dit que, pour ménager de la place à un enfant, elle va devoir ralentir le rythme. Dans l'espoir de fonder un jour une famille, une avocate décidera par exemple de ne pas devenir associée d'un cabinet. Une enseignante renoncera à définir les programmes étudiés dans son établissement. Une représentante optera pour une zone de prospection réduite ou renoncera à un poste de management. Souvent, sans même s'en rendre compte, celle qui songe à devenir mère cessera de briguer de nouvelles opportunités. Si on lui en présente, il est probable qu'elle les refusera ou ne les accueillera que par un « oui » du bout des lèvres, de sorte que quelqu'un d'autre en profitera à sa place. Le hic, c'est que, quand bien même elle tomberait à l'instant enceinte, il lui resterait encore neuf mois avant de devoir s'occuper d'un enfant. Comme beaucoup de femmes se préparent mentalement à la maternité bien avant d'essayer de concevoir un bébé, il n'est pas rare que plusieurs années s'écoulent entre leur projet de fonder une famille et sa réalisation. Si ce n'est une dizaine d'années, dans le cas de l'employée de Facebook qui m'a bombardée de questions.

Au moment où l'enfant vient enfin au monde, il y a de fortes chances que sa mère se trouve à un stade de sa carrière radicalement différent de celui qu'elle aurait atteint si elle n'était pas restée volontairement en retrait. Avant, classée parmi le peloton de tête, elle n'avait rien à envier à ses collègues du point de vue des responsabilités, des perspectives d'avancement ou de la rémunération. Faute de se donner les moyens de progresser au cours des années précédant sa grossesse, elle se retrouve à présent à la traîne. De retour au travail après la naissance de son enfant, elle risque fort de ne pas s'épanouir, de s'estimer sous-employée ou pas appréciée à sa juste valeur. Elle se demandera peut-être pourquoi elle travaille pour quelqu'un (en général un homme) ayant moins d'ancienneté qu'elle. Ou pourquoi on ne lui attribue pas un nouveau projet enthousiasmant ou le grand bureau au détour du couloir. Sans doute révisera-t-elle encore à la baïsse ses ambitions, vu qu'elle ne croit plus possible de se hisser au sommet. Si elle a les moyens financiers de quitter son travail, il y a plus de probabilités qu'elle s'y décide.

Plus une personne s'estime satisfaite de son poste, moins elle est susceptible de le quitter[3]. L'ironie – et à mon sens, la tragédie –, c'est que les femmes finissent par abandonner le monde du travail à cause des décisions qu'elles ont justement prises pour y rester. Avec les meilleures intentions du monde, elles se retrouvent à un poste pas très épanouissant, qui ne leur donne pas envie de s'investir. Une fois mères, elles n'ont plus qu'à choisir – quand elles le peuvent – entre s'occuper de leur enfant à plein temps ou revenir à un travail rien moins qu'attrayant.

Joanna Strober, qui a cosigné *Getting to 50/50*, attribue à l'intérêt du poste qu'elle occupait sa décision de reprendre le travail après la venue au monde de son enfant. « Quand je suis entrée dans la vie active, des tas d'anecdotes effrayantes circulaient sur le compte de cadres supérieures qui ne s'occupaient pas de leurs enfants ou ne passaient pas assez de temps chez elles, m'a-t-elle confié. Tout le monde au bureau parlait d'une cadre dont la fille lui avait dit que, plus tard, elle aimerait faire partie de ses clients pour bénéficier de toute son attention. Ces histoires me déprimaient tant que j'ai baissé les bras avant même de m'aiguiller sur la voie d'une éventuelle promotion. Cinq ans plus tard, alors que j'exerçais un travail que j'aimais vraiment, l'envie m'est venue d'y retourner au bout de quelques semaines de congé maternité. Je me suis rendu compte que les femmes cadres n'avaient rien d'effrayant. Comme moi, elles adoraient leurs enfants. Et comme moi aussi, elles adoraient ce qu'elles faisaient. »

Il existe de nombreuses raisons valables de quitter le monde du travail. Beaucoup d'employés font le merveilleux choix, bien souvent par nécessité, de devenir père ou mère au foyer. Tous les parents n'ont pas besoin, ni envie, ni l'obligation d'exercer un emploi. Qui plus est, nous ne maîtrisons pas l'ensemble des facteurs qui orientent notre décision, dont la santé de nos enfants, par exemple. Enfin, beaucoup ne demandent pas mieux que de renoncer à la course à la réussite. Nul ne devrait se permettre de juger des décisions aussi personnelles. Je soutiens inconditionnellement tout homme ou femme qui se consacre à l'éducation de la génération suivante. Il ou elle accomplit là un travail aussi essentiel qu'exigeant, source de joie.

En revanche, l'heure de lever le pied ne survient que lorsqu'une pause se révèle nécessaire ou quand l'enfant naît – pas plus tôt et certainement pas des années à l'avance. Les mois et les années qui précèdent la maternité ne correspondent pas au moment opportun pour prendre du recul par rapport à son travail mais au contraire pour s'y investir au maximum.

Il y a plusieurs années, j'ai proposé à une employée de Facebook de lui confier un nouveau projet. Elle m'a d'abord paru flattée puis hésitante. Elle m'a confié ne pas être sûre qu'assumer de plus amples responsabilités soit pour elle une bonne chose. Comme elle ne m'avait à l'évidence pas livré le fond de sa pensée, je lui ai carrément demandé : « Ça vous inquiète de vous lancer parce que vous envisagez d'avoir un enfant sous peu ? » Quelques années plus tôt, j'aurais appréhendé de poser une telle question. Les managers ne sont pas censés tenir compte des projets familiaux de ceux qu'ils embauchent ou à qui ils confient une mission. Une crise cardiaque frapperait la plupart des juristes d'entreprise s'ils apprenaient que le sujet est abordé dans un contexte professionnel. Malgré tout, j'ai vu tant de femmes de talent renoncer sans motif apparent à des occasions en or que j'ai aujourd'hui résolu d'en parler sans fard. Je laisse toujours à mes interlocutrices la liberté de ne pas me répondre mais, jusqu'à présent, celles à qui j'ai posé la question m'ont toutes paru reconnaissantes de leur donner la chance d'en discuter. Je prends en outre soin de préciser qu'une seule cause de refus me suffit, histoire de m'assurer qu'elles ne réduisent pas en vain l'éventail des possibilités qui s'offrent à elles.

En 2009, nous avons proposé à Priti Choksi de rejoindre l'équipe de prospection de clientèle de Facebook. Une fois reçue notre offre d'embauche, elle est venue se renseigner dans nos locaux sur son éventuelle mission. Elle n'a pas abordé la question du rythme ou des horaires de travail mais, comme elle était à l'âge où la plupart des femmes fondent une famille, à la fin, je lui ai carrément dit : « Si vous songez à dire non parce que vous souhaitez un enfant rapidement, je serais ravie d'en discuter. » Je pensais qu'au cas où elle ne souhaiterait pas en parler, elle s'en irait tout simplement. Eh bien, non, elle s'est rassise et m'a répondu : « D'accord, parlons-en. » Je lui ai expliqué qu'en dépit de ce qu'on pourrait spontanément croire, le bon moment pour accepter un nouveau poste peut très bien coïncider avec la veille d'une grossesse. La perspective de reprendre le travail après l'accouchement l'enthousiasmerait d'autant plus que sa mission lui semblerait stimulante et gratifiante. À l'inverse, elle estimerait peut-être qu'une carrière qui s'enlise ne méritait pas qu'elle lui sacrifie l'éducation de son enfant. Priti a finalement accepté notre offre. À son arrivée chez Facebook, elle était déjà enceinte. Huit mois plus tard, elle a mis au monde une petite fille et, après un congé de quatre mois, a renoué avec un métier qu'elle adorait. Elle m'a confié plus tard que, sans mon intervention, elle aurait décliné notre proposition.

À l'instar de bien des femmes, Caroline O'Connor croyait devoir choisir un jour entre travail et famille. Le moment est venu plus tôt qu'elle ne l'escomptait. Elle s'apprêtait à finir ses études à l'institut de design de Stanford quand l'occasion lui a été donnée de mettre sur pied une entreprise, or, au même moment, elle a appris qu'elle attendait un heureux événement. Elle a d'abord pensé, comme par réflexe, qu'elle n'arriverait pas à tout gérer. Puis elle a résolu d'y réfléchir à deux fois. « J'ai envisagé le dilemme qui se présentait à moi comme un défi dans le domaine du design, écrit O'Connor. Au lieu de me résigner à l'incompatibilité du lancement d'une start-up avec ma grossesse, j'ai laissé la question ouverte et me suis servie des outils que j'avais conçus en tant que designer pour élaborer une réponse. » O'Connor a recueilli auprès de dizaines de mères des informations sur ce qu'elles vivaient et leur manière d'assumer leur nouveau rôle. Elle a expérimenté « sur le terrain » le manque de sommeil en veillant, la nuit, sur des enfants placés. Sa conclusion a été qu'en s'appuyant sur son mari et ses amis, elle réussirait à mener les deux de front. O'Connor se considère aujourd'hui comme « un parent qui adore son métier », une définition qui remplace avantageusement celle de « mère au travail[4] ».

Compte tenu des impondérables de l'existence, je ne conseillerais pas à n'importe quelle femme d'aller de l'avant, quelles que soient les circonstances. À certains moments, j'ai moi-même fait le choix inverse. À l'été 2006, une petite start-up baptisée LinkedIn cherchait un nouveau P-DG. Reid Hoffman, son fondateur, m'a contactée. L'occasion m'a paru d'autant plus belle qu'au bout de cinq ans au même poste chez Google, je me sentais prête à relever de nouveaux défis. Seulement, le moment n'était pas le mieux choisi. À trente-sept ans, je voulais un deuxième enfant. J'ai été franche avec Reid : je lui ai dit qu'à mon grand regret, j'allais devoir décliner, car je ne pensais pas pouvoir gérer à la fois un nouveau poste et une grossesse. Il s'est montré remarquablement sympathique et encourageant. Il a tenté de me convaincre de revenir sur ma décision, m'a même proposé de travailler lui-même à plein temps pour m'aider, mais je voyais mal comment m'en sortir.

Il y a des femmes qu'une grossesse ne freine pas, au contraire, elle les aide à rester concentrées sur leur objectif en fixant une limite temporelle à sa réalisation. Mon amie d'enfance Elise Scheck garde un heureux souvenir de sa grossesse : à l'entendre, elle n'a jamais été aussi productive. Non seulement elle faisait ses heures habituelles en tant qu'avocate mais elle a réaménagé sa maison et classé cinq ans de photos dans des albums. Certaines femmes, comme moi, vivent des grossesses difficiles, les empêchant de déployer leur énergie coutumière. J'ai bien essayé de répondre à des e-mails face à la cuvette des toilettes, mais ma situation ne se prêtait pas au cumul efficace de tâches. Pour avoir déjà mis au monde un enfant, je savais à quoi m'attendre. J'ai refusé l'offre de Reid et suis tombée enceinte – assaillie par les inévitables nausées – quelques mois plus tard.

Mes éventuels regrets de ne pas avoir accepté le poste chez LinkedIn se sont envolés quand, sept mois environ après la naissance de ma fille, Mark m'a donné la chance de rejoindre Facebook. Le moment n'était pas le mieux choisi, là non plus. Je n'ai pas tardé à m'apercevoir, comme beaucoup m'avaient d'ailleurs prévenue, que deux enfants donnent plus du double de travail qu'un seul. Je ne cherchais plus alors de défi à relever mais simplement à venir à bout d'un jour après l'autre. Néanmoins, Dave et moi avons admis que, si j'attendais le moment idoine, l'occasion me filerait sous le nez. Ma décision d'accepter le poste a été strictement personnelle, comme il en va toujours de ce type de décisions. Et il y a eu des jours, pendant mes six premiers mois chez Facebook, où je me suis demandé si j'avais fait le bon choix. À l'issue d'un an, je me suis convaincue que oui... en tout cas en ce qui me concerne.

La naissance d'un enfant change aussitôt la manière dont nous nous définissons. Les femmes deviennent mères. Les hommes deviennent pères. Les couples deviennent parents. Nos priorités changent du tout au tout. Élever un enfant peut être la tâche la plus gratifiante au monde mais c'est aussi la plus difficile et la meilleure leçon d'humilité. S'il existait une seule méthode valable pour y parvenir, tout le monde l'appliquerait. Ce n'est évidemment pas le cas.

L'un des premiers problèmes des jeunes parents consiste à déterminer qui va s'occuper du nouveau-né. Historiquement, cela a été le rôle de la mère. Un choix logique et même biologique, du simple fait de l'allaitement. L'apparition récente du tire-lait a toutefois changé la donne. Chez Google, je m'enfermais dans mon bureau pour l'utiliser pendant les téléconférences. Mes interlocuteurs me demandaient : « C'est quoi, ce bruit ? » « Quel bruit ? » rétorquais-je. Quand ils insistaient sur la présence d'une sorte de bip répété en fond sonore, je lâchais : « Oh, ça doit venir du camion de pompiers sur le trottoir d'en face. » Je me croyais maligne jusqu'au jour où j'ai pris conscience qu'il m'arrivait de discuter avec des personnes présentes

dans l'immeuble, n'apercevant aucun camion de pompiers à l'horizon. Éventée, ma combine !

En dépit des moyens modernes de minimiser l'impact des nécessités biologiques, les femmes continuent
d'assumer l'essentiel des soins aux enfants. La venue
au monde d'un enfant entraîne de ce fait des départs
massifs du monde du travail chez les femmes mais pas
chez les hommes[5]. Aux États-Unis, les mères ne sont
que 54 % à travailler quand leurs enfants ont moins de
trois ans, mais 75 % lorsqu'ils atteignent de six à quatorze ans. En France, 59 % des mères d'enfants de
moins de trois ans exercent une activité professionnelle, un chiffre qui remonte à 61 % quand les enfants
atteignent entre six et quatorze ans[6].

Les femmes les plus susceptibles de quitter leur travail se concentrent aux deux extrémités de l'échelle
des revenus : ce sont celles qui ont épousé les hommes
qui gagnent le plus ou le moins. En 2006, seules 20 %
des mères dont le mari percevait un salaire moyen
(entre le vingt-cinquième et le soixante-quinzième cen-
tile) ne travaillaient pas, aux États-Unis. À côté de
cela, 52 % des femmes dont le mari percevait des revenus compris dans quart le plus bas et 40 % de celles
qui partageaient la vie d'un travailleur parmi les 5 %
les mieux payés n'exerçaient aucun emploi[7]. À l'évidence, elles ne partagent pas les mêmes raisons de rester chez elles. Les mères dont le mari gagne peu ont
du mal à trouver un poste assez rémunéré pour compenser le coût, de plus en plus élevé, de la garde d'un
enfant. En dix ans, celui-ci a augmenté deux fois plus
vite que le revenu médian des foyers avec enfants[8].
Placer un nouveau-né plus un petit de quatre ans en

crèche coûte plus que le loyer médian annuel dans
n'importe quel État du pays[9]. Les pays européens
consentent plus d'efforts que les États-Unis pour assurer ou subventionner la garde d'enfants, bien qu'elle
reste très onéreuse dans la majeure partie du continent,
surtout pour un petit de moins de cinq ans[10].

Les épouses de ceux dont les revenus s'inscrivent
dans le haut de la fourchette quittent le monde du travail pour toute une série de raisons mais en particulier
à cause du nombre d'heures que cumule leur mari.
Lorsque celui-ci passe au bureau cinquante heures ou
plus par semaine, sa femme voit augmenter de 44 %
la probabilité qu'elle renonce à son poste par rapport
à une mère dont le mari travaille moins[11]. Une large
part de celles qui restent alors à la maison correspond
aux plus diplômées. En 2007, un sondage a révélé
qu'alors que le taux d'emploi des anciens élèves de
sexe masculin de l'école de commerce de Harvard ne
tombait jamais sous la barre des 91 %, seules 81 % des
femmes diplômées au début des années 2000 et 49 %
de celles qui ont terminé leurs études au début des
années 1990 exerçaient une activité professionnelle à
temps plein[12]. Seules 56 % des étudiantes de Yale
ayant franchi le cap de la quarantaine avant l'an 2000
occupaient un emploi, contre 90 % de leurs homologues masculins[13]. Cet exode des femmes parmi les
mieux formées explique en grande partie le fossé entre
les hommes et les femmes aux plus hauts échelons.

S'il est délicat de prédire la réaction d'un individu
à la naissance d'un enfant, il est facile, en revanche,
d'anticiper celle de la société. Quand un couple
annonce qu'il attend un heureux événement, tout le

monde déclare au futur père : « Félicitations ! », mais
à la future mère : « Félicitations ! Et ton travail ? Que
comptes-tu faire ? » Il semble aller de soi que l'éducation de l'enfant relève de sa responsabilité. En plus de
trente ans, les mentalités ont très peu évolué là-dessus.
Un sondage a établi que 54 % des anciennes élèves de
la promotion 1975 de Princeton et 26 % de leurs
condisciples de sexe masculin s'attendaient à ce que
leur métier entre en conflit avec leur famille. En 2006,
dans la même université, les étudiantes étaient 62 % à
en penser autant et leurs camarades, 33 %. Une trentaine d'années se sont écoulées entre les deux enquêtes
et les femmes restent près de deux fois plus nombreuses que les hommes à entrer dans la vie active en
prévoyant ce type de problèmes. En 2006 encore, 46 %
des hommes qui tablaient sur des difficultés de cet
ordre s'attendaient à ce que leur épouse renonce au
moins provisoirement à sa carrière pour s'occuper de
leurs enfants. Seules 5 % des femmes pensaient que
leur compagnon réviserait ses projets professionnels
pour ménager une place à leur enfant[14].

Les choix personnels ne le sont pas toujours autant
qu'ils le paraissent. Les conventions sociales, la pression de notre entourage et les attentes de notre famille
nous influencent tous autant que nous sommes. En plus
de cela, les femmes qui peuvent se permettre de renoncer à leur poste se sentent autorisées et même incitées
de toutes parts à le faire.

Imaginez une carrière comme un marathon – une
entreprise longue et ardue mais, au bout du compte,
gratifiante. Imaginez à présent qu'hommes et femmes
se lancent dans la course en aussi bonne condition phy-

sique et aussi bien entraînés les uns que les autres. Le
départ est donné. Hommes et femmes sont au coude à
coude. Alors qu'on insuffle à ceux-ci de l'entrain en
leur répétant : « Tu as l'air bien parti ! Continue ! »,
les femmes reçoivent un autre message. « Tu sais que
tu n'es pas obligée de courir », leur crie la foule. Ou
« Bon départ – mais tu ne souhaiteras sans doute pas
aller jusqu'au bout ». Plus le temps passe, plus fort
retentissent les encouragements aux hommes : « Allez !
Vas-y ! Tu tiens le bon bout ! » Des doutes, en
revanche, s'élèvent quant aux efforts des femmes. Leur
petite voix intérieure, ou d'autres, extérieures, parfois
hostiles, remettent en cause leur volonté de poursuivre
la course. Alors même qu'elles s'efforcent de tenir bon
en dépit de la difficulté du parcours, les spectateurs
leur lancent : « Pourquoi courez-vous alors que vos
enfants ont besoin de vous à la maison ? »

En 1997, Debi Hemmeter, cadre en pleine ascension
chez Sara Lee, aspirait à diriger un jour une grande
entreprise, à l'instar de Brenda Barnes, son modèle, la
P-DG de Pepsi-Cola Amérique du Nord. Même après
la naissance de ses enfants, Debi a continué à se consacrer à fond à sa carrière. Un jour, en voyage d'affaires,
elle a lu en une du quotidien *USA Today*, déposé sur
le seuil de sa chambre d'hôtel : « La patronne de Pepsi
renonce à son travail au profit de sa famille. » Un sous-
titre précisait : « Au bout de vingt-deux ans de carrière,
c'est le surmenage. » Debi raconte qu'à cet instant, elle
a révisé ses ambitions. « Puisque cette femme extraordinaire n'y arrivait pas, qui, alors, y parviendrait ? m'a-
t-elle confié. Peu après, on m'a proposé un poste clé
dans une banque, dont je n'ai pas voulu, parce que ma

fille n'avait qu'un an et je ne pensais pas que c'était dans mes cordes. Près de dix ans plus tard, j'ai accepté un emploi du même genre. Je me suis bien débrouillée, sauf que j'ai perdu dix ans. J'ai découpé l'article, que j'ai gardé. Il me rappelle ce que je ne voudrais surtout pas qu'une autre génération ait encore à subir. »

Une marathonienne qui ne tient pas compte de ce que lui scande la foule et réussit à passer le rude cap de la moitié de la course donnera dès lors bien souvent sa pleine mesure. Voici plusieurs années, j'ai rencontré l'épouse d'un fonctionnaire, employée dans une banque d'investissement new-yorkaise. Elle m'a confié que, les années passant, toutes ses amies du secteur bancaire avaient quitté leur poste mais, parce qu'elle gagnait plus que son mari, elle avait dû conserver le sien. Il y avait des jours où elle enviait ses camarades et aurait voulu renoncer à son travail ; d'autres où elle croulait sous les tâches ou n'en pouvait plus d'avaler des couleuvres. Seulement, il ne lui était pas possible de tout plaquer. Au bout du compte, elle s'est hissée à un poste impliquant plus de responsabilités et moins de couleuvres à avaler. Avec le recul, elle se réjouit d'avoir poursuivi sa carrière, même aux moments difficiles. Aujourd'hui, elle entretient une solide relation avec ses enfants et, depuis leur départ du nid familial, se félicite d'exercer un métier où elle s'épanouit.

Bien que la plupart des experts en la matière et des politiciens, en majorité des hommes, prétendent qu'il n'y a pas de travail plus essentiel ni plus difficile que celui de mère, les femmes qui renoncent pour un temps à leur vie professionnelle sont tenues d'en assumer les conséquences sur leur avancement. Aux États-Unis, seules 74 % des femmes retournent à la vie active après leur grossesse, dont 40 % à peine à plein temps[15]. Celles qui renouent avec un emploi doivent s'attendre à gagner beaucoup moins qu'avant. Même en ajustant les calculs au niveau d'études et au nombre d'heures effectuées, le revenu moyen annuel d'une femme baisse de 20 % à partir du moment où elle cesse de travailler ne serait-ce qu'un an[16]. Il recule carrément de 30 % après deux ou trois ans d'interruption[17], c'est-à-dire la durée moyenne pendant laquelle une femme met entre parenthèses sa carrière[18]. La « pénalité à la maternité » existe aussi en France, où des congés parentaux prolongés rendent compte d'un écart plus marqué entre les revenus des mères et des pères. Les mères françaises employées à plein temps gagnent en moyenne 12 % de moins que leurs homologues masculins[19]. Si notre société attachait vraiment de la valeur à l'éducation des enfants, les entreprises et les institutions trouveraient le moyen de réduire ce prix à payer par les mères en aidant les parents à concilier carrière et responsabilités familiales. Trop souvent, des horaires stricts, l'absence d'allocations et le coût prohibitif ou le peu de fiabilité des modes de garde d'enfants ont raison de la meilleure volonté des femmes.

Certaines font en outre le mauvais calcul de renoncer à leur travail parce que leur salaire compense à peine le coût de la garde de leur enfant. Placer un enfant coûte cher et c'est frustrant de trimer dur rien que pour ne pas y laisser de plumes. Celles qui exercent un métier hautement qualifié devraient toutefois comparer les frais de garde à leur salaire futur plutôt qu'à leurs revenus actuels. Anna Fieler qualifie de tournant critique dans sa carrière la naissance de son premier enfant alors qu'elle avait trente-deux ans. Cela préoccupait Anna, une étoile montante du marketing, que ses revenus, après déduction des impôts, couvrent à peine les frais de garde de son aîné. « Comme beaucoup de maris gagnent plus que leurs femmes, il semble plus judicieux d'investir uniquement dans leur carrière à eux », m'a-t-elle confié. Mais lorsqu'elle a songé à tout le temps et l'argent déjà investis dans sa carrière à elle, tout plaquer là ne lui a pas non plus paru une décision avisée sur le plan économique. Elle a donc gardé son poste et « s'est lancée en aveugle, animée par sa foi en l'avenir ». La somme qu'elle perçoit aujourd'hui est largement supérieure à ce qu'elle touchait à l'époque où elle hésitait à s'arrêter. Anna et d'autres ont eu l'intelligence de considérer le coût de la garde de leur enfant comme un investissement dans l'avenir de leur famille. Au fil du temps, les salaires augmentent le plus souvent. Et les horaires s'assouplissent, vu que les cadres supérieurs sont en général plus libres de déterminer leur emploi du temps.

Qu'en est-il des hommes qui souhaitent s'arrêter de travailler ? S'il n'est que trop facile à une femme de renoncer au marathon de la vie professionnelle, une telle décision, en revanche, reste ardue à prendre pour un homme. De même que les femmes se tiennent pour les principales responsables de l'éducation de leurs enfants, beaucoup d'hommes s'estiment plus en devoir que leur épouse de subvenir aux besoins de la famille. Leur estime personnelle reposant sur leur réussite au travail, ils en concluent fréquemment qu'ils n'ont pas d'autre choix que de terminer le marathon.

Il en coûte toujours de se résoudre à confier son enfant à un tiers pour renouer avec son métier. N'importe quel parent qui en a pris la décision, moi la première, sait à quel point elle peut être déchirante. Seul un poste motivant et qui nous apporte beaucoup est à même de faire pencher la balance en sa faveur. Et une fois leur choix fait, les parents restent bien sûr en droit de revenir dessus à tout moment.

Ceux qui ont la chance de pouvoir choisir ne devraient se fermer d'emblée à aucune option. N'entrez pas dans la vie active en cherchant le moyen d'en sortir. Ne freinez pas votre élan. Accélérez au contraire. Pressez le champignon jusqu'à ce que l'heure sonne de prendre une décision. C'est le seul moyen de s'assurer que, le moment venu, il y aura un réel choix à faire.

8.

Faire de son partenaire
un partenaire à part entière

Devenir mère a été pour moi une expérience fantastique. Mettre un enfant au monde, par contre, non. Après neuf mois de nausées persistantes, je n'avais qu'une hâte : passer à l'étape suivante. Malheureusement, mon fils ne partageait pas mon empressement. Une fois survenu le terme de ma grossesse, mon gynécologue a décidé de déclencher le travail. Mes parents et ma sœur Michelle nous ont rejoints, Dave et moi, à la maternité. Il paraît qu'il ne faut pas moins d'un village entier pour élever un enfant. Dans mon cas, il a fallu un village entier rien que pour m'aider à donner le jour à mon fils. L'accouchement a duré des heures et des heures. La fébrilité de ceux qui étaient venus me soutenir a rapidement cédé la place à la lassitude. À un moment, alors qu'il me fallait de l'aide lors d'une contraction, je n'ai réussi à attirer l'attention de personne, parce que mes proches montraient des photos de famille au médecin, à l'autre bout de la salle. Une plaisanterie court depuis longtemps entre nous sur la

difficulté de fixer notre attention. Mon accouchement
en a fourni la preuve.

Au bout de trois heures et demie à pousser, j'ai enfin
donné le jour à mon fils, qui pesait quatre kilos deux
cents. La moitié de son poids correspondait à sa tête.
Ma sœur, pédiatre, a assisté à des centaines d'accou-
chements. Elle a eu la gentillesse de ne me confier que
bien plus tard que le mien a été l'un des plus pénibles
dont elle ait été témoin. Quand il s'est avéré que mon
fils se portait à merveille et qu'au bout d'une heure,
les nausées qui ne me laissaient pas de répit depuis
neuf mois ont disparu, je n'ai toutefois pas regretté ma
peine. Le pire était derrière moi.

Le lendemain matin, à la maternité, je me suis levée
de mon lit. Je n'avais pas fait un pas quand je suis tombée par terre. À ce qu'on m'a dit, je m'étais déchiré
un tendon lors d'un faux mouvement durant l'accouchement. Pendant une semaine, j'ai dû me servir de
béquilles. Mon incapacité à rester debout a compliqué
la première semaine de ma vie de mère mais a tout de
même comporté un avantage auquel je ne m'attendais
pas : c'est Dave qui s'est le premier occupé de notre
enfant. C'est lui qui a dû se lever quand il pleurait, me
l'amener pour que je l'allaite, le changer et retourner
le coucher. En temps normal, la mère devient rapidement l'experte en soins à l'enfant. Dans notre cas, c'est
Dave qui m'a montré comment changer une couche,
alors que notre fils avait à peine huit jours. Il aurait
fallu que Dave et moi fussions des génies pour le prévoir. Comme ce n'est pas le cas, nous avons été pris
au dépourvu.

À vrai dire, nous aurions dû être beaucoup plus pré-

voyants. J'étais enceinte de six mois quand une doctorante m'a interrogée par téléphone dans le cadre de
sa thèse sur les couples travaillant tous les deux. Elle
a commencé par me demander :

« Comment parvenez-vous à tout concilier ?

— Je ne concilie rien du tout. Je n'ai pas encore
d'enfant, lui ai-je répondu, avant de lui suggérer de
s'entretenir plutôt avec une mère de famille.

— D'ici quelques mois, vous serez mère, m'a-t-elle
rétorqué. Avec votre mari, vous avez dû décider lequel
de vous irait chercher votre enfant à l'école, le jour où
il tomberait malade, et qui le déposerait à la crèche ou
chez la nourrice. »

Et ainsi de suite. Je n'ai pas été capable de répondre
à une seule de ses questions. Au moment de raccro-
cher, abattue par notre manque de préparation, à Dave
et moi, j'ai cédé à la panique. Ce soir-là, Dave n'est
pas plus tôt rentré à la maison que je lui ai bondi dessus. « Oh, mon Dieu ! il ne reste plus que quelques
mois avant la naissance du petit et nous n'avons encore
discuté de rien de tout ça ! » Dave m'a regardée comme
si je n'avais plus toute ma tête. « Pardon ? m'a-t-il
lancé. Nous ne discutons plus que de ça, ces temps-ci. »

En nous penchant sur le décalage entre nos points
de vue, nous avons dû admettre que nous avions passé
beaucoup de temps à évoquer notre manière d'appréhender la situation, mais dans l'abstrait. Dave avait
donc raison d'estimer que nous parlions beaucoup de
notre rôle de parents et moi, d'affirmer qu'il nous restait encore à traiter les questions pratiques. Le problème venait en partie de ce que, faute d'expérience,
nous ne savions même pas quels points aborder. Nous

n'avions qu'une petite idée de ce qui nous guettait au tournant.

Il me semble en outre qu'il nous répugnait d'admettre qu'un bouleversement radical de notre quotidien se préparait. Dave et moi ne travaillions même pas dans la même ville quand je suis tombée enceinte (que les choses soient claires : nous étions tout de même l'un auprès de l'autre au moment de la conception). Quelques années plus tôt, Dave avait vendu à Yahoo l'entreprise qu'il avait fondée à Los Angeles, Launch Media. Le siège de Yahoo se situe dans le nord de la Californie, où j'habitais et travaillais, mais l'équipe de Dave était restée basée à Los Angeles, où il vivait donc. Au début de notre relation, nous avons décidé de nous installer ensemble dans la baie de San Francisco. Dave a dès lors multiplié les allées et venues du sud de la Californie, où il séjournait du lundi au jeudi, à notre domicile, où il me rejoignait le week-end. Notre mariage n'y a rien changé.

Après la naissance de notre fils, Dave a résolu de faire le trajet plusieurs fois par semaine. Bien que ce fût une chance pour nous qu'il puisse multiplier les allers-retours, ce n'était pas l'idéal. Il avait beau consentir à d'épuisants efforts pour passer du temps auprès de moi et de notre enfant, il s'absentait tout de même beaucoup. Vu que je me trouvais en permanence auprès de mon fils, les soins à lui donner me sont revenus en majorité. La répartition des tâches, inégale, a créé des tensions au sein de notre couple. Nous avons engagé une nourrice, mais elle ne pouvait pas résoudre tous nos problèmes ; le soutien émotionnel d'un compagnon à même de partager ce que nous vivons ne s'achète pas. En somme, il ne nous a pas fallu plus de quelques mois pour nous couler dans le moule des rôles traditionnels, inégalitaires.

Nous n'avons pas été les seuls dans ce cas. Ces trente dernières années, les femmes ont réalisé plus de progrès au travail qu'à la maison. Selon les données les plus récentes, aux États-Unis, quand mari et femme travaillent tous deux à plein temps, la mère s'occupe plus des enfants à 40 % et du ménage à 30 %[1]. Un sondage a révélé en 2009 que seuls 9 % des couples à double revenu affirmaient se charger à parts égales du ménage, de l'éducation des enfants et des dépenses du foyer[2]. En France, les femmes s'occupent trois fois plus des enfants et des corvées domestiques que les hommes[3]. Bien que les hommes assument des responsabilités croissantes à la maison, le changement reste très lent et nous sommes encore loin de la parité[4]. (Il n'y a sans doute pas lieu de s'étonner que la répartition des tâches soit plus juste chez les couples homosexuels[5].)

La plupart des mesures politiques entérinent la différence culturelle entre les deux sexes. Aux États-Unis, le Bureau du recensement considère la mère comme le « parent désigné », même quand le père vit lui aussi au domicile familial[6]. Quand une mère s'occupe de son enfant, elle assume son rôle de parent, mais lorsqu'un père en fait autant, l'Administration considère qu'il s'agit là d'un « arrangement pour garder l'enfant[7] ». Les politiques mises en place en France renforcent elles aussi l'idée qu'il revient en premier lieu aux femmes de veiller sur les enfants[8]. J'ai d'ailleurs déjà entendu certains hommes annoncer qu'ils rentraient chez eux « baby-sit » leur fils ou leur fille. Aucune femme ne s'est encore exprimée en ces termes devant moi. Lors d'un séminaire d'entreprise visant à consolider les liens d'une équipe, un ami à moi a proposé un exercice consistant à dresser la liste de ses loisirs. La moitié des hommes y ont inclus leurs enfants. Les enfants, un loisir ? La plupart des mères ne le verraient pas ainsi. Organiser une fête en l'honneur d'une jeune maman, ça, oui, c'est un loisir.

Mes amis Katie et Scott Mitic vont à l'encontre de la tendance dominante. Ils dirigent tous deux une entreprise de la Silicon Valley à plein temps. Voici à peu près un an, Scott s'est rendu en déplacement sur la côte Est. Il allait prendre part à une réunion en fin de matinée quand son téléphone a sonné. Son équipe n'a entendu que la moitié de l'échange. « Un sandwich, des bâtonnets de carottes, une pomme coupée en quartiers, des bretzels et un biscuit », a énuméré Scott. Il a raccroché, le sourire aux lèvres, expliquant que sa femme se demandait ce qu'elle devait mettre dans la boîte à déjeuner des enfants. Tout le monde a ri. Quelques mois plus tard, Scott a retrouvé sur la côte Est les mêmes collègues. Ils venaient de monter à bord d'un taxi, un peu avant midi, quand Scott a reçu un coup de fil. Ses collaborateurs l'ont entendu répéter patiemment sa liste d'ingrédients, sans en croire leurs oreilles : « Un sandwich, des bâtonnets de carottes, une pomme coupée en quartiers, des bretzels et un biscuit. »

Racontée par Scott, l'anecdote prête à sourire. Mais il suffirait que mari et femme inversent les rôles pour qu'elle perde son charme. C'est pourtant ce qui arrive à beaucoup de couples. La répartition des tâches entre Scott et Katie déjoue les attentes de la société. Il existe un épilogue à leur histoire. Lors d'un troisième déplacement, Scott a découvert que Katie avait complètement oublié de préparer à manger aux enfants. Elle s'en est aperçue en milieu de matinée et a résolu le problème en faisant livrer une pizza à la cafétéria de l'école. Ses enfants en ont été ravis mais pas Scott. Désormais, quand il s'absente, il prépare les déjeuners à l'avance et laisse à son épouse des instructions précises.

Il n'est pas exclu que le fait qu'un parent sache mieux que l'autre quoi prévoir pour le déjeuner d'un petit résulte de notre évolution en tant qu'espèce. On peut à la rigueur considérer une mère qui allaite comme la boîte-repas d'un nourrisson. Cela dit, même si les mères se sentent naturellement plus enclines à s'occuper de leur progéniture, il suffit aux pères d'un peu de connaissances et d'efforts pour se hisser à leur niveau de compétence. À partir du moment où les femmes ambitionnent de mieux s'en sortir professionnellement et où les hommes aspirent à mieux se débrouiller à la maison, il convient de remettre en cause les modèles préconçus. Comme l'a fait remarquer Gloria Steinem : « Il n'est pas question de biologie mais d'une prise de conscience[9]. »

Des prises de conscience nous ont après tout permis de dépasser le déterminisme de la biologie dans bien d'autres domaines. Compte tenu de la nécessité de stocker des quantités de lipides pour survivre en temps de pénurie, l'évolution nous a fait développer le goût du gras, nous incitant à en consommer autant que pos-

sible. À notre époque d'abondance, nous n'avons toutefois plus besoin d'énormément d'énergie en réserve ;
au lieu de céder à notre penchant, nous pratiquons donc
un sport et limitons notre apport calorique. Nous com-
battons notre instinct biologique par la force de la
volonté, ou du moins nous essayons. Le principe qui
veut que « maman soit plus au courant », même si l'on
admet son fondement biologique, n'a pas à demeurer
immuable. Il suffit, pour le remettre en cause, d'un peu
de bonne volonté de la part de l'un et l'autre parents.
Oui, il faut que quelqu'un sache quoi mettre dans la
boîte à déjeuner mais pas nécessairement maman,
Katie est là pour en témoigner.

De même que les femmes devraient détenir plus de
pouvoir dans le monde du travail, il faudrait que les
hommes prennent plus le pouvoir à la maison. J'ai vu
tant de femmes décourager à leur insu leur mari d'assumer sa part des responsabilités en se montrant trop
critiques ou en voulant tout contrôler. Les sociologues
parlent à ce propos d'attitude inhibitrice de la mère,
qui fait de l'éducation de l'enfant sa « chasse gardée »,
une manière plus alambiquée de formuler le refrain :
« Ce n'est pas du tout comme ça qu'il faut s'y prendre.
Pousse-toi et laisse-moi faire[10] ! » Pour ce qui touche
aux enfants, les pères suivent souvent les indications
des mères. Ce qui donne à celles-ci toute latitude de
développer ou, à l'inverse, de minimiser le rôle du père
auprès de ses enfants. Une mère qui se réserve leur
éducation comme une « chasse gardée » en rechignant
à déléguer certaines responsabilités ou, pire, qui critique les efforts du père, incitera celui-ci à moins en
faire.

Quand une mère de famille me demande des conseils sur le partage des soins aux enfants, je lui dis de laisser son mari changer la couche du petit, peu importe la manière dont il s'y prend, tant qu'il se débrouille seul. Et s'il propose de s'en occuper avant qu'on ne le lui demande, même s'il place la couche sur la tête de l'enfant, la mère a intérêt à en sourire. Le temps aidant, à force de procéder à sa mode, le père finira par corriger ses erreurs. Alors que, si la mère l'oblige à s'y prendre comme elle-même l'entend, bien vite elle se retrouvera en train de tout faire elle-même.

Celle qui veut d'un partenaire digne de ce nom doit le traiter comme un égal – tout aussi capable qu'elle. Si cela ne vous convainc pas, gardez à l'esprit qu'à en croire une étude, les femmes qui traitent les tâches du quotidien comme leur chasse gardée accomplissent au final cinq heures de corvées en plus chaque semaine que celles qui optent pour une approche collaborative[11].

Une dynamique tout aussi contre-productive, quoique courante, s'installe quand une femme confie telle ou telle tâche précise à son compagnon. En déléguant, elle avance sur la bonne voie. Mais le partage des responsabilités doit être entendu comme tel. Chacun doit s'attribuer un domaine d'action défini, sinon l'un n'aura que trop tendance à estimer qu'il accorde une faveur à l'autre au lieu d'accomplir sa part du boulot.

Comme bon nombre de conseils, celui de laisser son partenaire assumer sa part de responsabilités en procédant à sa mode est plus aisé à donner qu'à mettre en pratique. Mon frère David et ma belle-sœur Amy en avaient bien conscience quand est né leur premier enfant. « Il est souvent arrivé que notre fille s'apaise plus facilement dans mes bras, m'a confié Amy. C'est dur d'entendre pleurer son enfant alors que son père, privé de seins, tente désespérément et parfois maladroitement, de le consoler. David a malgré tout insisté pour calmer notre fille en pleurs lui-même au lieu de me la donner, tant pis s'il y passait plus de temps. Au début, ça nous a compliqué la vie mais, au final, nous en avons été récompensés quand notre fille a compris que Papa pouvait aussi bien s'occuper d'elle que Maman. »

Je suis sincèrement convaincue qu'une femme ne prend pas de décision plus déterminante pour sa carrière que celle de se lier ou non à un partenaire à vie, outre le choix de celui-ci. Je ne connais pas une seule femme de pouvoir dont le compagnon ne soutienne pas pleinement – et je n'emploie pas cet adverbe à la légère – l'engagement professionnel. La règle ne souffre aucune exception. Contrairement à la conviction fort répandue que seules les célibataires parviennent au sommet, la majorité des femmes d'affaires à succès sont mariées. Sur les cinq cents P-DG des entreprises les plus cotées par le magazine *Fortune*, on dénombre vingt-huit femmes : vingt-six mariées, une divorcée et une célibataire[12]. Un grand nombre d'entre elles ont affirmé qu'elles « n'auraient pas réussi sans le soutien de leur mari qui les a aidées à gérer les enfants et le quotidien, en se montrant prêt à les suivre, où qu'elles aillent[13] ».

Sans surprise, un manque de soutien de la part du conjoint entraîne des conséquences professionnelles inverses. Dans le cadre d'une étude menée en 2007, 60 % des femmes diplômées ayant quitté le monde du travail ont cité comme motif déterminant de leur choix leur mari[14]. Plus précisément, elles ont mentionné son défaut d'implication dans l'éducation des enfants et autres tâches domestiques et le fait que, dans un couple, ce soit en principe la femme qui renonce à son emploi. Il n'y a rien d'étonnant à ce que la professeure Rosabeth Moss Kanter, à qui l'on demandait, lors d'une conférence, ce que pouvaient faire les hommes pour contribuer à l'accès au pouvoir des femmes, ait répondu : « la lessive[15] ». Même si c'est barbant, il faut bien s'occuper de la lessive, des courses, du ménage et de la cuisine. Le plus souvent, c'est la femme qui s'en chargera.

En janvier 2012, j'ai reçu une lettre de Ruth Chang, médecin, mère de deux jeunes enfants, ayant visionné mon intervention à la conférence TED. On venait de lui proposer un nouveau poste impliquant de superviser soixante-quinze médecins dans cinq cliniques différentes. Sa première impulsion avait été de refuser, par crainte de ne pas réussir à concilier des responsabilités supplémentaires avec sa famille. Malgré tout, elle a hésité et, m'a-t-elle écrit, « À ce moment-là, je vous ai entendue dire "prenez votre place à table" et j'ai compris que je devais dire oui. Le soir même, je l'ai annoncé à mon mari… à qui j'ai en même temps remis la liste de courses ». Partager le fardeau du quotidien peut faire toute la différence.

Ma carrière et ma vie de couple sont inextricablement liées. L'année qui a suivi la naissance de notre aîné, il nous est apparu évident à Dave et moi que jongler entre deux carrières dans deux villes éloignées ne contribuait pas au bien-être de la famille. Il nous fal-

lait procéder à des ajustements. Oui mais lesquels ?
J'adorais mon travail chez Google et Dave n'envisa-
geait pas d'abandonner son équipe à Los Angeles.
Nous nous sommes accommodés tant bien que mal de
ses allers et retours à répétition pendant une autre
année encore de pseudo-bonheur conjugal. Finalement,
Dave s'est estimé prêt à quitter Yahoo. Il a limité sa
recherche d'un nouveau poste à la baie de San Francisco ; un sacrifice de sa part, vu que la plupart des
activités qui l'intéressent et de ses contacts se trouvent
à Los Angeles. Il est devenu P-DG de SurveyMonkey,
dont il a pu déménager le siège de Portland à la baie
de San Francisco.

Une fois établis dans la même ville, nous avons
encore mis un bon moment avant de coordonner nos
emplois du temps. Bien que Dave et moi ayons la
chance extraordinaire de pouvoir offrir à nos enfants
un mode de garde exceptionnel, nous devons encore
prendre des décisions difficiles et pénibles à propos du
temps que nous passons loin de notre famille et de
celui d'entre nous qui va se charger du sale boulot.
Chaque début de semaine, nous prenons le temps de
déterminer qui va conduire les enfants à l'école tel ou
tel jour. Nous essayons tous deux de rentrer à l'heure
du dîner le plus souvent possible. (À table, nous racon-
tons chacun à notre tour ce que notre journée nous a
réservé de meilleur et de pire ; j'hésite à l'avouer, mais
ce dont je suis le plus contente, c'est souvent de mon
retour à l'heure du dîner lui-même.) Quand l'un de
nous doit s'absenter, l'autre s'arrange presque toujours
pour ne pas devoir en faire autant. Le week-end, j'es-
saie de ne me consacrer qu'à mes enfants (bien qu'il

me soit arrivé d'envoyer quelques e-mails depuis les toilettes du terrain de foot du quartier).

Comme tous les couples, le nôtre reste à construire, jour après jour. Dave et moi avons connu notre lot de difficultés avant de nous répartir la gestion du quotidien à cinquante, cinquante. Après beaucoup d'efforts et de discussions à n'en plus finir, nous fonctionnons aujourd'hui en tant que partenaires, nous partageant à la fois corvées et responsabilités. Chacun de nous s'assure que ce qui doit être fait sera fait. Les rôles que nous nous sommes attribués se conforment en grande part aux traditions. Dave paie les factures, gère nos finances et s'occupe des questions techniques. J'organise les activités des enfants, les goûters d'anniversaire, et veille à ce que le frigo soit rempli. Parfois, le conformisme de notre arrangement me gêne. Est-ce que je ne renforce pas ainsi certains clichés ? Le fait est que j'aime mieux prévoir une fête sur le thème de Dora l'exploratrice que de m'occuper des papiers d'assurance. Comme Dave est de l'avis contraire, notre organisation nous satisfait tous les deux. On ne saurait atteindre un équilibre même précaire sans une communication permanente, de l'honnêteté et de l'indulgence. Nous ne nous répartissons pas tout moitié, moitié – la parfaite égalité est difficile à définir et à maintenir – mais c'est tantôt l'un, tantôt l'autre qui en fait le plus et, au final, nous compensons.

Nous aurons peut-être plus de mal à faire perdurer notre arrangement dans les années à venir. Nos enfants encore jeunes vont se coucher tôt, me laissant ainsi amplement le temps de travailler le soir et même de regarder ce que Dave considère comme de très mau-

vaises émissions de télé. Mon mari et moi devrons toutefois nous adapter à leur croissance. Beaucoup d'amis
m'ont prévenue que les adolescents réclament plus de
temps. Chaque étape de la vie comporte des défis. Heureusement, Dave est là pour les relever avec moi. C'est
le meilleur compagnon que je puisse imaginer – même
s'il a tort de juger mauvaises les émissions de télé qui
me plaisent.

Les compagnons dignes de ce nom comme Dave
restent encore trop rares. Il semble aller de soi qu'une
femme s'occupe de sa famille mais un tel présupposé
ne s'applique pas aux hommes. Mon frère David m'a
raconté qu'un de ses collègues se vantait d'avoir joué
au football l'après-midi où son fils est né. C'est tout à
l'honneur de Dave qu'au lieu de hocher la tête en sou-
riant, il ait osé dire qu'il n'y avait selon lui pas de quoi
pavaner. Une telle opinion devrait être exprimée plus
haut et fort, encore et encore, sur les terrains de foot,
au travail et à la maison.

Mon frère a bénéficié du formidable exemple de
notre père, qui s'est beaucoup impliqué dans notre éducation à tous les trois. À l'instar de la plupart des
hommes de sa génération, mon père ne se chargeait
que fort peu du ménage mais, à l'inverse de beaucoup,
il ne demandait pas mieux que de changer nos couches
ou nous baigner. Comme en tant qu'ophtalmologiste il
n'avait pas à se déplacer et n'était que rarement appelé
en urgence, il dînait tous les soirs avec nous. Il a
entraîné les équipes auxquelles appartenaient mon frère
et ma sœur (et en aurait fait autant pour moi si j'avais
été un tant soit peu douée en sport). Il m'aidait régulièrement à faire mes devoirs et je n'ai pas eu de plus

grand supporter que lui quand j'ai pris part à des joutes oratoires.

Des études menées partout dans le monde ont conclu que l'implication des parents dans l'éducation des enfants leur profitait énormément. Les recherches menées depuis quarante ans ont toutes montré que les fils et filles de pères aimants et présents étaient mieux équilibrés et développaient de meilleures aptitudes cognitives que ceux dont le père s'occupait moins[16]. Il suffit qu'un père se charge de banals soins quotidiens à l'enfant pour que celui-ci obtienne plus tard plus de diplômes, gagne mieux sa vie et courre moins de risques de sombrer dans la délinquance[17], voire qu'il témoigne de plus d'empathie et de savoir-vivre en société[18]. Ces résultats valent pour toutes les classes sociales, que la mère soit elle aussi très présente ou non.

Nous devons tous encourager les hommes à se dévouer à leur famille. Malheureusement, aux États-Unis, les politiques d'emploi entérinent également la répartition traditionnelle des rôles entre père et mère. Chez Facebook, les parents de l'un et l'autre sexe bénéficiaient, dès avant mon arrivée, de congés d'une égale durée à la naissance d'un enfant, ce dont je ne suis pas peu fière. Malgré tout, la plupart des entre-prises américaines accordent des congés plus longs aux mères et les hommes s'absentent moins souvent de leur travail pour des raisons de famille[19]. Aux États-Unis, seuls cinq États versent un complément de revenus à ceux qui cessent de travailler pour s'occu-per de leur enfant (ce qui pose en soi un énorme pro-blème). Trois n'en accordent qu'aux mères et qualifient

celui-ci d'allocation « handicap grossesse ». Deux
seulement permettent aux pères aussi d'en bénéficier[20]. En général, les pères ne s'arrêtent pas longtemps de travailler à la naissance d'un enfant ; un
sondage a montré que la majorité des employés du
secteur privé ne prenaient qu'une semaine de congé
au plus quand leur compagne accouchait ; soit pas
assez pour s'occuper du nouveau-né à parts égales
avec celle-ci[21]. Si la plupart des pays d'Europe garantissent des allocations aux parents qui interrompent
leur activité à la venue au monde de leur enfant, les
mères en bénéficient dans la majorité des cas plus
longtemps que les pères[22]. En France, les mères ont
droit à seize semaines de congé maternité à la naissance de leurs deux premiers enfants et vingt-six à
partir du troisième. Les pères, en revanche, doivent se
contenter de trois semaines[23].

De toute façon, les salariés, aussi bien hommes que
femmes, redoutent que profiter des avantages sociaux
en faveur de la famille, tels que congé paternité ou
réduction du temps de travail (quand ils existent !), leur
vaille la réputation de ne pas s'impliquer assez dans
leur travail. Leur crainte est justifiée. Les employés qui
tirent parti de ces avantages en paient souvent le prix
fort : une diminution de leurs revenus, des promotions
qui leur passent sous le nez ou une mise au placard[24].
Accorder la priorité à la famille est susceptible de
pénaliser aussi bien les femmes que les hommes, et
ceux-ci plus lourdement encore[25]. Un employé qui pose
un congé ou quitte simplement le bureau de bonne
heure pour veiller sur son enfant malade aura à en
payer des conséquences allant de taquineries à une éva-

luation en baisse ou à sa stagnation en termes de salaire comme de poste[26].

Les pères qui souhaitent arrêter le travail pour se consacrer entièrement à leur enfant devront en outre subir une pression sociale terrible. À l'heure actuelle, les hommes représentent moins de 4 % des parents au foyer aux États-Unis et beaucoup affirment se sentir parfois très isolés[27]. Mon ami Peter Noone est resté plusieurs années chez lui à s'occuper de ses enfants et, bien qu'il ait toujours entendu professer du respect pour son choix, il ne se sentait pas le bienvenu parmi les cercles de connaissances de son quartier. En tant qu'homme au parc de jeux ou lors des ateliers baptisés assez maladroitement « pour maman et moi », il suscitait la méfiance des inconnus. Les liens amicaux que les mères nouaient aisément entre elles ne s'étendaient pas à lui[28]. À maintes reprises, il s'est vu rappeler qu'il contrevenait aux normes.

Les attentes qui pèsent sur les uns et les autres en fonction de leur sexe engendrent un cercle vicieux. La conviction que les mères accordent la priorité à leur famille sur leur travail les pénalise dans la mesure où les employeurs supposent qu'elles ne s'impliqueront pas assez dans leur métier. L'inverse n'en est pas moins vrai pour les hommes, dont on s'attend à ce qu'ils fassent passer leur carrière en premier. Nous jugeons les hommes avant tout à leur réussite professionnelle et leur transmettons le message que ce qu'ils accomplissent en privé ne suffit pas à les valoriser ou les épanouir. Voilà le genre de mentalité qui aboutit à ce qu'un homme se vante d'avoir abandonné son épouse et leur nouveau-né à la maternité pour taper dans un ballon.

Pour ne rien arranger, la réussite des hommes n'est généralement pas évaluée dans l'absolu mais par rapport à celle de leur épouse. L'image d'Épinal de la famille heureuse montre un mari qui s'en sort mieux professionnellement que son épouse. L'inverse est perçu comme une menace pour le couple. On me prend souvent à part pour me demander avec beaucoup de commisération : « Et Dave ? Comment est-ce qu'il se sent ? Ça ne le gêne pas, ton… [à voix basse] succès ? » Dave a bien plus confiance en lui que moi et, du fait de sa réussite professionnelle, il lui est facile de balayer du revers de la main ce genre de remarques. De plus en plus d'hommes devront s'inspirer de son exemple, vu que près de 30 % des épouses aux États-Unis et 22 % en France gagnent aujourd'hui plus que leur mari[29]. J'espère que les murmures cesseront à mesure qu'augmentera ce chiffre.

Cela nous amuse, Dave et moi, que tant de gens se soucient de son ego qu'ils imaginent vulnérable, mais beaucoup de femmes n'y voient pas matière à sourire. Il leur faut déjà vaincre suffisamment d'obstacles à leur réussite professionnelle. Si elles doivent en plus craindre que leur succès vexe leur compagnon, comment réussira-t-on à vivre un jour dans un monde égalitaire ?

Je conseille aux femmes en quête d'un compagnon à vie d'accorder des rendez-vous à toutes sortes d'hommes : des mauvais garçons, des gars à la coule, des phobiques de l'engagement et des doux dingues. Mais ne les épousez pas. Ce qui rend attirants les mauvais garçons ne fait pas d'eux de bons maris. Quand viendra l'heure de vous poser pour de bon, jetez votre dévolu sur quelqu'un qui cherche une égale. Un homme qui estime que les femmes doivent avoir une opinion, de l'ambition et de l'esprit. Un homme qui attache de la valeur à l'égalité des sexes et s'attend ou, mieux encore, *tient* à assumer sa part de corvées à la maison. Ils existent et, croyez-moi, le temps passant, vous n'imaginerez rien de plus sexy qu'eux. (Si vous mettez en doute ma parole, feuilletez donc un excellent petit livre intitulé *Porn for Women* – « Porno pour femmes ». On y voit entre autres un homme nettoyer sa cuisine en affirmant : « J'aime m'en charger avant qu'on n'ait à me le demander. » Un autre se lève au beau milieu de la nuit en se demandant : « C'est la petite qui a crié ? Je vais la chercher[30]. »)

Kristina Salen, la responsable de Fidelity, un groupe d'investissement dans les médias et Internet, m'a confié que, soucieuse de mesurer le soutien que ses petits amis lui assureraient dans sa carrière, elle a conçu un test à leur intention. Elle annulait un rendez-vous au dernier moment sous le prétexte d'un imprévu professionnel puis étudiait la réaction de son copain. S'il se montrait compréhensif et lui proposait de remettre leur sortie à plus tard, elle acceptait de le revoir. Lorsque Kristina souhaitait passer à l'étape suivante d'une relation, elle imposait une autre épreuve. Comme, vers la fin des années 1990, elle travaillait dans les marchés émergents, elle invitait son prétendant à la rejoindre un week-end à... São Paulo. Une excellente manière de savoir s'il accepterait d'adapter son emploi du temps à celui de Kristina. Sa stratégie a fini par payer. Elle a trouvé l'homme idéal et ils peuvent aujourd'hui se targuer de quatorze ans de bonheur conjugal. Non content de la soutenir à fond dans sa carrière, son mari Daniel s'occupe de leurs deux enfants.

Même une fois déniché l'homme – ou la femme – de nos rêves, aucun de nous n'est vraiment préparé à ce qui l'attend. Ma mère m'a enseigné qu'il faut veiller à la répartition des rôles au début d'une relation. Même si ma mère se chargeait de l'essentiel du ménage, mon père passait toujours l'aspirateur après dîner. Jamais elle n'a dû insister pour qu'il s'en occupe ; dès le premier jour, il a estimé que c'était de son ressort. Au début d'une relation, il est tentant pour une femme de se montrer sous un jour classiquement « féminin » en proposant de cuisiner ou de s'occuper des courses. Et nous voilà tout à coup de retour aux années 1950. Une relation qui part sur un pied d'inégalité a de fortes chances de mener à un déséquilibre plus criant encore à partir du moment où des enfants s'ajoutent à l'équation. Profitez plutôt du démarrage d'une liaison pour établir une division du boulot, comme nous le rappelle ce dialogue (signé Nora Ephron) du film *Quand Harry rencontre Sally* :

HARRY : Quand on conduit quelqu'un à l'aéroport, c'est qu'on est au début d'une relation. Voilà pourquoi je ne conduis jamais personne à l'aéroport au début d'une relation.

SALLY : Pourquoi ?

HARRY : Parce qu'au fil du temps, les choses évoluent et on renonce à conduire l'autre à l'aéroport et je ne tiens pas à m'entendre dire un jour : « Comment ça se fait que tu ne me conduis plus à l'aéroport ? »

Si vous voulez d'un partage à cinquante, cinquante, imposez-le d'entrée de jeu. Il y a quelques années, Mark Zuckerberg et celle qui est aujourd'hui son épouse, Priscilla Chan, ont créé une fondation au bénéfice des écoles publiques de Newark, dans l'État du New Jersey. Il leur fallait quelqu'un pour la diriger. Je leur ai recommandé Jen Holleran, qui s'y connaissait en réorganisation d'établissements scolaires. À la naissance de ses jumeaux, quatorze mois plus tôt, elle avait réduit de deux tiers ses heures de bureau. Son mari, Andy, un pédopsychiatre, s'occupait des petits pendant son temps libre. Le hic, c'est que la diminution de sa charge de travail a conduit Jen à gérer seule tout le quotidien ; c'est-à-dire se charger des courses, des factures, de la cuisine et de l'emploi du temps de la famille. Quand lui est parvenue l'offre de Mark et Priscilla, elle doutait de se sentir vraiment prête à revoir son organisation pour se consacrer à un poste à plein temps impliquant de fréquents déplacements. Je l'ai incitée à imposer la dynamique relationnelle à laquelle elle aspirait le plus tôt possible. Jen se rappelle que je lui ai dit : « Si tu veux d'une relation égalitaire, tu as intérêt à l'établir maintenant. »

Jen et Andy en ont discuté et conclu qu'elle devait dire oui, compte tenu de l'incidence sur la société de sa future mission. Qui se chargerait dès lors du sale boulot ? Andy. Il a réaménagé ses horaires pour s'occuper des garçons matin et soir et même une plus grande partie de la journée en cas de déplacement de Jen. Aujourd'hui, il règle les factures et se charge des courses aussi souvent qu'elle. Il cuisine et nettoie la maison plus fréquemment, connaît l'emploi du temps de la famille et se félicite de son rôle de parent le plus demandé la moitié de la semaine. Au bout d'un an et demi, Andy m'a confié qu'il appréciait beaucoup le temps qu'il passait seul avec ses fils et la place croissante qu'il occupait dans leur vie. Jen adore son travail et se réjouit de former avec son mari un couple plus égalitaire. « Mon temps a désormais autant de valeur que le sien. Du coup, nous sommes plus heureux. »

Les recherches confirment la conviction de Jen qu'une vie de couple plus égalitaire est aussi plus harmonieuse. Une femme dont le mari s'occupe plus du ménage déprime moins, les conflits entre eux se font plus rares et l'un comme l'autre s'estiment plus satisfaits[31]. Les couples où la femme travaille à l'extérieur en gagnant elle aussi sa vie ont plus de chances de durer. À vrai dire, les couples où la femme gagne autant que son mari et où celui-ci assume la même quantité de corvées qu'elle divorcent deux fois moins que les autres[32]. S'occuper des enfants développe chez un homme la patience, l'empathie et l'adaptabilité, autant de qualités qui faciliteront ses rapports avec autrui[33]. Gagner de l'argent rend les femmes plus aptes à prendre des décisions au foyer et les protège en assurant leur sécurité financière en cas de divorce ou pour leurs vieux jours, vu que beaucoup survivent à leur mari[34]. Enfin – certains y verront sans doute l'argument le plus convaincant –, les couples qui partagent les responsabilités à la maison font plus souvent l'amour[35]. On pourrait penser le contraire, mais il n'y a pas de meilleur moyen pour un homme d'attirer son épouse au lit que de laver la vaisselle.

Il me semble par ailleurs essentiel que le temps passé à la maison par une mère au foyer soit considéré comme ce qu'il est – un véritable travail. Élever des enfants est au moins aussi épuisant et stressant qu'occuper un poste salarié. Il est injuste d'attendre d'une mère qu'elle travaille fréquemment tard le soir alors que son mari, lui, a l'occasion de se détendre à l'issue de sa journée de bureau. De retour à la maison, un homme devrait s'occuper autant des enfants et du ménage que son épouse. En plus, la plupart des pères qui travaillent à l'extérieur passent leur journée au contact d'adultes, tandis que, le soir venu, les mères au foyer souffrent du manque de conversation avec quelqu'un d'autre qu'un enfant. Je connais une femme qui a renoncé à sa carrière d'avocate pour s'occuper de ses enfants, et qui exigeait de son mari, scénariste pour la télé, qu'il lui demande, de retour du boulot, « comment s'est passée ta journée ? » avant de lui raconter la sienne.

La collaboration à la maison, en plus de profiter aux couples d'aujourd'hui, met en place de nouvelles normes au bénéfice de la génération suivante. Le cadre domestique a évolué moins vite que le monde du travail, notamment parce que nous y entrons adultes, ce qui fait que chaque tranche d'âge y obéit à sa propre dynamique. Nous tendons en revanche à fonder des foyers ancrés dans notre propre enfance. Les gens de ma génération et moi avons grandi en voyant nos mères s'occuper de nous et du ménage alors que nos pères ramenaient de l'argent à la maison. Il ne nous est que trop aisé de nous enliser dans le même mode de fonctionnement. Il n'y a rien d'étonnant à ce que les hommes dont les mères travaillaient pendant leur enfance assument plus de corvées domestiques que les autres[36]. Plus tôt nous briserons le cercle vicieux, plus vite nous parviendrons à l'égalité.

Si Dave est aujourd'hui un partenaire digne de ce nom, c'est notamment parce qu'il a grandi auprès d'un père lui ayant donné un excellent exemple. Mel, puisqu'il s'appelait ainsi, malheureusement décédé avant que je n'aie l'occasion de le rencontrer, était en avance sur son temps. Comme sa mère gérait l'épicerie familiale au côté de son père, Mel a considéré dès son plus jeune âge les femmes comme les égales des hommes, ce qui n'était pas courant à l'époque. Encore célibataire, il s'est intéressé au mouvement féministe et a lu *La Femme mystifiée* de Betty Friedan. C'est lui qui a relayé à son épouse Paula (la mère de Dave) l'appel à la lutte adressé aux femmes des années 1960. Il l'a d'ailleurs encouragée à fonder et diriger PACER, une organisation à but non lucratif d'aide aux enfants handicapés. Professeur de droit, Mel donnait souvent des cours le soir. Soucieux de prendre au moins un repas par jour en famille, il a porté son choix sur le petit déjeuner, qu'il préparait lui-même en allant jusqu'à presser des oranges.

Une répartition plus juste des tâches entre les parents servira de précédent à la génération à venir. J'ai entendu je ne sais combien de femmes exprimer le désir que leur compagnon s'occupe plus des enfants, mais comme d'ici quelques années, ils iront de toute façon à l'école, à les entendre, ça ne vaut pas la peine d'engager la bataille. À mon avis, modifier une dynamique indésirable en vaut toujours la peine. Je crains en outre que ces mêmes femmes ne se heurtent à des difficultés comparables quand viendra le moment de s'occuper de leurs parents âgés. Les femmes passent plus du double de temps que les hommes à veiller sur leurs parents mais aussi leurs beaux-parents[37]. Encore un fardeau qu'il convient de se partager. Il est impératif que les enfants assistent à sa répartition pour suivre le bon exemple à l'âge adulte.

En 2012, Gloria Steinem a accordé chez elle un entretien à Oprah Winfrey. Gloria lui a répété que les femmes n'avaient pas progressé autant à la maison qu'au travail. « Nous savons que les femmes sont capables d'autant que les hommes, mais pour autant qu'on sache, la réciproque n'est pas nécessairement vraie[38]. » Je crois pourtant bien que si et que nous devrions donner aux hommes plus d'occasions de le prouver.

La révolution touchera une famille à la fois. La bonne nouvelle, c'est que les jeunes hommes d'aujourd'hui semblent plus décidés à se comporter en partenaires dignes de ce nom que leurs aînés. À un sondage où il fallait classer par ordre d'importance les caractéristiques d'un poste, les quadragénaires ont répondu en majorité « qui présente des défis à relever », alors que les trentenaires et les plus jeunes ont privilégié la possibilité de « passer du temps en famille[39] ». La tendance, à condition qu'elle se confirme alors que ces mêmes hommes avanceront en âge, pourrait annoncer un changement prometteur.

Il existe des hommes merveilleux et pleins d'empathie dans toutes les tranches d'âge. Plus les femmes attacheront de la valeur à la gentillesse et au soutien que leur apportent leurs petits amis, plus ceux-ci leur en témoigneront. D'après ce que m'a confié Kristina Salen, mon amie ayant conçu des tests à l'intention de ses prétendants, son fils affirme vouloir plus tard s'occuper de ses enfants « comme papa ». Son mari a été aussi ravi qu'elle de l'entendre. Il faut à un plus grand nombre de garçons des modèles de ce genre et la possibilité d'opter pour un tel choix. Plus les femmes se consacreront à leur carrière, plus les hommes devront à leur tour se consacrer à leur famille. Il est nécessaire d'encourager les hommes à se montrer plus ambitieux au foyer.

Il est nécessaire qu'un nombre plus conséquent d'hommes prennent place à table... à la table de la cuisine.

9

Le mythe de la capacité à tout concilier

« Tout avoir ». On n'a probablement pas tendu de piège plus dangereux aux femmes qu'en consacrant une telle formule. Employée à longueur de discours, de manchettes et d'articles, elle se veut l'expression d'un idéal auquel aspirer mais nous donne en réalité le sentiment d'un échec. Je n'ai jusqu'ici entendu personne – homme ou femme – affirmer avec emphase : « Oui, j'ai absolument tout. » Peu importe ce dont nous pouvons nous targuer – ni à quel point nous en sommes fiers –, aucun de nous n'a « tout ».

Ce n'est d'ailleurs pas possible. On ne peut soutenir le contraire qu'au mépris des lois de l'économie et du bon sens le plus élémentaire. Comme l'explique Sharon Poczter, professeur d'économie à l'université Cornell : « Le slogan "tout avoir", aujourd'hui dépassé, ne tient pas compte du fondement de toute relation économique : la notion d'échange. Chacun d'entre nous s'efforce d'optimiser sa vie, de répartir son temps au mieux, en se rendant le plus utile possible, compte tenu de paramètres tels que la carrière, les enfants, le couple, etc. Comme le temps nous est compté, aucun de nous ne peut "tout avoir" et ceux qui prétendent le contraire mentent[1]. »

« Tout avoir » s'apparente au mieux à un mythe. À ce titre, la formule diffuse une mise en garde utile. Songez à Icare qui s'est envolé haut dans les airs à l'aide des ailes qu'il s'était fabriquées. Son père lui avait recommandé de ne pas trop s'approcher du soleil, mais il n'a pas tenu compte du conseil. Il s'est élevé, encore et encore, la cire qui maintenait ses ailes a fondu et il a chuté. Faire carrière tout en s'épanouissant en privé constitue un noble objectif, réalisable jusqu'à un certain point. Les femmes devraient viser aussi haut qu'Icare mais en gardant à l'esprit que chacun de nous se heurte tôt ou tard à ses limites.

Nous devrions nous poser une question plus pratique que celle de savoir si nous pouvons « tout avoir » : pouvons-nous tout faire ? Là encore, la réponse est non. Nous devons sans cesse choisir entre travail et famille, sport et détente, du temps pour les autres et du temps pour nous. Le métier de parent oblige à des accommodements, des compromis et des sacrifices quotidiens. Pour beaucoup, ceux-ci ne relèvent pas d'un choix mais d'une nécessité. Aux États-Unis, à peu près 65 % des couples avec enfants travaillent et presque tous ont besoin de deux salaires pour subvenir aux besoins de la famille[2]. Les parents isolés qui travaillent se trouvent dans une situation plus difficile encore. Environ 30 % des foyers avec enfants aux États-Unis sont monoparentaux. 85 % d'entre eux ont à leur tête une femme[3]. En France, 63 % des enfants élevés par un couple ont des parents qui travaillent tous les deux[4]. Seuls 14 % des enfants ne vivent qu'avec un seul de leurs parents, le plus souvent leur mère[5].

On ne cesse de rappeler aux mères qui travaillent à l'extérieur les défis qu'il leur faut relever. Tina Fey a remarqué, lors de la promotion du film *Crazy Night* avec Steve Carell, père de deux enfants et héros de sa propre série télé, que les journalistes lui demandaient comment elle équilibrait sa vie mais ne posaient pas la question à son partenaire du grand écran. Comme elle l'a écrit dans *Bossypants* : « Quelle est la question la plus insolente qu'on puisse poser à une femme ? "Quel âge avez-vous ?" "Combien pesez-vous ?" "Quand vous et votre sœur jumelle êtes seules avec M. Hefner, vous demande-t-il de faire semblant d'être lesbiennes ?" Non. La pire question, c'est : "Comment faites-vous pour tout concilier ?" […] On n'arrête pas de me la poser, en me lançant un coup d'œil accusateur. "Vous merdez sur tous les tableaux, avouez", lis-je dans les regards braqués sur moi[6]. »

Fey a mis le doigt sur le problème. Les pères et mères qui exercent un métier doivent les uns comme les autres jongler entre leurs multiples responsabilités mais les mères ont en plus à subir les questions indélicates et les coups d'œil lourds de reproches leur rappelant qu'elles manquent à leurs devoirs à la fois vis-à-vis de leur employeur et de leurs enfants. Comme si nous risquions de l'oublier ! La plupart des femmes que je connais sont comme moi les championnes du doute : elles craignent de ne pas être à la hauteur. Nous comparons notre investissement au travail à celui de nos collègues, pour la plupart masculins, qui assument dans l'ensemble moins de responsabilités à la maison.

Nous comparons ensuite notre présence à la maison à celle des mères au foyer ne se consacrant qu'à leur famille. Les remarques nous rappelant que nous devons probablement lutter – sans doute en vain – pour nous en sortir s'apparentent à une amère cerise sur un gâteau déjà pas très appétissant.

Tenter de tout faire en espérant en plus que tout soit bien fait nous garantira une amère déconvenue. La perfection est notre ennemie. Gloria Steinem l'a d'ailleurs très bien exprimé : « On ne peut pas tout faire. Personne ne peut exercer deux emplois à plein temps, avoir des enfants parfaits, préparer trois repas par jour et enchaîner les orgasmes jusqu'à l'aube. Superwoman est l'adversaire des féministes[7]. »

Le Dr Laurie Glimcher, doyenne de la faculté de médecine de Weill Cornell, confie qu'elle n'a pu poursuivre sa carrière tout en élevant ses enfants qu'une fois déterminé ce qui méritait son attention. « J'ai dû décider ce qui importait ou non et appris à réserver mon perfectionnisme à ce qui en valait vraiment la peine. » Elle a estimé que les données scientifiques qu'elle recueillait ne devaient souffrir aucun à-peu-près mais qu'elle pouvait se satisfaire de tâches administratives accomplies à 95 %. Le Dr Glimcher ajoute qu'elle se donnait pour priorité de rentrer à une heure raisonnable et, une fois à la maison, de ne pas se soucier « si le linge était plié ou les placards, rangés. On ne peut pas se montrer trop tatillonne sur ce qui n'importe au final que peu[8] ».

Quelques années avant de devenir mère, j'ai pris la parole parmi un panel de femmes, à l'instigation d'un groupe d'affaires de Palo Alto. L'une des participantes, cadre et mère de deux enfants, a dû répondre à la question (incontournable) de sa stratégie pour concilier travail et famille. Elle a déclaré en guise de préambule : « Je ne devrais sans doute pas l'admettre publiquement… » avant de confier qu'elle envoyait ses enfants se coucher dans leurs habits d'école afin de gagner un précieux quart d'heure chaque matin. À l'époque, je me suis dit : Oups ! Elle n'aurait pas dû l'admettre en public.

Maintenant que j'ai à mon tour des enfants, je considère cette femme comme un génie. Chacun de nous se heurte à des limites de temps et de patience. Je n'ai pas encore envoyé mes enfants se coucher avec leurs vêtements du lendemain, mais il y a des matins où je le regrette. Je sais en outre que toute la prévoyance du monde ne peut pas nous préparer aux défis permanents que nous pose notre rôle de parent. Avec le recul, j'apprécie la franchise de l'intervenante du panel. Dans le même esprit, je ne devrais pas non plus raconter ce qui suit…

L'an dernier, mes enfants m'ont accompagnée en déplacement professionnel. D'autres résidants de la Silicon Valley devant participer à la même réunion de travail que moi, John Donahoe, le P-DG d'eBay, nous a aimablement proposé une place à bord du jet d'eBay. Comme le vol accusait plusieurs heures de retard, je me suis avant tout souciée d'occuper mes enfants pour qu'ils n'importunent pas les autres passagers. J'ai fait passer l'attente en les autorisant à regarder la télé et à grignoter à n'en plus finir. L'avion venait enfin de décoller quand ma fille s'est mise à se gratter la tête. « Maman ! Ça me démange ! » a-t-elle crié haut et fort pour couvrir le volume du son provenant de son casque (elle regardait encore la télé). Je n'y ai pas accordé d'attention particulière jusqu'à ce qu'elle se gratte frénétiquement en se plaignant de plus belle. Je l'ai priée de baisser d'un ton et, en me penchant sur son cuir chevelu, y ai repéré de petits points blancs. Je ne me suis pas demandé longtemps de quoi il s'agissait. J'étais la seule à bord de ce jet d'entreprise à voyager avec des enfants – et voilà qu'en plus, ma fille avait des poux ! J'ai passé le reste du trajet à paniquer en m'efforçant de la maintenir à l'écart, de la faire taire et de l'empêcher de se gratter, tout en cherchant fébrilement sur Internet des photos de poux. À l'atterrissage, tout le monde s'est entassé dans des voitures de location en route vers l'hôtel où devait se tenir la réunion mais j'ai prié les autres de ne pas m'attendre ; j'avais une « course à faire ». J'ai filé à la première pharmacie venue, où mon diagnostic a été confirmé. Par chance, comme nous avions évité les contacts directs dans l'avion, les poux n'avaient pas pu se transmettre, ce qui m'a évité la honte (dont je ne me serais pas remise) de demander au reste du groupe d'examiner leur cuir chevelu. Nous avons acheté la lotion qu'il fallait pour soigner ma fille et, de fait, son frère aussi… et passé la soirée à enchaîner les shampoings. J'ai raté le dîner d'inauguration et, quand on m'a demandé pourquoi, j'ai répondu que mes enfants tombaient de fatigue. Honnêtement, moi aussi. Et même si j'ai réussi à ne pas attraper de poux, je n'ai pas pu m'empêcher de me gratter la tête pendant plusieurs jours.

En tant que parents, nous ne pouvons pas tout contrôler. Les femmes ayant réussi grâce à leur prévoyance et leurs efforts risquent d'avoir du mal à s'accoutumer à un tel chaos. La psychologue Jennifer Stuart a conclu de l'observation de diplômées de Yale que « les tentatives de concilier carrière et maternité peuvent être source de stress. Les enjeux sont d'autant plus élevés que certaines jeunes mères ne visent rien de moins que la perfection, chez elles comme au travail. Manquer, même de peu, atteindre leur idéal risque de les inciter à battre en retraite – pour se réfugier dans leur foyer en désertant leur lieu de travail ou l'inverse[9] ».

L'une de mes affiches préférées chez Facebook affirme en grosses lettres rouges : « Mieux vaut qu'une chose soit faite que parfaite. » Je m'efforce de l'adopter pour devise en renonçant à un niveau d'exigence inaccessible. Viser la perfection engendre au mieux de la frustration et, au pire, nous paralyse. Je suis entièrement d'accord avec le conseil donné par Nora Ephron aux diplômées de Wellesley en 1996, alors qu'elle évoquait dans son discours les femmes qui cumulent carrière et famille. « Ce sera parfois confus mais acceptez de bon gré la confusion. Ce sera compliqué mais réjouissez-vous-en. Ça ne ressemblera pas du tout à ce que vous imaginiez, mais les surprises vous feront du bien. Et ne craignez rien : il sera toujours temps de changer d'avis. Je suis bien placée pour le savoir : j'ai exercé quatre métiers différents et me suis mariée trois fois[10]. »

J'ai eu beaucoup de chance qu'au début de ma vie professionnelle, quelqu'un que j'admire énormément m'ait mise en garde contre le danger de vouloir tout faire en même temps. Larry Kanarek dirigeait la succursale du cabinet McKinsey à Washington à l'époque de mon stage en 1994. Un jour, Larry nous a tous réunis pour nous adresser un discours. Il a expliqué que, depuis qu'il s'occupait de la succursale, les employés désireux de démissionner s'adressaient à lui. Au fil du temps, il s'est aperçu qu'ils ne renonçaient à leur poste que pour une seule raison : ils n'en pouvaient plus, épuisés par leurs longues heures de travail et de déplacements. Larry nous a dit qu'il concevait leurs motifs de plainte mais ne comprenait pas pourquoi tous ceux qui quittaient le cabinet – tous sans exception – avaient encore des congés à prendre. Jusqu'au dernier moment, ils acceptaient tout ce que le cabinet McKinsey exigeait d'eux avant d'estimer que la coupe était pleine.

Larry nous a exhortés à mieux contrôler notre vie professionnelle. Il nous a prévenus que, comme le cabinet n'allait pas renoncer à nous pomper notre temps, c'était à nous de déterminer ce que nous accepterions ou pas. Fixer une limite relevait de notre responsabilité. Nous devions décider combien d'heures nous étions prêts à cumuler et combien de nuits nous consentirions à passer loin de chez nous. Si notre travail ne nous convenait finalement pas, nous aurions au moins la consolation d'avoir fait de notre mieux en posant nos conditions. Contrairement à ce que l'on pourrait croire, la réussite professionnelle à long terme suppose souvent de ne pas chercher à satisfaire toutes les demandes. Le meilleur moyen de ménager de la place, aussi bien à notre carrière qu'à notre vie privée, consiste à faire des choix en connaissance de cause – à établir des limites et s'y tenir.

Mes quatre premières années chez Google, je les ai

passées au bureau de sept heures du matin à sept heures
du soir au moins, chaque jour. Je m'occupais de
l'équipe des opérations en ligne et jugeais indispensable de garder à l'œil un maximum de détails. Personne n'exigeait que je cumule autant d'heures ; fidèle
à l'esprit de la Silicon Valley, Google n'impose d'horaires à aucun employé. La culture de l'entreprise, à
ses débuts, nous incitait néanmoins à faire de longues
journées. À la naissance de mon fils, j'ai voulu profiter du congé maternité de trois mois accordé par
Google, mais je craignais de ne pas retrouver mon
poste à mon retour. Ce qui s'est passé pendant ma
grossesse ne devait pas me rassurer. Google poursuivait alors une croissance éclair ponctuée de fréquentes
réorganisations. Je dirigeais l'une des plus grosses
équipes de l'entreprise et mes collaborateurs me proposaient souvent des restructurations, c'est-à-dire d'en
faire plus à ma place. Au cours des mois précédant
mon départ, plusieurs collègues, tous des hommes, ont
insisté lourdement pour « donner un coup de main »
en mon absence. Certains ont même laissé entendre à
mon chef que, comme je risquais de ne pas revenir, ce
ne serait pas plus mal de commencer tout de suite à se
répartir mes prérogatives.

J'ai tenté de suivre le conseil de Larry Kanarek en
posant des bornes. J'ai résolu de me consacrer entièrement à mon nouveau rôle de mère. Je comptais me
déconnecter pour de bon du travail. J'ai même rendu
ma décision publique – une astuce qui incite à se tenir
à un engagement en se soumettant volontairement à
une pression extérieure. J'ai annoncé que j'allais
prendre les trois mois de congé jusqu'au bout.

Personne ne m'a crue. Certains collègues ont pris des paris sur le temps qui s'écoulerait avant que je consulte mes e-mails suite à la venue au monde de mon enfant. Pas un seul n'a misé sur plus d'une semaine. J'aurais pu me vexer, mais ils me connaissaient mieux que moi. Je me suis reconnectée à ma boîte aux lettres électronique à la maternité, dès le lendemain de l'accouchement.

Les trois mois suivants, je n'ai pas réussi à couper vraiment les ponts avec mon travail. Je relevais sans arrêt mes courriers électroniques. J'organisais dans mon salon des réunions où il m'arrivait de donner le sein et sans doute aussi de mettre mal à l'aise certains collègues. (Je m'efforçais de prévoir les réunions aux heures où mon fils dormait mais les nourrissons suivent leur propre rythme.) J'assistais aux réunions incontournables au bureau, en emmenant mon fils dans mon sillage. Si j'ai passé de bons moments avec lui, je garde tout de même un souvenir assez malheureux de mon congé maternité. Mon nouveau rôle de mère m'épuisait, or, quand mon fils dormait, je travaillais au lieu de récupérer. La seule chose à mon sens pire encore que le fait que tout le monde sache que je n'avais pas tenu parole, c'était que moi aussi j'en avais conscience. Je ne pouvais pas compter sur moi.

Trois mois plus tard, mon pseudo-congé maternité a pris fin. J'ai renoué avec le poste que j'aimais tant mais, sur le trajet en voiture jusqu'au bureau, le jour de la reprise, mon cœur s'est serré et des larmes ont roulé sur mes joues. Même si j'avais travaillé pendant mon « congé », j'étais restée presque tout le temps chez moi, auprès de mon fils. Retourner au bureau

réduirait comme peau de chagrin le temps où je le verrais. Pour peu que j'enchaîne à nouveau des journées
de douze heures, je m'en irais le matin avant son réveil
et rentrerais le soir quand il dormirait déjà. Si je voulais passer un minimum de temps avec lui, j'allais
devoir procéder à des ajustements… et m'y tenir.

J'ai pris le pli d'arriver au travail vers neuf heures
pour m'en aller à cinq heures et demie. Mes nouveaux
horaires me permettaient de donner le sein à mon fils
avant de partir le matin et le soir avant de le mettre au
lit. Je craignais toutefois de ne plus être crédible ou
même de perdre mon poste si quelqu'un s'en aperce-
vait. Pour compenser, j'ai pris l'habitude de consulter
mes e-mails dès cinq heures du matin. Eh oui, je me
réveillais avant même mon nouveau-né. Dès qu'il s'en-
dormait, le soir, je fonçais sur mon ordinateur et ter-
minais ma journée. Je me suis donné beaucoup de mal
pour dissimuler mon nouveau rythme. Camille, mon
ingénieuse assistante de direction, a eu l'idée d'organiser mes première et dernière réunions de la journée
dans d'autres bâtiments pour que l'on ne sache jamais
exactement quand j'arrivais ou m'en allais. Les soirs
où je quittais directement mon bureau, je m'arrêtais
dans le hall pour guetter le moment où aucun collègue
ne me verrait regagner ma voiture sur le parking. (Vu
ma discrétion, c'est un soulagement pour tous que j'aie
jadis travaillé pour le Trésor plutôt que la CIA.)

Je me rends compte avec le recul que l'inquiétude
que m'inspiraient mes nouveaux horaires provenait de
mon manque d'assurance. Google exigeait beaucoup
de nous et nous soumettait à une compétition féroce
mais en soutenant par ailleurs la volonté de chacun de

concilier travail et enfants. L'exemple nous était donné
en haut lieu. Larry et Sergey sont venus à la fête en
l'honneur de mon fils nouveau-né et m'ont l'un et
l'autre remis un « bon » me donnant droit à une heure
de baby-sitting. (Je ne m'en suis pas servie et, si je les
retrouvais, je parie qu'ils pourraient être vendus aux
enchères à des fins caritatives, à l'instar d'une invita-
tion à déjeuner avec Warren Buffett.) Susan Wojcicki,
qui a ouvert la voie en fondant une famille de quatre
alors qu'elle compte parmi les employés de Google
ayant le plus d'ancienneté et les plus indispensables à
l'entreprise, a emmené ses enfants au bureau, le jour
où leur nounou est tombée malade. Mon chef Omid et
David Fischer, le responsable le plus haut placé de
mon équipe, m'ont apporté un soutien sans faille et
n'ont laissé personne usurper mes prérogatives.

Peu à peu, j'ai pris conscience que mon poste ne
m'obligeait pas à passer douze heures par jour au
bureau. Je suis devenue plus efficace – plus attentive
à n'organiser ou n'assister qu'à des réunions vraiment
indispensables, plus déterminée à employer au mieux
la moindre minute passée loin de chez moi. J'ai en
outre commencé à prêter plus d'attention aux horaires
de mon entourage ; renoncer à des réunions superflues
évitait aux autres aussi de gaspiller du temps. Je me
suis efforcée de me focaliser sur ce qui importait réel-
lement. Longtemps avant d'apercevoir la fameuse
affiche, j'ai adopté pour devise « Mieux vaut qu'une
chose soit faite que parfaite ». Bien que ce ne soit pas
toujours évident, « faire » reste un objectif plus accessible et souvent aussi un soulagement. Quand j'ai pris
mon second congé maternité, non seulement j'ai réussi

à déconnecter (dans l'ensemble) mais j'ai vraiment apprécié le temps passé auprès de mes deux enfants.

Ma belle-sœur Amy, médecin, a connu pratiquement la même évolution. « Au moment de la naissance de mon aînée, je faisais des journées de douze heures en me servant du tire-lait au travail, m'a-t-elle confié. Désireuse de me sentir proche de ma fille, j'étais souvent la seule à m'occuper d'elle, pendant le peu d'heures que je passais chez moi. Il me semblait que c'était ce qu'exigeaient de moi les autres – mes patrons et ma fille. En réalité, je me torturais moi-même. » Amy a rectifié le tir à partir de sa deuxième grossesse. « J'ai pris trois mois de congé et géré la reprise à ma façon, selon mes propres termes. Malgré ce que j'appréhendais autrefois, ma réputation et mon efficacité n'en ont pas souffert le moins du monde. »

Je conçois tout à fait la crainte de paraître accorder la priorité à sa famille au détriment de son travail. Les mères n'ont pas envie de passer pour moins impliquées professionnellement que les hommes ou les femmes sans obligations familiales. Pour compenser, nous travaillons plus que nécessaire. Même celles qui ont la possibilité de faire moins d'heures ou de les répartir à leur guise redoutent qu'un temps de travail réduit mette en péril leur avancement[11]. Le problème ne relève pas que d'une question de point de vue. Les employés qui profitent de la liberté d'aménager leurs horaires passent pour moins investis et en paient souvent le prix[12]. Ce prix sera d'autant plus élevé pour les mères hautement qualifiées[13]. Il faut que cela change, d'autant qu'il a depuis peu été prouvé que travailler chez soi assurait dans certains cas un gain de productivité[14].

Distinguer entre les aspects d'un poste qui relèvent d'une nécessité ou pas n'est pas évident. Il est parfois malaisé de faire la part des choses et de fixer des bornes. Amy m'a raconté une anecdote à propos d'un colloque réunissant des médecins, dont une jeune femme qui venait de donner naissance à son premier enfant quelques semaines plus tôt. Au dîner, au bout de deux heures, visiblement mal à l'aise, elle s'est mise à lorgner son portable. Cela n'a pas échappé à ma belle-sœur, maman elle aussi. « Il est l'heure pour vous d'allaiter ? » a-t-elle chuchoté à sa collègue. Penaude, celle-ci lui a confié que son nouveau-né et sa mère l'accompagnaient. Or sa mère venait de la prévenir par texto que son fils réclamait le sein. Amy a incité la jeune maman à s'éclipser sans attendre. Après son départ, son mentor, un médecin d'un certain âge, a reconnu qu'il ne se doutait absolument pas de la présence de l'enfant. S'il l'avait su, il aurait poussé sa protégée à partir plus tôt. Elle s'était torturée pour rien. Voilà un cas où j'aurais recommandé de ne *pas* prendre place à table.

Les nouvelles technologies amènent à relativiser l'importance des heures de présence, vu qu'une bonne part du travail de bureau peut désormais s'effectuer à distance. Si peu d'entreprises accordent autant de flexibilité que Google ou Facebook, d'autres industries entament tout de même une évolution comparable. L'habitude de juger les employés au temps qu'ils consacrent à leur mission plutôt qu'à leurs résultats persiste malheureusement. À cause de cela, beaucoup se focalisent sur leurs horaires plutôt que sur la réalisation de leurs objectifs avec un maximum d'efficacité. Mettre l'accent sur les résultats profiterait aux salariés en rendant par ailleurs leur société plus compétitive[15].

Dans son dernier livre, le général Colin Powell explique en quoi sa conception de l'autorité le rend hostile aux « suroccupés chroniques » qui passent des heures et des heures au bureau sans mesurer l'incidence de leur rythme de travail sur leur équipe. « Dans tous les postes que j'ai occupés, raconte-t-il, je me suis efforcé d'imposer professionnalisme et haut niveau d'exigence. Quand il fallait que le boulot soit fait, j'attendais de mes subordonnés qu'ils ne comptent pas leur temps. Sinon, je tenais à ce qu'ils respectent des horaires normaux, rentrent chez eux à une heure décente, jouent avec leurs enfants, profitent de leur famille et de leurs amis, bouquinent, se vident la tête, rêvent et reconstituent leurs forces. Je voulais qu'ils aient une vie en dehors du bureau. Ils sont payés pour la qualité de leur travail, pas pour le temps qu'ils y consacrent. Voilà le genre d'ambiance qui a toujours donné pour moi les meilleurs résultats[16]. » Aujourd'hui encore, rares sont ceux qui ont la chance de travailler pour quelqu'un d'aussi sensé que le général Powell.

Le problème de l'allongement du temps de travail concerne de nombreux Américains[17]. En 2009, les couples mariés avec enfants aux revenus moyens travaillaient huit heures et demie de plus par semaine qu'en 1979[18]. La tendance touche surtout les managers et les professions les plus qualifiées, en particulier exercées par des hommes[19]. Un sondage a montré que, dans le monde de l'entreprise, 62 % des salariés aux revenus élevés passaient plus de cinquante heures au bureau chaque semaine et 10 %, plus de quatre-vingts[20]. Tous les pays d'Europe n'ont pas connu la même évolution, vu que certains gouvernements ont imposé des mesures limitant le temps de travail[21].

La technologie nous libère dans une certaine mesure du bureau mais en allongeant nos journées de travail : 80 % des personnes interrogées dans le cadre d'un sondage en 2012 ont déclaré qu'elles continuaient à travailler après leur départ du bureau. 38 % consultaient leurs e-mails pendant le dîner et 69 % n'allaient jamais se coucher sans relever leur boîte vocale[22].

Ma mère estime que ma génération souffre beaucoup des heures de travail qui n'en finissent pas. Pendant son enfance et la mienne, un poste à plein temps correspondait à quarante heures hebdomadaires – du lundi au vendredi, de neuf à cinq. Elle n'arrête pas de me dire : « Vous subissez trop de pression, toi et les gens de ton âge. Ce n'est pas compatible avec une vie normale. » Telle est toutefois la nouvelle norme pour beaucoup d'entre nous.

Autrement dit, les journées ne comptent jamais assez d'heures. Des années durant, j'ai tenté de résoudre le problème en rognant sur mon temps de sommeil ; une stratégie fréquente, bien que contre-productive. J'ai compris mon erreur grâce à mes enfants : en les voyant tout à coup fondre en larmes alors que jusque-là tout allait bien, parce que venait de passer l'heure pour eux de se coucher. Le fait est que les adultes ne réagissent pas si différemment que cela. Ne dormir que quatre à cinq heures par nuit porte autant atteinte à nos capacités mentales qu'un taux d'alcoolémie correspondant à une conduite en état d'ivresse[23]. Le manque de sommeil perturbe et rend anxieux et irritable. (Demandez à Dave si vous ne me croyez pas.) Si je pouvais revenir en arrière et changer quelque chose à mon mode de vie de l'époque, je m'obligerais à dormir plus.

Les parents qui travaillent ne sont pas les seuls à rêver que les journées comptent plus d'heures ; ceux qui n'ont pas d'enfants se surmènent, eux aussi, peut-être même plus encore. Étudiante en école de commerce, j'ai assisté à un panel où trois femmes ont pris la parole : deux mères de famille et une célibataire sans enfant. Les mères de famille ayant fait part de leurs difficultés à équilibrer leur quotidien, la célibataire est intervenue en se disant excédée que personne ne prenne au sérieux son besoin d'avoir une vie à elle. Il lui semblait que ses collègues se dépêchaient toujours de rejoindre leur famille, en lui laissant le sale boulot. « Mes collègues devraient admettre que j'éprouve le besoin d'aller à une fête ce soir – et que ma présence y est aussi légitime que la leur au match de foot de leurs gamins –, parce qu'il n'y a qu'en sortant que j'aurai l'occasion de rencontrer quelqu'un, de fonder une famille et, peut-être, un jour, de devoir assister à mon tour à un match de foot ! » Je raconte souvent l'anecdote pour assurer les célibataires qu'elles aussi ont tout à fait le droit de mener une vie remplie, épanouie.

Ma crainte de ne pas réussir à concilier ma carrière et ma famille a refait surface quand j'ai songé à quitter Google pour Facebook. Je travaillais depuis six ans et demi pour Google où des managers à poigne chapeautaient mes équipes. Tout marchait alors comme sur des roulettes au sein de l'entreprise aux plus de vingt mille employés, ce qui me permettait de rentrer

dîner chez moi avec mes enfants presque tous les soirs.
À l'inverse, Facebook, avec ses cinq cent cinquante
salariés, s'apparentait plus à une start-up. Les réunions
tard le soir et les marathons de programmation informatique faisaient partie de la culture d'entreprise. Je
craignais qu'un changement de poste ne détruise l'équilibre qu'il m'en avait tant coûté d'établir. Heureusement, en tant qu'entrepreneur en résidence dans une
société de capital risque, Dave organisait librement son
emploi du temps. Il m'a promis d'assumer plus de responsabilités à la maison pour que nous puissions nous
en sortir.

Mes premiers six mois chez Facebook ont été vraiment durs. Je sais que je devrais plutôt parler d'un
« défi stimulant » mais « durs » rend mieux compte de
la réalité. Une bonne part des employés prenaient
modèle sur Mark en travaillant jusqu'à pas d'heure,
selon les habitudes des ingénieurs. Il m'arrivait de pro-
grammer à neuf heures du matin une réunion avec
quelqu'un que j'attendais en vain, parce qu'il lui semblait aller de soi que nous nous retrouverions à neuf
heures du soir. Il fallait que je sois présente en même
temps que les autres ; or je craignais, en rentrant chez
moi de trop bonne heure, de passer pour un mouton
noir – et un vieux mouton, qui plus est. Résultat : j'ai
manqué un dîner après l'autre avec mes enfants. Dave
m'assurait qu'il s'occupait d'eux à la maison et qu'ils
allaient bien. Pas moi.

J'ai repensé au discours de Larry Kanarek chez
McKinsey et dû admettre que je ne tiendrais pas le
coup à mon nouveau poste, à moins de reprendre le
contrôle de la situation. Frustrée de ne pas voir ma

famille, je risquais de suivre le chemin de l'employé qui démissionne alors qu'il lui reste des congés à prendre. Je me suis dès lors forcée à quitter le bureau à cinq heures et demie. Toutes les fibres de mon être mues par un esprit agressif de compétition me criaient de rester mais, sauf en cas de réunion décisive, je m'en allais. Et il a suffi que je prenne le pli de m'en aller pour me rendre compte que rien ne m'en empêchait. Je ne prétends toutefois pas que je ne dépasse pas les quarante heures hebdomadaires. Le site Facebook restant accessible partout dans le monde en permanence, je dois moi aussi me rendre disponible à peu près tout le temps. L'époque où je rêvais de me déconnecter du boulot un week-end entier ou le temps de partir en vacances est depuis longtemps révolue. Et alors que ma mission chez Google ne m'amenait pratiquement pas à quitter la Californie, mes fonctions chez Facebook m'obligent à voyager beaucoup. Je n'en veille que plus encore à rentrer chez moi à temps pour dîner avec mes enfants quand je ne suis pas en déplacement.

Je continue de lutter pour harmoniser mon travail et ma vie de famille au quotidien. C'est le sort de toutes les femmes de ma connaissance. Je m'estime tout de même mieux lotie que beaucoup. Je dispose de fabuleuses ressources – un compagnon digne de ce nom, la possibilité d'engager pour me seconder des personnes formidables, aussi bien au bureau que chez moi, et un emploi du temps que je maîtrise à peu près. Je peux en outre compter sur ma merveilleuse sœur qui n'habite pas loin de chez moi et ne refuse jamais de s'occuper de sa nièce et de son neveu, même quand je le lui demande à la dernière minute. En plus, comme elle est pédiatre, je laisse mes enfants entre de bonnes mains, celles d'une professionnelle de la santé. (Tout le monde n'a pas de famille proche, au sens propre comme au figuré. Par chance, des amis aussi peuvent se soutenir comme nous le faisons.)

Si une nouvelle norme s'est établie au travail, la remarque vaut aussi pour le foyer. De même qu'il semble aller de soi de passer de plus en plus d'heures au bureau, il paraît admis que les mères consacrent de plus en plus de temps à leurs enfants. En 1975, les mères au foyer réservaient aux enfants (s'occuper d'eux au quotidien et veiller à leur bien-être en leur faisant la lecture ou en jouant avec eux) onze heures en moyenne par semaine, contre six pour les mères qui travaillaient à l'extérieur. Aujourd'hui, les mères au foyer consacrent en moyenne dix-sept heures par semaine à leurs enfants, contre onze pour celles qui travaillent. Cela signifie qu'une salariée passe aujourd'hui autant de temps à s'occuper de ses enfants qu'une mère sans emploi en 1975[24].

Je me rappelle que, pendant mon enfance, il arrivait rarement à ma mère, quoique disponible, de ne pas me quitter d'une semelle ou de diriger mes activités. Ni mon frère ou ma sœur ni moi ne donnions rendez-vous à nos camarades pour jouer les uns chez les autres. Nous roulions à vélo dans le quartier sans qu'un adulte nous surveille. Nos parents jetaient parfois un coup d'œil à nos devoirs mais ils ne prenaient qu'exceptionnellement place à côté de nous, le temps que nous les terminions. Aujourd'hui, une « bonne mère » se doit d'être toujours présente et attentive aux besoins de ses enfants. Les sociologues qualifient ce phénomène relativement récent de « maternage intensif » qui a culturellement accru l'importance du temps qu'une femme consacre à ses enfants[25]. Juger les mères d'après les normes terriblement exigeantes en vigueur de nos jours donne à celles qui travaillent à l'extérieur l'impression de ne pas se montrer à la hauteur, alors même qu'elles passent autant de temps avec leurs enfants que leurs propres mères.

Quand, au moment de déposer mes enfants à l'école, je croise des mères bénévoles pour encadrer les élèves en classe, je crains que mon fils et ma fille ne souffrent de ne pas m'avoir auprès d'eux à temps complet. C'est là que ma foi dans la recherche me soutient le plus. Des quantités d'études indiquent que la pression qu'exerce la société sur les femmes pour qu'elles restent à la maison en optant pour « ce qu'il y a de mieux pour l'enfant » se fonde sur notre ressenti mais rien de prouvé.

En 1991, le Réseau de recherches sur les soins à la prime enfance (Early Child Care Research Network), sous les auspices de l'Institut national de la santé infantile et du développement humain, a lancé l'étude la plus ambitieuse et la plus extensive à ce jour sur la corrélation entre le développement de l'enfant et l'éducation qu'il reçoit, en comparant en particulier ceux qu'élève leur mère à ceux qui bénéficient d'autres modes de garde. Trente experts du développement de l'enfant issus des universités les plus renommées du pays ont passé dix-huit mois à définir un protocole d'étude. Pendant quinze ans, ils ont suivi plus d'un millier d'enfants, dont ils ont régulièrement évalué les aptitudes cognitives et à communiquer, ainsi que l'at-

titude en société. Des douzaines d'articles ont depuis
rendu compte de leurs conclusions[26], résumées dans un
rapport de 2006 où l'on peut lire que « les enfants
confiés aux soins exclusifs de leur mère ne se sont pas
développés autrement que ceux dont se sont occupés
aussi des tiers[27] ». Les chercheurs n'ont mis en évidence aucune espèce de hiatus entre les aptitudes
cognitives, à communiquer, le comportement en
société, la capacité à nouer et entretenir des relations
ou la qualité du lien avec la mère, des uns et des
autres[28]. L'attitude des parents – un père attentif,
encourageant, une mère soucieuse de développer
« l'autonomie » de son enfant ou le couple épanoui que
forment les parents – influe deux ou trois fois plus sur
l'évolution de l'enfant que son mode de garde[29]. L'un
des résultats de l'étude en particulier mérite une lecture attentive et même réitérée : « Le fait qu'une mère
s'occupe exclusivement de son enfant n'est pas corrélé
à un avenir pire ou meilleur pour lui. Les mères n'ont
donc aucune raison de se convaincre qu'elles portent
préjudice à leur enfant en faisant le choix de travailler[30]. »

Les enfants ont absolument besoin que leurs parents
s'impliquent auprès d'eux et leur accordent de l'affection, de l'attention et du temps. Cela dit, les parents
qui travaillent à l'extérieur restent tout à fait en mesure
de garantir à leurs enfants qu'ils grandiront comblés
d'amour dans un environnement sûr. Certaines données laissent même entendre que les enfants, et en
particulier les filles, se développeraient plus harmo-
nieusement quand leurs parents travaillent tous les deux
à l'extérieur[31].

Bien que consciente de ces résultats et convaincue que ma carrière ne nuit pas à mes enfants, il m'arrive encore de douter du bien-fondé de mes choix. Une amie à moi qui partageait mes doutes en a discuté avec son thérapeute avant de me confier : « Mon thérapeute m'a dit que, quand je craignais de laisser mes filles trop souvent seules, mon angoisse reflétait mon ressenti plus que celui de mes enfants. Nous parlons du problème de la séparation comme s'il concernait avant tout les enfants, mais en réalité, c'est peut-être plus la mère qu'il perturbe. »

Je voudrais toujours en faire plus pour mes enfants. À cause de mes obligations professionnelles, j'ai raté des rendez-vous chez le médecin et des réunions de parents d'élèves et dû laisser mes enfants souffrants à la maison pour me rendre en déplacement. Je n'ai pas encore manqué de spectacle de danse mais cela me pend au nez. Il y a en outre beaucoup de détails que j'ignore à propos de leur quotidien. Un jour, j'ai demandé à une mère, à l'école, si elle connaissait des camarades de classe de nos enfants, m'attendant à ce qu'elle me glisse un ou deux prénoms vaguement familiers. Elle a passé vingt minutes à me réciter de mémoire une liste d'élèves, assortie de renseignements sur leurs parents, leurs frères et sœurs, leur classe, l'année précédente et leurs centres d'intérêt. Par quel miracle en savait-elle autant ? Ma propre ignorance de ce point de vue me ravalait-elle au rang de mauvaise mère ? Pourquoi aurais-je dû m'en soucier ?

Je connaissais au moins la réponse à la dernière question. Je m'en souciais parce que, comme bon nombre de ceux qui ont eu la possibilité de faire des

choix, les miens ne me satisfont pas à cent pour cent.
Quand, le matin de la Saint-Patrick, j'ai déposé mon
fils à l'école, vêtu de son tee-shirt bleu favori, la même
mère a remarqué : « Il devrait porter une tenue verte
aujourd'hui. » Deux réflexions me sont venues en
même temps : qui diable peut bien se rappeler que c'est
aujourd'hui la Saint-Patrick ? Et : je suis une mauvaise
mère.

Gérer sa culpabilité n'est parfois pas moins crucial
pour une mère que gérer son temps. Lorsque j'ai repris
le travail à la suite de mon accouchement, plusieurs
mères en activité m'ont conseillé de me préparer au
jour où mon fils réclamerait en pleurant sa nounou. Ça
n'a pas raté : à onze mois, alors qu'il rampait par terre
dans sa chambre, il s'est cogné le genou sur un jouet.
Il a levé les yeux, en larmes, en quête de secours et a
tendu les bras à sa nounou plutôt qu'à moi. Ça m'a
percé le cœur, pourtant Dave a estimé que c'était bon
signe. Selon lui, nous occupions une place centrale
dans la vie de notre fils et son attachement à la personne chargée de veiller sur lui ne pouvait que contribuer à son développement. Même si j'ai saisi sa
logique, et mieux encore avec le recul, sur le moment,
j'ai terriblement souffert.

Aujourd'hui encore, je compte les heures que je
passe loin de mes enfants et cela me chagrine de rater
un dîner ou une soirée avec eux. Fallait-il vraiment
que je parte en déplacement ? La croissance de Facebook dépendait-elle du discours que j'ai prononcé ?
N'aurait-on pas pu se passer de cette réunion ? Loin
de s'inquiéter des occasions manquées, Dave trouve
héroïque de notre part de dîner aussi souvent à la mai-

son. Le décalage entre nos points de vue me paraît inextricablement lié à notre sexe. À côté de beaucoup d'hommes, Dave s'implique énormément auprès de ses enfants. Comparée à bon nombre de femmes, je passe un temps fou loin des miens. Une étude fondée sur des entretiens approfondis avec des couples qui travaillent à deux a mis en évidence des réactions similaires. Les mères s'en voulaient des retombées de leur travail sur leur vie de famille. Alors que les pères, pas du tout[32]. Comme l'a noté Marie Wilson, la fondatrice du projet Maison Blanche : « Citez-moi une femme qui ne culpabilise pas, vous m'aurez cité un homme[33]. »

Je sais que je n'ai que trop tendance à ruminer sur ce que je n'ai pas le temps de faire ; comme beaucoup, je suis douée pour l'autoflagellation. En dépit des nombreux soutiens dont je dispose, je me sens parfois tiraillée dans trop de directions à la fois. Il suffit cependant que je m'appesantisse un peu moins sur les conflits d'intérêt ou les compromis et que je m'adonne plus pleinement à ma tâche pour que je m'estime contente et que tout se tienne. J'aime beaucoup mon travail et les gens brillants et fascinants qu'il me donne l'occasion de côtoyer. Et j'aime aussi beaucoup consacrer du temps à mes enfants. J'estime passer une bonne journée quand je me dépêche d'échapper à l'ambiance de folie du bureau pour dîner en famille et m'installer sur le fauteuil à bascule dans le coin de la chambre de ma fille avec un petit sur chaque genou. Nous lisons ensemble en nous balançant, et partageons un moment de joie paisible (encore que pas toujours) digne de clore en beauté leur journée. Une fois que le sommeil

les a emportés, je me laisse moi-même porter (bon
d'accord : je fonce) vers mon ordinateur portable.

Les contacts entre les deux mondes où j'évolue ne
manquent en outre pas de piquant. Pendant un temps,
Mark a organisé des réunions stratégiques chez lui, le
lundi soir. Comme je ne pouvais pas rentrer dîner à la
maison, ces jours-là, mon fils et ma fille me rejoi-
gnaient au bureau. Les enfants sont en général les bienvenus chez Facebook et les miens se sentaient là
comme au paradis entre les pizzas, les sucreries à n'en
plus finir et les tas de briques Lego que les ingénieurs
ont l'amabilité de partager avec les plus jeunes visi-
teurs. Je me réjouissais que mes enfants fassent la
connaissance de mes collègues et vice versa. Mark
ayant appris l'escrime à mon fils, il leur arrivait de
s'entraîner avec de faux fleurets, ce que je trouvais à
croquer. Mark a en outre enseigné à mes enfants
quelques tours pendables à réaliser dans un bureau, qui
ne m'ont toutefois pas autant attendrie.

Je ne me prétends pas capable d'atteindre la séré-
nité ou de me concentrer à fond à chaque instant. J'en
suis encore loin ! Cela dit, il me suffit de me rappeler
que nul ne peut tout concilier et d'identifier mes priorités chez moi et au travail pour me sentir mieux,
gagner en productivité au bureau et sans doute aussi
m'améliorer en tant que mère. Les travaux de Jennifer
Aaker, professeure à Stanford, montrent que se fixer
des objectifs accessibles est essentiel au bonheur[34]. Au
lieu de viser la perfection, nous devrions aspirer à un
épanouissement durable. Il ne faut pas se demander :
« est-ce que je peux tout concilier ? » mais « est-ce que
je peux faire ce qui compte le plus pour moi et ma

famille ? » Le but consiste à voir grandir ses enfants dans la joie et au mieux de leur forme. Les habiller en vert le jour de la Saint-Patrick reste optionnel.

Si je devais définir le succès, je dirais qu'il consiste à faire les meilleurs choix possibles… et à les accepter. La journaliste Mary Curtis a écrit dans le *Washington Post* que le meilleur conseil à donner « à une femme comme à un homme, c'est de laisser tomber la culpabilité, même quand le temps file à toute allure. Le secret, c'est qu'il n'y en a pas – il suffit de faire de son mieux avec les moyens du bord[35] ».

En décembre 2010, j'attendais auprès de Pat Mitchell le moment de prononcer mon discours à la conférence TED. La veille, j'avais déposé ma fille à la maternelle en lui annonçant que je partais pour la côte Est et que je ne la verrais donc pas ce soir-là. Elle s'est accrochée à ma jambe et m'a suppliée de ne pas m'en aller. Je n'arrivais pas à m'ôter ce souvenir de l'esprit. À la dernière minute, j'ai demandé à Pat si je devais le mentionner en public. « Absolument ! Parles-en, m'a-t-elle dit. D'autres femmes passent par là et tu les aideras en admettant honnêtement que pour toi aussi, c'est dur. »

J'ai inspiré un bon coup avant de monter sur scène. Je me suis efforcée de transmettre avec sincérité ce que je tiens pour vrai. J'ai admis devant mon auditoire – et à peu près la planète entière par le biais d'Internet – que je suis loin de tout concilier. Pat avait raison. Ça m'a fait beaucoup de bien, non seulement de le reconnaître mais de le confier à autrui.

10.

Parlons-en

Je me demande parfois ce que je ressentirais si l'on cessait de m'étiqueter en tant que femme. Le matin, au réveil, je ne me dis pas : Qu'est-ce que je vais faire aujourd'hui en tant que femme à la direction de l'exploitation de Facebook ?, bien que la plupart me perçoivent sous cet angle. L'habitude de préciser à propos de certaines professions que l'on parle d'une « femme » (pilote ou ingénieur par exemple) implique qu'il y a quelque chose de surprenant à la voir exercée par une personne de sexe féminin. Il est rare, dans le monde du travail, que l'on considère les hommes avant tout en tant que tels. Quand on tape sur Google les termes « P-DG homme de Facebook », le moteur de recherche ne trouve rien.

Comme l'a remarqué Gloria Steinem : « Celui qui a le pouvoir s'attribue le substantif – en édictant la norme – alors que l'autre, au pouvoir moindre, n'a droit qu'à un adjectif[1]. » Vu que personne n'a envie d'être pris pour celui qui détient le moins de pouvoir, beaucoup de femmes s'opposent à ce qu'on les définisse en tant que telles en affirmant : « Je ne me vois pas comme une femme mais une romancière, une athlète, etc. » Elles n'ont pas tort. Personne ne souhaite qu'on reconsidère le résultat de ses efforts. Nous aspirons toutes à nous identifier à un simple substantif. Malgré tout, la société a le chic pour rappeler aux femmes qu'elles en sont, et aux jeunes filles de même.

Un été, pendant mes années de lycée, William Lehman, l'élu au Congrès de ma ville natale, m'a employée à Washington en tant que « *page* » chargée de transmettre des messages à la Chambre des représentants. À l'époque, Tip O'Neill, le légendaire député du Massachusetts, la présidait. Or Lehman m'avait promis de me le présenter avant la fin de l'été. Les jours s'enchaînaient toutefois sans que rien n'arrive. Non, vraiment, il ne se passait rien. Puis, la veille de la clôture de la session parlementaire, Lehman a enfin tenu parole. À la sortie de l'hémicycle, il m'a invitée à faire la connaissance du président de la Chambre, O'Neill. Je me sentais nerveuse mais Lehman m'a mise à l'aise en annonçant au président, avec beaucoup de bienveillance à mon égard, que j'avais travaillé dur tout l'été. Il m'a regardée avant de me tapoter le dessus du crâne, s'est tourné vers Lehman et a commenté : « Elle est mignonne. » Puis il a reporté son attention sur moi et m'a posé cette seule question : « Tu es pom-pom girl ? »

J'en suis restée anéantie. Avec le recul, je suppose que sa remarque se voulait flatteuse mais, sur le coup, elle m'a humiliée. J'aspirais à une reconnaissance du travail que je venais d'accomplir. Sur la défensive, j'ai rétorqué : « Non, j'étudie trop pour ça. » Une vague de terreur m'a aussitôt balayée : je venais de tenir tête au troisième candidat le mieux placé pour la présidentielle. Par chance, personne ne s'est ému de ma réaction tranchante et pas très avisée. Le président de la Chambre s'est contenté de me donner une petite tape – une autre ! – avant de s'en aller. Lehman, lui, rayonnait.

Même à mes yeux d'adolescente, un tel sexisme semblait déjà hors d'âge. Le président de la Chambre était né en 1912, soit huit ans avant que les femmes n'obtiennent le droit de vote, mais lorsque je l'ai rencontré dans les couloirs du Congrès, la société avait (en grande partie) évolué. Cela tombait sous le sens qu'une femme était capable d'autant qu'un homme. Pendant mon enfance se sont succédé les « pionnières » – Golda Meir en Israël, Geraldine Ferraro en tant que candidate à la vice-présidence démocrate en partenariat avec Walter Mondale, Sandra Day O'Connor à la Cour suprême, sans oublier Sally Ride dans l'espace.

De telles avancées m'avaient convaincue lors de mon entrée à l'université que les féministes des années 1960 et 1970 s'étaient suffisamment démenées pour garantir à ma génération l'égalité des sexes. Si quelqu'un m'avait traitée de féministe, je me serais hâtée de le détromper. Une telle réaction reste aujourd'hui encore fort répandue, selon la sociologue Marianne Cooper (qui a d'ailleurs contribué à la rédaction de ce livre en me fournissant une aide précieuse en matière de recherches). Dans son article de 2011, « *The New F-Word* [*] »,

---

[*] Littéralement, « le nouveau mot qui commence par un F », c'est-à-dire le nouveau gros mot à ne pas prononcer. (*N.d.T.*)

Marianne évoque Michele Elam, professeure d'anglais à l'université, qui a remarqué un phénomène curieux lors de la présentation de son séminaire d'études féministes. Bien que suffisamment intéressées par l'égalité des sexes pour suivre un cours entier là-dessus, ses étudiantes se sentaient en majorité « gênées par l'emploi du terme "féminisme". Seules un tout petit nombre d'entre elles se considéraient comme des féministes ». Comme l'a noté la professeure Elam, on eût dit que « se faire traiter de féministe équivalait à une injure[2] ».

On croirait une blague : vous connaissez celle de l'étudiante inscrite à un cours sur les théories féministes, qui se fâche tout rouge quand on la traite de féministe ? À l'université, je me suis retrouvée aux prises avec la même contradiction. J'ai mis sur pied une association pour encourager un plus grand nombre de femmes à étudier l'économie et l'administration publique. À côté de cela, j'aurais farouchement nié être une féministe sous quelque forme que ce soit. Aucune de mes camarades de fac ne se considérait d'ailleurs comme une féministe. Cela me chagrine d'admettre que nous n'avons pas vu venir le retour de bâton au détriment des femmes[3]. Nous ne remettions pas en cause la caricature repoussoir de la féministe brûle-soutif, sans une once d'humour, haïssant les hommes. Or nous n'avions aucune envie de lui ressembler, entre autres parce qu'elle peinerait à trouver quelqu'un qui veuille bien sortir avec elle. Je sais, c'est terrible – quelle triste ironie de rejeter le féminisme pour s'assurer l'attention des hommes et leur approbation ! Pour notre défense, je dirais que mes amies et moi croyions, certes naïvement, que les féministes n'étaient plus nécessaires. Nous pensions à tort qu'il ne restait plus rien à combattre.

Je suis entrée dans la vie active dans le même état d'esprit. Je me disais qu'au cas où le sexisme n'aurait pas encore disparu, il me suffirait de prouver leur erreur à ses tenants. J'accomplirais mon travail, et avec brio. Ce que je ne soupçonnais pas encore à l'époque, c'est qu'ignorer le problème compte parmi les techniques de survie classiques. Au sein des institutions traditionnelles, le succès d'une femme repose souvent sur son aptitude à ne pas ouvrir la bouche mais au contraire à s'intégrer, ou, pour le dire plus familièrement, à « se comporter en mec ». Les premières femmes dans le monde des affaires portaient des tailleurs de coupe masculine et des chemisiers boutonnés jusqu'au cou. Une cadre du secteur bancaire m'a confié qu'elle avait arboré un chignon pendant dix ans parce qu'elle ne voulait pas que l'on remarque qu'elle était une femme. Les codes vestimentaires ont eu beau se relâcher depuis, les femmes redoutent encore de sortir du lot. Je connais une ingénieure dans une start-up du secteur technologique qui ôte ses boucles d'oreilles avant d'aller au bureau pour éviter de rappeler à ses collègues que – chut ! – elle n'est pas un homme.

Quand j'ai commencé à travailler, ma condition de femme ne soulevait à peu près aucun commentaire (hormis de la part du client qui tentait à l'occasion de me caser avec son fils). Les tailleurs de coupe masculine n'étaient plus à la mode et je n'ai ni mis en avant ni dissimulé ma féminité. Je n'ai jamais eu pour supérieure directe une femme, pas une seule fois dans ma carrière. Il y avait des femmes haut placées là où j'ai travaillé mais je n'étais pas assez proche d'elles pour les voir gérer la situation au jour le jour. On ne m'a conviée à aucune réunion traitant de la question et, pour autant que je me souvienne, les programmes d'aide aux femmes n'existaient pas à l'époque. Très bien. Nous avions trouvé notre place, aucune raison d'attirer l'attention sur nous.

On avait beau ne pas ouvertement tenir compte de l'appartenance sexuelle, elle n'en demeurait pas moins présente à l'arrière-plan. Peu à peu, j'ai remarqué que les femmes recevaient un traitement à part. Je me suis par exemple aperçue qu'on les jugeait plus souvent sur leur capacité à s'intégrer que sur leurs résultats objectifs. Chaque été, le cabinet McKinsey invitait ses employés à une sortie pêche en haute mer et la plupart des dîners d'affaires de la société se terminaient par une dégustation de whiskys et de cigares. De fait, j'avais parfois du mal à passer le test de « l'intégration ». Un soir, à l'instigation de mes collègues de sexe masculin, j'ai tiré une bouffée d'un cigare – comme un mec. Le hic, c'est que j'en ai attrapé des haut-le-cœur et que j'ai empesté le tabac pendant des jours et des jours. Si c'était cela, s'intégrer, eh bien, moi, je détonnais.

Les autres aussi se sont manifestement aperçus que je n'étais pas un mec comme les autres. À la suite de ma nomination en tant que chef de cabinet du Département du Trésor en 1999, plusieurs personnes m'ont dit : « Cela a dû t'aider d'être une femme. » De quoi se fâcher tout rouge ! Ils ne pensaient peut-être pas à mal mais sous-entendaient ainsi que je n'avais pas obtenu mon poste au mérite. J'imagine en outre que, chaque fois que quelqu'un me lançait à la figure que j'avais été « avantagée », douze autres personnes formulaient la même réflexion plus crûment dans mon dos. J'ai considéré l'éventail des réactions possibles. Libre à moi de déclarer qu'à ma connaissance, les femmes ne bénéficiaient d'aucune espèce de discrimination positive au Trésor. Libre à moi aussi d'affirmer que mon C.V. soutenait la comparaison avec ceux de mes prédécesseurs. Si on m'en laissait le temps, je pouvais en outre évoquer les siècles de discrimination contre les femmes. Ou tout bonnement gifler mon interlocuteur. J'ai essayé toutes les options que je viens d'énumérer au moins une fois. Sauf la gifle, admettons. Parmi tout ce que j'ai tenté, en tout cas, rien ne m'a donné satisfaction.

Pas moyen de me tirer d'affaire. Je ne pouvais pas nier ma condition de femme : j'aurais beau essayer, les autres s'en rendraient bien compte. Or, en me défendant, je donnais l'impression d'être sur la défensive. Mon instinct et les signaux reçus de mon entourage me convainquaient qu'en débattre me ferait passer pour une féministe enragée. Ce que je ne voulais pas. Je craignais en outre que souligner les handicaps des femmes dans le monde du travail ne soit interprété à tort comme des jérémiades ou la revendication d'un traitement à part. J'ai donc ignoré les commentaires des autres, baissé la tête et bûché dur.

Les années passant, j'ai vu des amies et des collègues quitter le monde du travail. Certaines par choix. D'autres par frustration, poussées vers la sortie par des patrons qui ne leur accordaient pas d'horaires flexibles, et accueillies à bras ouverts à la maison par des compagnons qui n'assumaient pas leur part du ménage ni des soins aux enfants. Certaines ont continué à travailler mais en revoyant à la baisse leurs ambitions afin de satisfaire des exigences démesurées. J'ai vue trahies les promesses faites à ma génération en matière d'accession des femmes au pouvoir. Je travaillais pour Google depuis plusieurs années quand j'ai pris conscience que le problème n'était pas près de disparaître. En dépit de ce que gardait pour moi d'effrayant une telle perspective, j'ai estimé qu'il était temps de relever la tête et de dire haut et fort ce que je pensais.

Heureusement, je n'ai pas été la seule. En 2005, Susan Wojcicki et Marissa Mayer, mes collègues, et moi nous sommes aperçues que les orateurs en visite chez Google étaient connus, charismatiques et presque toujours des hommes. En réaction, nous avons fondé Women@Google et lancé une nouvelle série d'interventions – en commençant par inviter Gloria Steinem et Jane Fonda, qui ont ouvert une nouvelle voie aux femmes et lançaient alors le Women's Media Center (une organisation à vocation non lucrative d'aide aux femmes). En tant qu'ancienne monitrice d'aérobic, je ne tenais plus en place à l'idée de rencontrer Jane Fonda – et j'ai rentré mon ventre tout le temps de notre entretien. D'après ce que je savais du mouvement pour les droits des femmes, je m'attendais à ce que Gloria Steinem soit quelqu'un de formidable et de brillant. En effet. Elle est en outre charmante, drôle et chaleureuse, tout le contraire de l'image un peu puérile que je me formais de la féministe type dépourvue d'humour.

À l'issue de son passage chez Google, Gloria m'a

invitée à prendre la parole au Women's Media Center de New York. J'ai accepté sans hésiter. La veille de mon intervention, je suis allée à l'aéroport avec Kim Malone Scott, en charge des équipes de publication de Google. Je m'imaginais qu'en tant qu'auteure expérimentée, Kim m'aiderait à rédiger un discours pendant le vol. Le temps que je réponde à tous mes e-mails en souffrance, minuit approchait. Je me suis tournée vers Kim dans l'espoir qu'elle m'aiderait… pour me rendre compte qu'elle dormait. J'ai songé un instant à lui donner un coup de coude, un « *poke* » alors même que Facebook n'avait pas encore rendu le geste populaire. Mais je n'ai pas eu le courage de la réveiller. Face à la page blanche sur l'écran de mon ordinateur, je me suis sentie complètement perdue. Jamais encore je n'avais pris la parole en public à propos de la condition des femmes. Pas une seule fois. Je ne disposais pas de notes ni d'arguments massue sur lesquels m'appuyer. J'ai alors mesuré ce que ma situation avait de frappant et… pris conscience que j'avais beaucoup à dire.

J'ai commencé mon discours du lendemain en expliquant que, dans le monde des affaires, on nous apprenait à nous intégrer mais il me semblait depuis peu que ce n'était pas forcément une bonne chose. J'ai affirmé tout haut qu'il existe des différences entre les hommes et les femmes dans leur comportement et sa perception. J'ai reconnu que je le constatais moi-même en milieu professionnel et que, pour résoudre nos problèmes, nous devions pouvoir traiter de l'incidence du sexe sans que l'on s'imagine que nous implorions de l'aide, réclamions un traitement à part ou nous apprêtions à saisir la justice. Beaucoup d'idées ont jailli spontanément, ce jour-là. Je suis ensuite retournée dans le nord de la Californie et n'y ai plus pensé.

Au cours des quatre années suivantes, j'ai prononcé au sujet des femmes au travail deux discours à huis clos à l'université de Stanford devant des diplômées en activité professionnelle. Puis un jour, Pat Mitchell m'a appelée pour me dire qu'elle lançait les conférences TED à destination des femmes et m'invitait à parler des médias sociaux. Je lui ai annoncé que j'avais un autre sujet en tête et j'ai préparé une intervention sur le moyen pour les femmes de réussir en milieu professionnel (par la suite intitulée « Pourquoi trop peu de femmes détiennent le pouvoir »). Très vite, mon sujet m'a emballée. Et tout aussi vite, j'ai découvert que personne ne partageait mon emballement. Mes amis et collègues – hommes et femmes – m'ont avertie que prononcer un tel discours nuirait à ma carrière en me collant une étiquette de femme à une direction d'exploitation plutôt que de simple cadre supérieur. Autrement dit : je n'allais plus me fondre dans la masse.

J'ai craint qu'ils n'aient vu juste. Mon intervention à la conférence TED se démarquerait des précédentes. Certes, je m'adresserais à un public bienveillant mais ma prestation serait accessible en ligne où n'importe qui pourrait m'écouter, me juger et me critiquer.

Chez Facebook, bien peu ont remarqué mon intervention et ceux qui y ont prêté attention ont réagi positivement. Hors de l'entreprise, les critiques ont toutefois commencé à pleuvoir. Un ancien collègue du Trésor m'a téléphoné pour me dire que « les autres » – pas lui, bien sûr – se demandaient pourquoi je prononçais plus de discours sur les problèmes des femmes que sur Facebook. Depuis deux ans et demi que je travaillais pour Facebook, j'étais intervenue à je ne sais combien de reprises à propos de la restructuration du marketing autour du graphe social et une seule et unique fois au sujet des femmes. Quelqu'un d'autre m'a demandé : « C'est ça, ton truc, maintenant ? »

Sur le moment, je n'ai pas su quoi répondre. Aujourd'hui, je dirais « oui ». C'est devenu « mon truc » parce que la remise en cause du statu quo m'apparaît comme une nécessité. Les premières générations de femmes à entrer dans le monde des affaires ne pouvaient peut-être pas faire mieux que de ne pas créer de vagues et se fondre dans le paysage ; dans certains cas, c'est peut-être encore la voie la plus sûre. Mais une telle stratégie ne fonctionne pas pour les femmes en tant que groupe. Nous avons plutôt intérêt à prendre la parole, identifier les obstacles qui nous retiennent d'avancer et réfléchir au moyen de les surmonter.

La réaction à mon intervention à la conférence TED m'a montré qu'aborder ouvertement ces problèmes permet de débloquer la situation. Des femmes ont envoyé un lien vers la vidéo à leurs amies, collègues, filles et sœurs. J'ai reçu des e-mails et des lettres de femmes partout dans le monde me confiant qu'elles avaient grâce à moi trouvé le courage de saisir de plus amples opportunités, de prendre plus systématiquement place à table et de croire en elles.

L'une des lettres qui m'a le plus touchée m'est venue de Sabeen Virani, une consultante de Dubaï, unique femme dans un bureau où travaillent plus de trois cents hommes. Elle a réagi à mon anecdote du cadre incapable de m'indiquer les toilettes des femmes parce que, comme elle me l'a expliqué, sur son lieu de travail, il n'existe même pas de toilettes pour femmes. Sabeen m'a raconté qu'elle planchait sur une mission depuis moins d'une semaine quand son client a emmené dîner son équipe au restaurant, mais elle n'a pas pu se joindre aux autres parce que l'établissement n'autorisait pas l'entrée aux femmes. Quand on parle de prendre place à table ! Elle n'a même pas pu franchir le seuil du restaurant. Certains hommes se montraient franchement hostiles envers Sabeen. D'autres se contentaient de l'ignorer. Plutôt que de baisser les bras et de chercher un environnement professionnel plus accueillant, elle a résolu de démontrer à tout le monde la compétence des femmes au travail. À la fin, elle a rallié ses collègues à son point de vue et son client a interdit une partie des toilettes aux hommes rien que par égard pour elle. Elle m'a envoyé une photo d'elle devant une porte où un panneau indique tout simplement mais avec force « Toilettes pour femmes ».

J'ai en outre trouvé très gratifiant que les hommes aussi réagissent positivement à mon intervention. Le Dr John Probasco de la faculté de médecine de l'université Johns Hopkins m'a dit que ma conviction que les femmes sont moins enclines que les hommes à demander la parole lui semblait tout à fait fondée, aussi a-t-il décidé de ne plus attendre que ses élèves lèvent la main en cours. Il les interroge désormais, et les hommes autant que les femmes. Il n'a pas tardé à s'apercevoir que les femmes connaissaient aussi bien les réponses – voire mieux – que leurs camarades. En

un jour à peine, il a augmenté la participation des étudiantes à ses cours. Un changement anodin lui a permis d'infléchir une dynamique beaucoup plus générale.

Des changements majeurs peuvent résulter de
« coups de pouce », d'initiatives mineures encourageant un comportement différent dans les situations
décisives[4]. Il suffit de parler ouvertement de l'incidence de l'appartenance sexuelle sur certaines attitudes
pour prendre conscience de phénomènes jusque-là
inconscients. Par exemple, une disposition assez inha-
bituelle permet aux ingénieurs chez Google de poser
leur candidature à une promotion, mais la hiérarchie
s'est aperçue que les hommes s'y décidaient plus
volontiers que les femmes. L'équipe du management
en a parlé aux employées, qui se proposent aujourd'hui
plus massivement de gravir les échelons, à peu près
dans les mêmes proportions que les hommes.

Tous les retours que j'ai eus de mon intervention à
la conférence TED m'ont convaincue de la nécessité
de continuer à m'exprimer en incitant les autres à en
faire autant. Il me semble essentiel de sortir de l'impasse. Parler peut transformer les mentalités et, par
ricochet, les comportements qui, à leur tour, transfor-
meront les institutions.

Je sais que ce n'est pas facile. Aborder la question
de l'appartenance sexuelle au travail oblige à se risquer en eau trouble, pour ne pas dire bourbeuse. Il y
a là un paradoxe : nous devons admettre les différences
entre hommes et femmes alors même que nous aspirons à l'égalité de traitement. Les femmes, en particulier en début de carrière, craignent qu'en parler passe
pour un manque de professionnalisme de leur part,

comme si elles formulaient un reproche. J'ai entendu des femmes se dire frustrées de se sentir sous-évaluées ou même dépréciées au quotidien dans leur environnement professionnel. Quand je leur ai demandé si elles avaient fait part de leurs soucis à leurs supérieurs, elles m'ont répondu : « Oh non ! Je ne pourrais jamais. » Beaucoup craignent qu'élever la voix aggrave leur situation ou qu'elles écopent d'une pénalité, voire d'une mise à la porte. Il leur semble moins périlleux d'encaisser l'injustice.

Il en coûte parfois plus encore aux hommes d'aborder le sujet. Un ami à la tête d'une grosse organisation m'a confié un jour : « Il est plus aisé de parler de sa vie sexuelle en public que de la condition féminine. » Son refus de se voir cité comme l'auteur de tels propos montre à quel point il en était persuadé. Vittorio Colao, le P-DG de Vodafone, m'a dit qu'il avait montré mon intervention à la conférence TED à son équipe de managers, parce qu'il partageait ma conviction qu'il arrive aux femmes de se maintenir d'elles-mêmes en retrait. Il était en outre convaincu qu'un tel message passerait mieux venant d'une femme que d'un homme. Il n'avait pas tort. Si un homme en avait dit autant ou même laissé entendre qu'il pouvait arriver aux femmes de réduire volontairement l'éventail des possibilités qui s'offrent à elles, on l'aurait cloué au pilori.

Clore le débat irait à l'encontre de nos intérêts en freinant les progrès. Nous devons en parler, écouter, discuter, évoluer et apprendre. La majorité des managers étant des hommes, il faut qu'ils se sentent libres d'aborder ces questions avec leurs subordonnées. Quand une femme se réfugie dans un coin d'une salle de réunion, il faut qu'un homme se sente en droit de l'inviter à rejoindre les autres à table et de lui expliquer pourquoi, afin qu'elle y prenne spontanément place la fois suivante.

Ken Chenault, le P-DG d'American Express, est un pionnier de ce point de vue. Ken reconnaît ouvertement qu'au cours d'une réunion les femmes comme les hommes sont plus susceptibles d'interrompre une femme et d'attribuer à un homme le mérite d'une idée formulée par une femme. Quand il est témoin de ce genre de comportement, il attire l'attention dessus en interrompant la réunion. Une telle attitude de la part du sommet de la hiérarchie oblige les employés à réfléchir à deux fois. Une femme (ou un homme) à un échelon inférieur peut aussi intervenir quand une collègue se voit couper la parole. Il lui suffira de dire, avec douceur mais fermeté : « Avant d'aller plus loin, j'aimerais entendre ce que Unetelle a à dire. » Non seulement, la collègue en question n'aura qu'à s'en féliciter mais celui qui est intervenu en sortira valorisé, vu que défendre un tiers est signe à la fois d'assurance et d'esprit d'équipe. Autant dire que cela lui vaudra une réputation de compétence et de sympathie.

Chez Facebook, j'apprends aux managers à encourager les femmes à évoquer leurs projets de maternité pour les aider à continuer à briguer des occasions de promotion. Je laisse aux hommes la possibilité de citer mes propos si ceux-ci leur semblent trop incongrus venant d'eux. Malgré tout, il s'agit en un sens d'un cataplasme sur une jambe de bois, les autres entreprises ne suivant pas notre exemple. Il vaudrait mieux que chacun se sente autorisé à traiter le sujet, à la fois en public et à huis clos.

Un obstacle de taille réside dans le fait que beaucoup assimilent le milieu professionnel à une méritocratie. Autrement dit, nous ne considérons pas les individus comme des membres d'un groupe mais supposons que la plus grande réussite de certains se justifie par leurs capacités et non leur appartenance sexuelle. Les hommes au pouvoir n'ont généralement pas conscience des avantages que leur vaut le simple fait d'être un homme, ce qui les rend aveugles aux handicaps liés à la condition féminine. Les femmes aux échelons inférieurs estiment elles aussi tout à fait justifiée la place des hommes qui se sont hissés au sommet, elles tentent donc de s'élever en respectant les règles du jeu et en travaillant dur, au lieu de soulever certaines questions ou d'exprimer leur crainte que des préjugés faussent la donne. Il en résulte que tout le monde se rend ainsi complice de la perpétuation d'un système injuste.

D'un autre côté, il convient de veiller à ne pas mêler l'appartenance sexuelle au moindre débat. Je connais un P-DG à qui il tient beaucoup à cœur d'engager et de promouvoir des femmes. Le jour où une employée a entamé une négociation en affirmant qu'elle méritait une promotion et occupait un poste indigne de son niveau rien que parce qu'elle était une femme, il s'est tout de suite senti attaqué. Elle lui faisait part de ce qu'elle tenait pour vrai mais cela équivalait dans ce cas précis à une accusation aux retombées judiciaires. Il a suffi qu'elle présente le problème en ces termes pour ne pas laisser au P-DG d'autre choix que d'inter-

rompre leur discussion, le temps de convoquer les ressources humaines. Il aurait sans doute mieux valu pour
elle expliquer en quoi elle contribuait à la prospérité
de l'entreprise et réclamer d'abord une promotion.

Aujourd'hui encore, évoquer la condition féminine
dans un contexte professionnel met souvent mal à
l'aise. De nombreuses institutions, et c'est tout à leur
honneur, se sont donné beaucoup de mal pour sensibi-
liser aux problèmes qui y sont liés, en particulier celui
du harcèlement sexuel. Si les formations en ressources
humaines ont réussi à éveiller la conscience des salariés et contribué à leur protection, elles ont par ailleurs
brandi le spectre d'actions en justice, opposant ainsi
un réel obstacle à la discussion. Les lois fédérales ou
locales de protection des salariés contre toute forme de
discrimination stipulent qu'un employeur ne peut fonder ses décisions ni sur l'appartenance sexuelle ni sur
la grossesse ni sur l'âge. La plupart des entreprises
vont plus loin en bannissant carrément les questions
d'ordre privé. Un manager qui demande quelque chose
d'aussi anodin que « Vous êtes marié ? » ou « Vous
avez des enfants ? » peut se voir accusé de faire des
choix en fonction de la réponse obtenue. La volonté
de tendre la main à une employée en soulignant l'incidence sur son attitude de sa condition de femme peut
ainsi donner lieu à des soupçons de discrimination.

La première fois que j'ai demandé à une candidate
à l'embauche si elle songeait à fonder une famille, je
savais que je prenais le risque de me voir traîner en
justice, moi et ma société. À la différence de beaucoup
de femmes, je me trouvais en position d'évaluer ce
risque, que j'ai d'ailleurs choisi d'assumer. Je consi-

dère indispensables les lois qui s'opposent à la discrimination envers les femmes, les minorités et les
handicapés et ne suis pas en train de dire qu'il faudrait
les contourner. J'ai toutefois constaté de mes propres
yeux leur effet inhibiteur, parfois même au détriment
de ceux qu'elles sont censées aider. Je n'ai pas de solution au problème, que je laisse aux politiques et aux
experts en droit le soin de résoudre. Je pense seulement que cela vaut la peine de se pencher dessus afin
de trouver un moyen de le gérer qui s'accorde avec les
meilleures des intentions sans paralyser personne.

Beaucoup admettent l'existence de préjugés liés à
l'appartenance sexuelle... chez les autres. Nous-
mêmes, bien sûr, ne nous laisserions jamais influencer
par des a priori aussi obscurantistes et peu fondés. Sauf
que c'est le cas. Nos idées reçues sur la condition masculine et la féminité déterminent nos rapports avec nos
collègues et le jugement que nous portons sur eux. Une
étude a montré en 2012 que des scientifiques, aussi
bien hommes que femmes, valorisaient plus les C.V.
de candidats à la direction d'un laboratoire quand
ceux-ci étaient de sexe masculin, alors que rien en
dehors de cela ne les distinguait de leurs concurrentes.
Les recruteurs jugeaient les aspirantes au poste moins
compétentes, leur proposaient un salaire de départ inférieur et leur fournissaient un appui moindre, même
quand elles ne possédaient pas moins d'expérience ni
de diplômes que les autres[5]. D'autres études portant
sur des candidats à l'embauche, des postulants à des
bourses ou des musiciens auditionnant en vue de
rejoindre un orchestre ont abouti à la même conclusion : nos idées préconçues déforment notre perception

de ce qu'accomplissent les hommes et les femmes et
nous amènent à juger plus durement celles-ci[6].
Aujourd'hui encore, les évaluations ne tenant pas
compte du sexe bénéficient aux femmes[7]. Malheureusement, la plupart des recrutements passent par un
entretien de visu.

Nous sommes tous victimes d'idées préconçues, moi
y compris, que nous l'admettions ou pas. Notre
confiance en notre objectivité aggrave le problème en
créant ce que les sociologues qualifient de « tache
aveugle à l'égard des préjugés ». Ceux qui sont trop
assurés de leur impartialité omettent ainsi de compenser l'incidence de leurs a priori[8]. Sur un ensemble de
personnes devant évaluer des candidats hommes et
femmes au poste de commissaire de police, celles qui
se targuaient de la plus grande objectivité témoignaient
d'a priori plus marqués en faveur des candidats de sexe
masculin. Ce n'est pas seulement contre-productif mais
dangereux. Dans le cadre de la même étude, les éva-
luateurs ont ensuite carrément infléchi leurs critères de
recrutement afin d'assurer l'avantage aux hommes. Le
haut niveau d'études d'un candidat de sexe masculin
devenait ainsi essentiel à sa mission de commissaire
de police alors que, dans les cas où le postulant ne pos-
sédait que peu de diplômes, l'instruction passait au
second plan. Les candidates n'ont pas bénéficié de ce
genre de favoritisme. C'est même plutôt le contraire
qui s'est produit. Il suffisait qu'une femme possède
telle compétence ou formation pour qu'une importance
moindre lui soit concédée. L'horripilante conclusion
de l'étude, c'est qu'il est possible de manipuler le
« mérite » afin de justifier la discrimination[9].

Les sociologues mettent sans cesse en évidence de nouveaux exemples de partialité. En 2012, une série d'études a comparé les hommes formant des couples « modernes » (dont les épouses travaillaient à plein temps à l'extérieur) à ceux mariés à une femme au foyer (plus « traditionnels », donc). Les chercheurs se demandaient si la vie de famille d'un homme influait sur son comportement au travail. Eh bien, oui. Les hommes aux couples « traditionnels » voyaient d'un œil moins favorable que les maris « modernes » la présence des femmes au travail. Ils refusaient en outre plus souvent des promotions aux employées qualifiées et se montraient plus enclins à croire que les entreprises comptant de nombreuses femmes parmi leur personnel fonctionnaient moins bien que les autres. Les chercheurs ont supposé que les « traditionalistes », sans manifester une franche hostilité aux femmes, se comportaient en « sexistes bienveillants » – professant une bonne opinion des femmes, quoique désuète[10]. (J'ai aussi entendu employer le terme de « gentils misogynes ».) Il se peut même que ces hommes concèdent aux femmes une supériorité dans certains domaines comme la morale, ce qui les rendrait plus aptes, d'après eux, à élever des enfants, mais sans doute moins préparées à réussir en affaires[11]. Selon toute probabilité, les hommes qui partagent une telle attitude ne soupçonnent pas à quel point leurs convictions, conscientes ou non, portent du tort à leurs collègues de sexe féminin.

Un autre exemple de partialité vient de notre propension à travailler plus volontiers avec des personnes qui nous ressemblent. Les recherches menées dans vingt-neuf pays par le cabinet de consultants Innovi-

sor montrent que les hommes comme les femmes sont
plus enclins à choisir pour collaborateur quelqu'un du
même sexe[12]. Les équipes mixtes obtiennent pourtant
de meilleurs résultats[13]. Sachant cela, les managers
devraient intervenir afin de constituer des équipes plus
mélangées. Ou, au moins, signaler à leurs subordonnés leur propension à se rapprocher de ceux en qui ils
se reconnaissent, pour les inciter à faire bouger les
choses.

Mes tentatives de dénoncer les préjugés liés à l'appartenance sexuelle m'ont valu plus que ma part de
haussements de sourcils. Au mieux, mes interlocuteurs
acceptent de se remettre en question et de réfléchir à
leur aveuglement ; au pire, ils se fâchent, sur la défensive. Un exemple fréquent de partialité surgit lors des
évaluations des salariés en entreprise. Il arrive souvent
à celui qui doit noter une femme de se plaindre qu'elle
« fait merveille à son poste mais ne réussit pas autant
à s'attirer la sympathie ». Quand j'entends ce genre de
discours, je mentionne l'étude sur Heidi et Howard, et
la corrélation négative entre réussite et capital de sympathie pour les femmes. Je prie alors mon interlocuteur d'envisager la possibilité que sa subordonnée paie
le prix de son excellence en tant que femme. En général, celui-ci accorde foi à l'étude, hoche la tête, d'accord avec moi, mais se hérisse à l'idée que le sexe de
la personne évaluée ait influencé la réaction de son
équipe de managers. Il défend alors sa position en
avançant que – tenez-vous bien ! – celle qu'il doit
noter irrite autant les femmes que les hommes. Seulement, les femmes imposent à celles qui s'en sortent le

mieux une pénalité au même titre que les hommes. Elles aussi reproduisent certains a priori.

Bien sûr, toutes les femmes ne méritent pas qu'on les apprécie. Certaines s'attirent l'hostilité en raison d'un comportement qu'elles feraient mieux de revoir. Dans un monde idéal, elles bénéficieraient de critiques constructives et d'une chance d'évoluer. Il n'empêche qu'attirer l'attention sur la tendance à la partialité oblige à se demander si l'on a affaire à un simple problème de perception ou un autre plus sérieux. L'objectif consiste à accorder aux femmes ce dont profitent automatiquement les hommes – le bénéfice du doute.

Pour leur part, les femmes feraient bien d'accorder le bénéfice du doute à leurs patrons. Cynthia Hogan a été conseillère en chef du comité judiciaire du Sénat présidé par Joe Biden, avant de démissionner en 1996 à la naissance de son aîné. Elle comptait reprendre le travail au bout de quelques années. Mais la venue au monde prématurée de son cadet a bouleversé ses projets. Douze ans plus tard, Biden, alors vice-président des États-Unis, a passé un coup de fil à Cynthia pour lui proposer de rejoindre son équipe en tant que conseillère judiciaire à la Maison Blanche. « Ma première réaction a été de me dire que je n'avais plus que des pantalons de jogging dans mes placards ! » raconte Cynthia. Mais ce qui l'inquiétait le plus, c'était de trouver un moyen de cumuler des heures à n'en plus finir à la Maison Blanche tout en continuant à profiter de sa famille. Elle a très bien résumé la situation : « Je savais que ça ne pourrait marcher que grâce à deux hommes. J'ai d'abord demandé à mon mari s'il accepterait d'assumer plus de responsabilités vis-à-vis des

enfants. Il m'a répondu : "Bien sûr, ton tour est venu."
J'ai alors déclaré au vice-président que je tenais à dîner
avec mes enfants la majeure partie de la semaine. Il
m'a dit : "Ma foi, tu as un téléphone. Je peux toujours
t'appeler si j'ai besoin de toi après le dîner[14]". »

La morale de l'histoire de Cynthia est, selon elle,
qu'il ne faut pas avoir peur de demander, même s'il
nous paraît peu probable qu'on nous exaucera. Un
poste à responsabilités, en particulier après une si
longue interruption, représentait une fabuleuse opportunité. Beaucoup de femmes auraient bondi dessus, sans
même chercher à ménager du temps pour leur famille.
D'autres auraient refusé en estimant automatiquement
impossible de dîner à la maison la plupart des soirs.
Un peu de franchise a, dans ce cas précis, donné naissance à une formidable occasion à saisir.

Chaque poste exige des sacrifices. L'essentiel, c'est
d'éviter les sacrifices inutiles. C'est d'autant plus difficile que la culture du monde du travail valorise l'implication des employés à cent pour cent. Nous craignons
que mentionner nos autres priorités diminue notre
valeur aux yeux de l'entreprise. Moi aussi, j'ai dû
affronter le problème. Comme je l'ai expliqué, une fois
devenue mère, j'ai modifié mes horaires pour rentrer
chez moi à l'heure du dîner. Mais je n'ai accepté que
récemment d'en parler. Et si l'incidence de mon départ
du bureau de bonne heure a été négligeable, admettre
que je m'en allais à cinq heures et demie s'est révélé
toute une histoire.

J'ai pour la première fois évoqué mes horaires à
l'occasion du lancement de Facebook Women, un
groupe de ressources interne. L'ensemble du person-

nel de Facebook, hommes y compris, a été convié à la première réunion, animée par Lori Goler et Mike Schroepfer, le directeur de l'ingénierie. Au moment des questions à la fin, quelqu'un m'a (inévitablement) demandé comment je conciliais mon travail et ma vie de famille. J'ai dit que je quittais le bureau à temps pour dîner avec mes enfants et me remettais au boulot à domicile, une fois qu'ils dormaient. J'ai ajouté que j'en faisais part dans l'idée d'inciter d'autres à aménager à leur tour leur emploi du temps. Même si j'avais prévu d'aborder le sujet, je me suis sentie nerveuse. Des années de conditionnement m'ont appris à ne jamais laisser entendre que je ne me consacre pas à cent pour cent à mon travail. L'idée que quelqu'un, même placé sous mes ordres, mette en doute mon assiduité à la tâche, m'angoisse. Heureusement, il ne m'est rien arrivé de tel. Plusieurs employés de Facebook m'ont remerciée de ma franchise, rien de plus.

Quelques années plus tard, la productrice Dyllan McGee m'a interrogée dans le cadre de sa série d'émissions sur les femmes qui font l'Amérique. Nous avons abordé un large éventail de sujets, dont mes horaires de travail. Sitôt mise en ligne, la vidéo a suscité un débat animé. Grâce aux réseaux sociaux (bien fait pour moi !) tout le monde a dit ce qu'il pensait de mon départ du bureau à cinq heures et demie. J'ai reçu des fleurs accompagnées d'un mot de remerciement anonyme. Mike Callahan, l'avocat-conseil de Yahoo à l'époque, m'a dit que mon aveu avait reçu un écho chez plusieurs des femmes les plus haut placées au service juridique qu'il dirigeait, et qu'elles comptaient suivre mon exemple. Ken Auletta a déclaré que les

journaux ne m'auraient pas consacré plus de manchettes si j'avais tué quelqu'un à l'aide d'une hache.
J'avais beau me réjouir de lancer le débat, le surcroît
d'attention dont j'ai fait l'objet m'a donné la bizarre
impression que j'allais écoper d'un blâme ou d'une
mise à la porte. J'ai dû me persuader de l'absurdité de
mes craintes. Le battage autour de ma confession m'a
tout de même permis de mesurer la difficulté pour
quelqu'un de moins haut placé de revendiquer de tels
horaires. Il nous reste un long chemin à parcourir
avant que la plupart des entreprises n'acceptent un
minimum de flexibilité. Nous n'y parviendrons qu'à
condition de remettre inlassablement le problème sur
le tapis.

Ce n'est pas toujours aisé mais il y a de nombreux
avantages à en retirer. Il est impossible de modifier ce
que nous ignorons alors qu'il suffit d'une prise de
conscience pour faire du changement la seule option
possible.

Même une institution aussi fermement établie que
l'école de commerce de Harvard peut rapidement évoluer, à condition d'aborder de front certains problèmes.
Dans toute l'histoire de l'école (la Harvard Business
School), les étudiants américains de sexe masculin ont
obtenu de meilleurs résultats que leurs camarades de
sexe féminin ou que les étrangers. Sitôt nommé recteur en 2010, Nitin Nohria s'est donné pour mission
de combler le fossé entre les différents groupes. Il a
d'abord nommé responsable des MBA Youngme
Moon, la première femme à endosser ces fonctions
depuis plus d'un siècle qu'existait l'école. Il a par

ailleurs créé un poste pour Robin Ely, experte de la condition féminine et des minorités.

En collaboration avec la professeure Frances Frei, Moon a passé une année à décortiquer la culture de l'école. Elles se sont rendues dans chaque salle de classe pour évoquer les défis que doivent relever les femmes et les étudiants étrangers. Elles ont mis à profit ce qu'elles avaient appris pour susciter ce que Dean Nohria qualifie de « conscience accrue du problème ». Sans appeler à des bouleversements radicaux, elles se sont attaquées au plus aisément modifiable : des changements mineurs à la portée immédiate des étudiants, prêter plus d'attention au langage qu'ils emploient en classe, par exemple. Elles ont proposé une nouvelle définition communautaire de l'art de mener une équipe : « rendre les autres meilleurs par notre présence et s'assurer qu'il continuera d'en aller ainsi en notre absence ». Elles ont en outre rendu les étudiants responsables de l'incidence de leur attitude sur les autres. Ceux qui ne l'acceptaient pas devraient dorénavant en répondre. L'année suivante, l'école de commerce de Harvard a organisé des travaux de groupe, afin d'encourager à collaborer des camarades de classe peu susceptibles de travailler spontanément ensemble. Un cours d'une année sur le terrain a en outre été mis sur pied dans l'intérêt des étudiants mal à l'aise à l'idée de prendre la parole devant une assistance trop nombreuse.

Très vite, le fossé entre les résultats des uns et des autres s'est pratiquement comblé. Les hommes, les femmes et les étrangers ont reçu des distinctions proportionnelles à leur nombre. Il en a résulté un autre bénéfice. Les étudiants se sont déclarés plus satisfaits dans l'ensemble – les femmes et les étrangers mais aussi les Américains de sexe masculin, ce que beaucoup ont d'ailleurs trouvé surprenant. En somme, un environnement plus égalitaire a rendu tout le monde plus heureux. Et ce, en deux ans à peine[15].

Les avancées sociales ne nous sont jamais offertes sur un plateau. Il faut les conquérir. Les principales figures du mouvement en faveur des femmes – de Susan B. Anthony à Jane Addams en passant par Alice Paul, Bella Abzug, Flo Kennedy et tant d'autres – n'ont pas hésité à réclamer haut et fort les droits dont nous jouissons aujourd'hui. Grâce à leur courage, les mentalités et les lois ont évolué au bénéfice de tous. Avec le recul, la distance prise par mes camarades de fac et moi vis-à-vis de ce qu'ont conquis de haute lutte les premières féministes m'apparaît dépourvue de raison d'être. Nous aurions dû louer leurs efforts. Mais non, nous avons baissé d'un ton en croyant la lutte terminée et notre réticence à nous exprimer nous a causé du tort.

Aujourd'hui, je me qualifie fièrement de féministe. Si Tip O'Neill vivait encore, je lui dirais peut-être même que je me considère comme une pom-pom girl du féminisme. J'espère qu'un plus grand nombre de femmes, et d'hommes, accepteront comme moi cet éminent qualificatif. Pour l'heure, seules 24 % des femmes aux États-Unis se déclarent féministes. Pourtant, quand on définit une féministe comme « quelqu'un qui croit à l'égalité des sexes sur les plans social, politique et économique », le pourcentage de celles qui se reconnaissent dans le féminisme frôle alors les 65 %[16]. Voilà un grand pas dans la bonne direction.

Si les mots ont leur importance, je ne crois pas pour autant que le progrès dépende de notre propension à nous attribuer une étiquette. Je suis convaincue qu'il repose sur notre volonté de dénoncer haut et fort l'incidence sur chacun de nous de l'appartenance sexuelle. Nous ne pouvons plus prétendre que les a priori n'existent pas ou y remédier par une simple discussion. Comme l'a montré l'exemple de l'école de commerce de Harvard, créer un environnement plus égalitaire ne bénéficiera pas seulement à la bonne marche de nos institutions mais contribuera à notre bien-être à tous.

11.

Œuvrer ensemble à l'égalité

J'ai affirmé au début de ce livre que la condition féminine dans les pays développés n'a jamais été aussi satisfaisante, mais que la véritable égalité reste encore à imposer. Comment s'en approcher ? Nous devons d'abord admettre qu'il y a belle lurette qu'une véritable égalité aurait dû s'imposer et que nous ne l'atteindrons que lorsqu'un plus grand nombre de femmes se hisseront à la tête de tous les gouvernements et de tous les secteurs industriels. Il nous restera ensuite la rude tâche de tout mettre en œuvre pour qu'il en aille ainsi. Nous devons tous – hommes autant que femmes – reconnaître que les stéréotypes et les a priori déforment nos certitudes en perpétuant le statu quo. Au lieu d'ignorer les différences entre les sexes, nous devons les admettre et les dépasser.

Des dizaines d'années durant, nous nous sommes avant tout efforcées de laisser aux femmes le choix de travailler à l'extérieur ou non. Nous nous sommes félicitées, et à juste titre, qu'elles obtiennent enfin le droit d'en décider elles-mêmes. À présent, nous devons nous demander si, à force de mettre l'accent sur les choix personnels, nous n'avons pas échoué à inciter les femmes à briguer le pouvoir. L'heure est venue d'assurer de notre appui les jeunes filles et les femmes désireuses de prendre place à table, de relever des défis et d'aller de l'avant, professionnellement.

Aujourd'hui, en dépit de toutes les avancées obtenues, ni les hommes ni les femmes n'ont vraiment le choix. Tant que les femmes ne pourront pas s'appuyer sur des employeurs et des collègues qui les soutiennent ou sur des compagnons qui partagent les responsabilités au foyer, elles n'auront pas vraiment le choix. Et tant que la contribution des hommes à la vie de leur famille ne leur vaudra pas une pleine et entière considération, eux non plus n'auront pas vraiment le choix. L'égalité des chances n'aura d'égalité que le nom, tant que les uns et les autres ne bénéficieront pas des encouragements seuls à même de leur permettre de saisir ces chances. À ce moment-là uniquement, hommes et femmes pourront donner leur pleine mesure[1].

Nous n'arriverons à rien, à moins de viser ces objectifs ensemble. Il est nécessaire que les hommes soutiennent les femmes et, j'aimerais que cela aille sans dire, que les femmes aussi soutiennent les femmes. Deborah Gruenfeld, professeure à Stanford, l'a clairement exprimé : « Nous avons besoin de veiller les unes sur les autres, d'unir nos efforts et de former une coalition. En tant qu'individus, nous ne détenons que peu de pouvoir. Ensemble, nous représentons 50 % de la population, ce qui nous assure un réel pouvoir[2]. » Aussi évident que cela paraisse, les femmes n'ont pas toujours œuvré ensemble par le passé. À dire vrai, il

existe même de nombreux contre-exemples découra-
geants.

Nous appartenons à une nouvelle génération, aussi
nous faut-il une nouvelle approche.

À l'été 2012, Marissa Mayer, mon ancienne collègue de Google, a été nommée P-DG de Yahoo.
Quelques-uns de ses amis, le conseil d'administration
de Yahoo et moi-même savions qu'elle entamait alors
son troisième trimestre de grossesse. Bien sûr, beaucoup d'hommes débutent dans un nouveau poste à responsabilités à moins de quelques semaines de la
naissance de leur enfant, sans que personne y voie un
problème, et pourtant, l'état de Marissa n'a pas tardé
à faire les gros titres. La presse l'a mise en avant
comme la première P-DG enceinte d'une entreprise
comptant parmi les cinq cents dont le magazine *Fortune* dresse chaque année la liste. Les féministes ont
poussé des « hourra ! ». Marissa a dès lors annoncé :
« Mon congé maternité ne durera que quelques
semaines, pendant lesquelles je continuerai à travailler[3]. » L'enthousiasme de nombreuses féministes
est aussitôt retombé. Vu que s'accorder un congé aussi
court n'est ni possible ni souhaitable pour tout le
monde, elles ont argué que Marissa portait du tort à
leur cause en plaçant la barre trop haut.

Voilà donc un grand bond en avant pour la part
féminine de l'humanité et un petit pas en arrière pour
l'enfant à naître ? Bien sûr que non. Marissa est devenue la plus jeune P-DG de l'une des cinq cents entreprises classées par le magazine *Fortune*, alors qu'elle
attendait un heureux événement. Elle a elle-même
décidé comment gérer sa carrière et sa famille sans pré-

tendre que ses choix devaient s'appliquer à tout le monde. Si elle avait réduit à deux semaines les congés maternité de l'ensemble des employés de Yahoo, là oui, il aurait fallu s'inquiéter. Ça n'a pas été le cas, malgré tout, elle a essuyé bien des critiques. Même un membre d'un gouvernement européen est intervenu[4]. Comme chacun, Marissa est la mieux placée pour savoir ce dont elle est capable, compte tenu des circonstances. Ainsi que l'a en outre noté la journaliste Kara Swisher, Marissa « a un mari en mesure de s'occuper de leur enfant, ce que personne ne paraît se rappeler[5] ». Celles qui souhaitent prendre un congé de deux semaines, de deux jours, de deux ou de vingt ans méritent toutes autant les unes que les autres qu'on les soutienne pleinement.

Comme le prouve l'exemple de Marissa, les femmes aux postes de direction voient souvent leurs faits et gestes examinés à la loupe. Étant donné que ceux qui détiennent le pouvoir sont en majorité des hommes, il n'est pas possible, en ce qui les concerne, de généraliser à partir d'un cas isolé. Le peu de femmes au pouvoir incite en revanche à considérer ne serait-ce que l'une d'entre elles comme représentative des autres[6]. Vu que les femmes au pouvoir inspirent fréquemment du mépris ou de l'hostilité, les généralisations dont elles font l'objet revêtent une importance critique. Outre leur côté injuste, elles renforcent le stigmate qui s'attache à la réussite des femmes en les rendant antipathiques. Ce qui m'est arrivé en mai 2012 l'illustre parfaitement : un blogueur du magazine économique *Forbes* a intitulé l'un de ses posts « Sheryl Sandberg : la nouvelle coqueluche de la Silicon Valley – dans la

droite ligne de Kim Polese. » Il a commencé en présentant Kim, chef d'entreprise du secteur des nouvelles
technologies, comme une « pionnière » des années 1990
qui, sans vraiment mériter son succès, « s'est trouvée
au bon endroit au bon moment [...] jeune, jolie, belle
parleuse ». Le blogueur affirmait ensuite : « Selon moi,
le précédent créé par Polese doit nous mettre en garde
contre... Sheryl Sandberg[7]. » Aïe !

Même si Kim et moi ne nous connaissions pas personnellement avant l'incident, elle a pris notre défense
à toutes les deux. Elle a reconnu, dans une lettre
ouverte, qu'à la lecture du post, sa « première pensée
a été : comme c'est triste ! Comme c'est triste qu'en
tant que société et qu'en tant que secteur industriel,
nous n'ayons pas progressé en vingt ans dans notre
perception des femmes au pouvoir. De même que tant
de précédents articles de journalistes paresseux imbus
de préjugés, celui-là se trompe ». Une fois rétablie la
vérité, Kim a enfoncé le clou : « De tels points de vue
ne sont que trop répandus et symptomatiques d'un système généralisé qui déprécie, rabaisse et marginalise
les femmes au pouvoir[8]. » Un si grand nombre de voix
se sont élevées pour accuser le blogueur de sexisme
qu'il a publié en ligne des excuses assorties d'une
rétractation[9].

J'ai été reconnaissante à Kim de m'avoir soutenue
haut et fort. Plus il y aura de femmes à prendre la
défense les unes des autres, mieux cela vaudra. Malheureusement, il n'en va pas systématiquement ainsi.
Encore moins quand il s'agit de prendre position sur
un problème lié à l'appartenance sexuelle. Les attaques
contre Marissa liées à son congé maternité ont presque

toutes émané d'autres femmes. Je suis moi aussi passée par là. Tout le monde raffole des empoignades, surtout quand elles prennent un tour personnel. Les médias n'en finissent pas d'épiloguer sur les femmes qui s'acharnent sur d'autres, détournant ainsi l'attention des vrais problèmes. Quand le débat se résume à « elle a dit que... alors qu'elle prétend que... » tout le monde y perd.

N'importe quel mouvement social doit affronter des dissidences internes, notamment parce qu'il est peu probable que les champions d'une cause, passionnés par celle-ci, s'accordent sur la totalité de leurs prises de position. Betty Friedan est connue pour avoir assez stupidement refusé de collaborer avec Gloria Steinem – ou même de lui serrer la main. Elles ont toutes deux énormément œuvré pour les droits des femmes. Que serait-il advenu si elles avaient réussi à unir leurs efforts ? N'auraient-elles pas fait avancer encore plus leur cause ?

Nous sommes tellement nombreuses à prendre ces questions à cœur. Nous devrions nous efforcer de passer outre nos différends au plus vite et, en cas de désaccord, de rester concentrées sur nos objectifs communs. Je n'appelle pas ici à circonscrire le débat mais à le rendre plus constructif. Dans le cas de Marissa, il eût été formidable d'insister avant tout sur ce qu'elle avait accompli en tant que pionnière. Son exemple aurait pu inciter d'autres entreprises à confier à des femmes enceintes des postes à responsabilités, ou de futures mères à s'y porter candidates. En dépréciant ce qu'a réussi Marissa, les attaques dont elle a fait l'objet nous ont nui à toutes.

Il est douloureux de reconnaître qu'un obstacle à l'accession d'un plus grand nombre de femmes au pouvoir est parfois venu de celles qui le détenaient déjà. Les femmes des générations antérieures à la mienne estimaient, pour l'essentiel à raison, que l'on ne laisserait qu'une seule d'entre elles gravir les plus hauts échelons d'une entreprise, quelle qu'elle soit. À l'époque où les efforts en vue de l'égalité restaient plus symboliques qu'autre chose, les femmes, plutôt que de s'unir contre un système injuste, se considéraient comme des concurrentes. L'ambition alimentant l'hostilité, elles finissaient au mieux par s'ignorer ; au pire, par saper les tentatives de s'en sortir, les unes des autres.

Dans les années 1970, le phénomène s'est tant répandu que le terme de « reine des abeilles » en est venu à qualifier une femme détenant, en particulier dans un secteur industriel dominé par les hommes, des prérogatives dont elle usait pour maintenir dans un état d'infériorité les « ouvrières ». Certaines ne cherchaient par ce biais qu'à garantir leur survie. D'autres réagissaient ainsi parce qu'elles avaient grandi dans une société convaincue de la supériorité des hommes sur les femmes. En ce sens, le comportement des « reines des abeilles » entretenait la discrimination fondée sur l'appartenance sexuelle, alors même qu'il en découlait. Les reines des abeilles, ayant intériorisé la situation peu enviable des femmes, n'aspiraient qu'à se mêler aux hommes pour se sentir dignes d'estime. Souvent, leur volonté de maintenir le statu quo en se refusant à promouvoir d'autres femmes leur valait des récompenses[10].

Malheureusement, la conviction qu'il « ne peut y en avoir qu'une » persiste encore aujourd'hui. Continuer à nous croire en compétition les unes contre les autres n'a plus de sens, pourtant c'est ce que certaines s'imaginent. Il arrive à des femmes de mettre en doute l'implication de leurs collègues du même sexe dans leur carrière, leur capacité à s'imposer ou à diriger une équipe[11]. Une étude a montré que les femmes professeurs jugeaient les doctorants de sexe masculin plus motivés par leur carrière que leurs camarades femmes, alors même qu'un sondage n'avait mis en évidence aucune différence entre eux de ce point de vue[12]. D'autres recherches amènent à penser que la réussite d'une femme, en particulier dans un environnement où s'exercent des discriminations liées à l'appartenance sexuelle, réduit sa capacité à remarquer leur existence[13].

L'idée qu'une femme puisse mettre des bâtons dans les roues à une autre a de quoi briser le cœur. Comme l'a dit l'ancienne secrétaire d'État Madeleine Albright : « Il y a une région de l'enfer réservée aux femmes qui refusent de venir en aide à leurs consœurs[14]. » Les conséquences vont bien au-delà d'une souffrance individuelle. La mauvaise opinion qu'entretiennent les femmes de leurs collègues du même sexe passe souvent pour objective, plus crédible que le point de vue d'un homme[15]. Les femmes qui reprennent à leur compte les préjugés liés à l'appartenance sexuelle légitiment ceux-ci. Il semble évident que l'attitude négative d'une femme envers une autre ne puisse pas s'expliquer par un a priori lié à son sexe. Non ? Eh bien, non justement ! Le plus souvent sans s'en rendre

compte, les femmes intériorisent des idées reçues déva-
lorisantes dont elles se font l'écho. De fait, elles ne
sont pas seulement victimes mais aussi complices d'un
certain sexisme.

Il y a toutefois lieu d'espérer qu'une telle attitude
change. Une récente étude a montré que les « femmes
à fort potentiel » dans le monde des affaires souhaitent « renvoyer l'ascenseur », 73 % d'entre elles ont
tendu la main à d'autres pour les aider à mettre en
avant leurs talents[16]. Presque toutes les femmes que
j'ai rencontrées dans un contexte professionnel se sont
mises en quatre pour m'aider. En tant que stagiaire
chez McKinsey, j'ai fait la connaissance de Diana Farrell, une consultante vedette, à l'occasion d'un séminaire dans le Colorado. Elle venait de prendre la
parole dans un panel auquel j'avais assisté, quand
nous nous sommes croisées par hasard aux toilettes
– où, sinon ? Nous avons engagé une conversation qui
s'est poursuivie au-delà des lieux d'aisances et je
considère aujourd'hui Diana comme une proche amie
de confiance. Des années plus tard, elle a compté
parmi les rares personnes à m'encourager à rejoindre
Google.

Plus il y aura de femmes à s'entraider, plus nous
aiderons notre cause. Former une coalition nous garantit de fait des résultats. En 2004, quatre cadres de Merrill Lynch ont pris l'habitude de déjeuner ensemble une
fois par mois. Elles partageaient leurs réussites et leurs
frustrations. Elles réfléchissaient ensemble à la bonne
marche de leur société. À la fin du repas, elles retour-
naient chacune à leur bureau vanter ce qu'avaient
accompli les autres. Si elles ne pouvaient pas elles-

mêmes se mettre en valeur, il leur était en revanche aisé de s'en charger à la place de leurs collègues. Elles ont toutes mené une brillante carrière qui leur a valu à chacune un poste de cadre de direction[17]. Plus question ici de reine des abeilles ! La ruche n'en est devenue que plus forte.

Je sais bien que toutes les femmes ne bénéficient pas du soutien les unes des autres, pourtant, bizarrement, nous nous attendons à ce qu'il en aille ainsi. La plupart des femmes ne tablent pas sur le fait que les hommes leur tendront la main, en revanche, nous estimons normal qu'un lien s'établisse entre nous et nos consœurs. Nous attribuons d'emblée aux femmes le souci de la communauté, et peut-être bien du fait de nos a priori. À un moment de ma carrière, il m'a semblé qu'une femme haut placée me traitait mal. Elle se plaignait de moi et de mon équipe dans mon dos, sans se résoudre à évoquer ce qui lui posait problème, même quand je le lui demandais franchement. Quand elle m'a été présentée, je nourrissais de grands espoirs d'en faire mon alliée. Lorsqu'il s'est avéré que non contente de ne pas m'aider, elle tentait de me nuire, je me suis sentie trahie, plus encore que déçue.

Sharon Meers m'a expliqué par la suite que ma réaction était prévisible. Les hommes comme les femmes réclament plus d'attention et de chaleur humaine de la part de leurs collègues de sexe féminin. Nous attendons des femmes plus de gentillesse et nous mettons en colère quand elles ne se conforment pas à nos espoirs. « Selon moi, cela explique en grande partie que l'on reproche aux femmes cadres leur "mesquinerie" envers leurs consœurs, m'a confié Sharon. Je crois que le problème vient de la disparité de nos exigences vis-à-vis de nos supérieurs hommes et femmes. »

J'admets aujourd'hui que, si j'avais eu pour supérieur un homme adoptant la même attitude envers moi, en dépit de ma frustration, je n'aurais pas ressenti aussi personnellement l'affront. Il est temps de ne plus appliquer aux femmes des critères de jugement à part. L'appartenance sexuelle ne devrait ni grossir à la loupe ni excuser une attitude grossière ou méprisante. Nous devrions exiger un minimum de professionnalisme et de gentillesse de la part de tous.

Tout groupe de soutien aux femmes se doit d'inclure des hommes, beaucoup ne se préoccupant pas moins qu'elles de l'égalité des sexes. En 2012, Kunal Modi, un étudiant de la Kennedy School de Harvard, a publié un article appelant les hommes à « traiter en hommes dignes de ce nom les problèmes liés au travail et à la vie de famille ». Selon lui, « dans l'intérêt de la bonne marche des entreprises américaines et de leurs actionnaires, les hommes doivent *activement* s'assurer qu'on encourage les jeunes travailleurs les plus talentueux (souvent des femmes...) à promouvoir leur propre avancement [...]. Vous les hommes qui me lisez, engagez-vous dès à présent avec moi, non pas dans un esprit paternaliste qui en fasse une démarche altruiste marginale par égard pour nos mères, nos épouses ou nos filles, mais dans notre intérêt à tous, dans celui de nos entreprises et de l'avenir de notre pays[18] ».

J'applaudis au message de Kunal, d'autant qu'il insiste sur la nécessité d'une démarche active. Les hommes de tous âges doivent s'engager à augmenter la proportion de femmes au pouvoir. Ils pourraient commencer par chercher des candidates qualifiées à l'embauche. Et s'ils n'en trouvent pas, il faudra recruter et promouvoir plus de femmes pour leur permettre d'acquérir l'expérience nécessaire.

Une croisade du type « nous contre eux » ne nous approchera pas d'une égalité digne de ce nom. Pas plus qu'une croisade du genre « nous contre nous », qualifiée de « guerre des sexes » par Joan Williams, professeure de droit à la faculté de Hastings de l'université de Californie. Ce genre de conflits se livrent sur plusieurs fronts à la fois, mais ce sont encore ceux qui opposent les mères au foyer à celles qui travaillent à l'extérieur qui focalisent le plus l'attention. Comme l'explique la professeure Williams : « La guerre des mères prend une tournure particulièrement amère, parce que l'identité de l'un et de l'autre groupe se trouve en jeu, du fait de l'incompatibilité de leurs idéaux. L'employée modèle est par définition toujours disponible au travail, alors que la "bonne mère" est, elle, toujours disponible pour ses enfants. Celles qui s'identifient à une employée modèle doivent donc prouver que, même si elles ne sont pas toujours présentes, leurs enfants vont bien, très bien, merci. Celles qui ont rejeté cet idéal en mettant en sourdine leur carrière (voire en tirant une croix dessus) se sentent tenues de prouver que leur renoncement était indispensable au bien-être de leur famille. Du coup, chaque groupe juge l'autre, parce qu'aucun n'a su s'en tenir à un idéal inaccessible[19]. »

La professeure Williams a tout à fait raison. La possibilité de choisir implique que toutes ne fassent pas les même choix, d'où les conflits qui surgissent entre nous. Il y aura toujours un coût d'opportunité à payer, d'ailleurs je ne connais aucune femme satisfaite de l'ensemble des décisions qu'elle a prises. Il en résulte que nous reprochons à notre insu notre insatisfaction à celles qui nous rappellent la voie que nous n'avons pas suivie. La culpabilité et le manque d'assurance nous amènent à nous critiquer rétrospectivement et à nous en vouloir les unes les autres.

Dans une lettre à la revue *The Atlantic* de juin 2012, Debora Spar, la présidente du Barnard College, a évoqué ce sentiment complexe en réfléchissant à la raison pour laquelle tant de femmes qui réussissent s'en veulent, à commencer par elle-même. À l'en croire, c'est parce qu'en tant que femmes « nous nous sommes efforcées toute notre vie de prouver que nous avons repris le flambeau du féminisme. Que nous n'avons pas trahi nos mères et nos grand-mères, sans lesquelles nos ambitions n'auraient pas pu se réaliser. Malgré tout, au fond de nous, nous les trahissons. Parce que le féminisme n'était pas censé éveiller en nous de culpabilité ni nous pousser à une compétition permanente où c'est à celle qui élèvera le mieux ses enfants, formera le couple le plus coopératif ou se contentera du temps de sommeil le plus court. Le féminisme était censé nous libérer – nous donner non seulement le choix mais la capacité de choisir sans subir l'impression constante que, d'une manière ou d'une autre, nous faisons fausse route[20] ».

Les mères au foyer éveillent en moi une certaine culpabilité et, parfois même, m'intimident. À certains moments, j'ai l'impression qu'elles me jugent et j'imagine qu'il leur arrive de penser qu'à mon tour, je les juge. Au-delà de ma culpabilité et de mon manque d'assurance, j'éprouve toutefois de la reconnaissance envers elles. Les parents au foyer – en majorité des mères – comptent pour une bonne part des personnes de talent qui nous aident à faire fonctionner nos écoles et nos associations à but non lucratif. Vous vous rappelez la mère qui m'a fait remarquer que mon fils aurait dû s'habiller en vert le jour de la Saint-Patrick ? C'est une infatigable bénévole à l'école et dans notre quartier. Nombreux sont ceux qui bénéficient de ce qu'elle accomplit.

Le labeur de ceux qui ne perçoivent pas de salaire a longtemps été sous-estimé. Ma mère l'a d'ailleurs ressenti comme un affront. Pendant dix-sept ans, elle a travaillé à temps plus que complet à la maison et au bénéfice des juifs d'Union soviétique. Elle savait ses efforts récompensés par leur incidence sur le destin de victimes de persécutions à l'autre bout du monde, néanmoins, beaucoup dans notre quartier estimaient ce qu'elle réalisait moins important qu'un « vrai travail ». Elle passait pour « une simple femme au foyer » – assumant la tâche non rémunérée mais pourtant ardue d'élever des enfants et de défendre les droits de l'homme.

Nous aspirons tous à la même chose : nous tenir pour satisfaits de nos choix et voir notre entourage leur attacher de la valeur. Commençons donc par reconnaître la valeur de ce que nous accomplissons, les uns les autres. Il serait bon que les mères en activité professionnelle considèrent comme un réel travail celui qu'effectuent les mères au foyer. Celles-ci devraient pour leur part respecter celles qui ont fait un autre choix que le leur.

Voici quelques années, lors d'une visite à l'Acadé-
mie navale des États-Unis, j'ai rencontré une femme
extraordinaire, parmi les premières à rejoindre les
forces sous-marines en tant qu'officier. Son entrée en
fonction imminente la rendait nerveuse : elle savait
qu'il ne lui serait pas facile d'assumer son rang, compte
tenu de son sexe. Je l'ai priée de me tenir au courant
de la suite des événements. Un an plus tard, elle m'a
écrit un courrier qui venait du fond du cœur : « Honnêtement, je m'étais préparée à me heurter à une opposition, et à l'éventualité qu'on me déprécie, m'a-t-elle
écrit. Ça n'a pourtant pas été le cas. J'ai eu droit au
respect dès mon embarquement et je peux affirmer que
je me sens appréciée à ma juste valeur en tant que
membre de l'équipage. » Malheureusement, elle m'a
confié souffrir d'un certain ressentiment – de la part
des épouses de ses collègues militaires. Lors d'un dîner
de bienvenue, celles-ci l'ont subitement attaquée en la
traitant de « féministe brûle-soutif décidée à prouver
on ne sait quoi ». Elles l'ont mise en demeure de justifier son choix de carrière, sa réputation et sa vie privée. « J'en suis restée sous le choc ! Bonjour le
malaise ! m'a-t-elle confié. J'ai répondu à leurs questions en me défendant de mon mieux. Elles ont fini par
me laisser tranquille pour s'en prendre à mon mari. »
Nous devons œuvrer plus dur pour dépasser ce stade.
Il faut dès à présent conclure la guerre des sexes par
une paix durable. Nous n'atteindrons l'égalité, la vraie,
qu'à condition de combattre tous autant que nous
sommes les stéréotypes qui nous empêchent d'aller de
l'avant. Voir dans les choix d'autrui une menace personnelle nous porte un coup à tous. Nous ferions mieux

de canaliser notre énergie afin d'échapper à ce cercle vicieux.

Sharon Meers raconte qu'à une réunion de parents d'élèves où ceux-ci devaient présenter chacun leur tour leur père et leur mère, sa fille Sammy a montré du doigt son père et lâché : « Voici Steve, il construit des immeubles, un peu comme un architecte, et il adore chanter. » Elle s'est ensuite tournée vers sa mère. « Voici Sharon, elle a écrit un livre, elle travaille à plein temps et ne vient jamais me chercher à l'école. » C'est tout à l'honneur de Sharon qu'une telle déclaration n'ait pas éveillé en elle de culpabilité. « Les normes sociales qui empêchent ma fille de se sentir intégrée, tout ça parce que sa mère ne s'y conforme pas, m'ont mise en rage. »

L'objectif consiste à bâtir un monde où de telles normes cesseraient d'exister. Si un plus grand nombre d'enfants croisaient des pères à la sortie de l'école et connaissaient des mères en activité professionnelle, les filles comme les garçons verraient de plus amples possibilités s'offrir à eux. Ce que l'on attend d'eux ne dépendrait dès lors plus de leur sexe mais de leurs aptitudes et de leurs centres d'intérêt.

J'ai bien conscience que la plupart des femmes ne cherchent pas avant tout à modifier les normes sociales au bénéfice de la prochaine génération mais tentent simplement de venir à bout d'un jour après l'autre[21]. J'ai aussi conscience que beaucoup de femmes de talent font de leur mieux pour se hisser au sommet mais se heurtent à des obstacles inhérents au système. Tant d'autres battent en retraite parce qu'elles pensent ne pas avoir le choix. Cela me ramène à la conviction bien ancrée de Leymah Gbowee qu'il faut plus de femmes au pouvoir. Il suffirait que les instances qui nous gouvernent décrètent un changement de politique pour que celui-ci ait lieu. Google a réservé des places de stationnement aux femmes enceintes à partir du moment où je l'ai réclamé et la mesure a perduré bien après mon départ de l'entreprise. Nous devons œuvrer sur tous les fronts.

Ma mère n'a pas pu choisir entre autant de possibilités que moi mais, grâce au soutien de mon père, elle a toujours travaillé dur. Quand j'étais petite, elle a résolu de se consacrer à ses enfants et au bénévolat. À mon entrée à la fac, elle a repris des études en vue d'enseigner l'anglais en tant que langue étrangère. Elle a été professeure à plein temps pendant quinze ans, convaincue d'avoir trouvé là sa vocation. « À un moment, on m'a demandé d'assumer l'administration de l'établissement où je donnais des cours, m'a confié ma mère. J'ai refusé, aimant mieux rester en classe auprès de mes élèves. J'étais alors arrivée là où je le souhaitais. »

En 2003, ma mère a cessé de travailler pour s'occuper de ses parents souffrants. Navrée d'abandonner l'enseignement, elle n'a pourtant pas remis en cause sa principale priorité : la famille. Après le décès de mes grands-parents, elle a repris une activité professionnelle en fondant une organisation à but non lucratif (Ear Peace : Save Your Hearing), chargée de prévenir la perte d'audition due à l'exposition au bruit chez les jeunes. À soixante-cinq ans, elle a renoué avec l'enseignement qu'elle aime tant en animant des ateliers et en intervenant auprès d'élèves du primaire aussi bien que de lycéens.

Ma mère est toujours allée de l'avant. Elle a élevé ses enfants, aidé ses parents à vivre leurs dernières années paisiblement et dignement et demeure aujourd'hui encore une épouse, une mère et une grand-mère aimante et dévouée. Elle n'a pas cessé d'apporter sa contribution à la communauté dans laquelle elle vit ainsi qu'au reste du monde. Elle est pour moi une source d'inspiration constante.

Ma mère souhaite que notre société parvienne à une véritable égalité. Elle voit bien les obstacles qui se dressent encore devant les femmes mais voit aussi de nouvelles opportunités s'offrir à elles. Elle se dit convaincue que ce que j'ai accompli, et plus encore, reste à la portée de beaucoup d'autres. Je suis d'accord avec elle. Et le plus important, c'est que beaucoup de femmes que j'ai rencontrées en pensent autant. Pleines d'énergie, d'optimisme et d'assurance, elles avancent dans la cage à grimper en s'approchant un peu plus à chaque pas de leur rêve.

C'est à nous qu'il revient d'en finir avec la conviction, vouée à se traduire dans les faits, que « les femmes ne peuvent pas faire ceci ou cela ». Lever les bras au ciel en concluant « ça n'est pas possible » nous garantira en effet que ce ne sera jamais le cas.

J'ai écrit ce livre pour encourager les femmes à nourrir des rêves ambitieux, à se frayer un chemin entre les obstacles qui leur barrent la route et à réaliser leur potentiel. J'espère que chacune déterminera ses propres objectifs et s'efforcera de les atteindre avec enthousiasme. Et j'espère que chaque homme assumera sa part de soutien aux femmes, au travail et au foyer, là aussi avec enthousiasme. Dès lors que nous mettrons à profit les talents de toute la population, nos institutions gagneront en productivité, nous vivrons plus heureux en famille et nos enfants cesseront de se sentir bridés par des stéréotypes étriqués.

Je sais que se hisser au sommet de l'organisation qui les emploie n'est pas le but premier de beaucoup de femmes. Mon intention n'est ni de les exclure ni d'ignorer leurs préoccupations légitimes. Je reste persuadée que, si plus de femmes allaient de l'avant, nous parviendrions à modifier la répartition du pouvoir en élargissant l'éventail des possibles pour nous toutes. Un plus grand nombre de femmes au pouvoir garantira un traitement plus juste à l'ensemble des femmes. C'est sur le partage de l'expérience que se fonde l'empathie à même de susciter les changements institutionnels indispensables.

Certains se sont moqués de ma conviction qu'une fois au pouvoir, les femmes viendront en aide les unes aux autres, vu qu'il n'en a pas toujours été ainsi[22]. Je suis pourtant prête à parier là-dessus. Les premières femmes à se hisser à des postes de direction formaient un tout petit groupe et, pour survivre, la plupart ont tenté de leur mieux de s'intégrer plutôt que de tendre la main à leurs consœurs. Les femmes qui accèdent au pouvoir aujourd'hui sont de plus en plus enclines à prendre la parole. Plus il y aura de femmes au sommet, moins elles subiront de pression pour se conformer aux normes masculines et plus elles agiront en faveur de leurs consœurs. Les recherches actuelles laissent déjà entendre que les entreprises où un plus grand nombre de femmes détiennent des postes clés appliquent des politiques plus efficaces de conciliation entre famille et travail, accusent une disparité moindre entre la rémunération des hommes et des femmes cadres et emploient plus de femmes aux échelons intermédiaires[23].

Grâce au dur labeur des générations antérieures à la nôtre, l'égalité se trouve aujourd'hui à notre portée. Nous pouvons combler le fossé entre hommes et femmes au pouvoir dès maintenant. La réussite de chacune d'entre nous facilitera celle des autres. C'est à notre portée — et dans notre intérêt, celui de nos fils et de nos filles. Si nous concentrons nos efforts maintenant, la prochaine vague pourra bien se révéler la dernière. À l'avenir, les femmes au pouvoir ne seront plus perçues en tant que telles. On les considérera en raison de leur pouvoir, un point c'est tout.

Quand Gloria Steinem est descendue dans la rue se battre pour nous garantir les choix qu'un si grand nombre d'entre nous considérons aujourd'hui comme un dû, elle a cité les propos de Susan B. Anthony, qui avait elle aussi défilé dans les rues auparavant, et conclu : « Notre mission ne consiste pas à donner satisfaction aux jeunes femmes mais à entretenir leur insatisfaction pour qu'elles poursuivent la lutte[24]. » La remarque n'a pas perdu de sa pertinence. Nous devons nous satisfaire de ce que nous avons obtenu mais pas du statu quo. L'insatisfaction alimente la volonté d'imposer des changements. Nous devons poursuivre le combat.

La lutte en vue d'une égalité digne de ce nom continue. Dans les couloirs des administrations, des entreprises, des universités, des hôpitaux, des cabinets d'avocats, des associations à but non lucratif, des laboratoires de recherche et de toutes les institutions, petites ou grandes. Nous devons aux générations qui nous ont précédées, et à celles qui nous suivent, de ne pas déposer les armes. Je reste convaincue que les femmes sont capables d'assumer plus de responsabilités au travail. Et je reste convaincue que les hommes sont en mesure de plus participer à la vie de leur famille. Et je crois fermement qu'adviendra ainsi un monde meilleur, où les femmes dirigeront une institution sur deux et où les hommes s'occuperont d'un foyer sur deux.

J'aspire à l'avènement du monde dont je rêve pour tous les enfants – y compris, bien sûr, les miens. Mon principal espoir, c'est que mon fils et ma fille puissent décider quoi faire de leur vie, sans que des obstacles internes ou externes les ralentissent ou les amènent à remettre en cause leurs choix. Si mon fils souhaite se charger de la délicate mission d'élever des enfants à plein temps, j'espère que cela lui vaudra soutien et respect. Et si ma fille souhaite travailler à plein temps à l'extérieur, j'espère que ce qu'elle accomplira, non seulement lui vaudra soutien et respect, mais lui attirera de la sympathie.

J'espère qu'ils arriveront tous deux là où ils le désirent. Et quand ils auront découvert ce qui les passionne, j'espère qu'ils continueront l'un comme l'autre d'aller de l'avant – jusqu'au bout.

Continuons à en parler…

Mon objectif n'est pas ici de mettre un terme à la discussion mais au contraire de lui donner une impulsion.

Je vous invite à continuer à débattre avec moi en rejoignant la communauté Lean In à l'adresse suivante : www.facebook.com/leaninorg. Continuons donc à parler de ces questions et à nous soutenir mutuellement. Hommes et femmes de tous âges sont les bienvenus.

Je vous encourage en outre à vous connecter à www.leanin.org où vous trouverez conseils pratiques et récits d'expériences personnelles à même de vous aider à atteindre votre but. Vous pourrez aussi explorer des thématiques clés pour votre réussite – depuis l'art de négocier jusqu'à celui de mesurer vos atouts. Libre enfin à vous de créer ou rejoindre un cercle Lean In – un petit groupe qui se réunit régulièrement pour se prodiguer des encouragements et aller de l'avant.

REMERCIEMENTS

Ma reconnaissance va aux nombreuses personnes qui ont
cru dans mes idées et ont tant donné d'elles-mêmes pour
rendre possible la publication d'*En avant toutes*.

J'adresse mes plus sincères remerciements à celle qui a
tenu ici avec moi la plume : Nell Scovell. Nell et moi rédi-
geons ensemble des discours depuis la conférence à l'Aca-
démie navale de 2011 où j'ai pour la première fois employé
l'expression qui a donné à mon livre son titre original (*Lean
in*). Au moment où l'idée de ce projet m'est venue, j'ai dû
admettre que je n'accepterais de me lancer qu'à condition
que Nell collabore avec moi. Nell m'a répondu qu'elle était
« dedans à cent pour cent », ce qui en dit long sur son implication. Elle a marqué une pause dans son travail de journaliste, de scénariste et productrice pour la télévision, afin d'en
faire sa priorité. Elle y a consacré des soirées de veille, des
petits matins, des fins de semaine et des vacances, rien que
pour se coordonner à mon emploi du temps chargé. Surtout,
elle n'a eu de cesse que de chercher le ton qu'il fallait pour
aborder ces questions complexes hautement sensibles. Le
talent de Nell pour choisir le mot juste n'a d'égal que son
sens de l'humour et son inébranlable conviction qu'un plus

grand nombre de femmes au pouvoir débouchera sur un monde plus juste et meilleur. Je lui suis reconnaissante, non seulement de sa maîtrise du langage et de son entier dévouement mais aussi de son amitié à laquelle j'attache aujourd'hui une grande valeur. Elle a exprimé avec sincérité ce qui lui tient à cœur, à chaque page de ce livre.

Marianne Cooper s'est elle aussi vouée corps et âme à ce livre pendant un an et demi. En tant que sociologue à l'Institut Clayman de recherche sur l'appartenance sexuelle de l'université de Stanford, spécialiste des inégalités sociales et sexuelles, Marianne a, par ses amples connaissances, réuni l'essentiel de la documentation à la base de ce livre. Rigoureuse dans son approche, elle a su, grâce à sa capacité de synthèse inégalée, rendre concises, compréhensibles et convaincantes des quantités d'études. J'ai beaucoup appris de ses raisonnements limpides, de son intuition toujours juste et de sa rigueur analytique.

Ce livre n'aurait pas vu le jour sans Jennifer Walsh. Par la force de sa conviction et de sa volonté et son refus sans appel de s'en tenir à une réponse négative, Jennifer m'a convaincue d'écrire ce livre. Elle m'a prévenue que je m'engagerais ainsi sur un chemin personnel décisif ; ce en quoi elle ne s'était pas trompée. À mes côtés du début à la fin, elle m'a fourni des conseils et des encouragements, me rappelant aux moments clés la raison d'être de mon projet.

Mon éditrice Jordan Pavlin a tant cru à mon livre qu'elle lui a consacré de longues heures pendant de longs mois, avant même que je ne me décide pour de bon à l'écrire. Elle a joué un rôle décisif au moment de donner corps à mes idées de départ, avant de les étoffer jusqu'à ce qu'elles donnent matière à des chapitres. Jordan n'a pas pris connaissance d'une seule anecdote qu'elle n'ait cru nécessaire de développer et m'a sans cesse poussée à plus faire part de mon expérience et de mon ressenti. Je dois aussi une fière chandelle à Sonny Mehta, directeur éditorial chez Knopf, dont le soutien sans faille a maintenu ce projet sur la bonne voie.

Les conseils de David Dreyer et Eric London, en qui je place une entière confiance, m'ont été indispensables. Ces brillants hommes de l'art ont examiné mes moindres brouillons, du premier au dernier. Ils ont appliqué leur jugement sans faille et leur expertise en communication, aussi bien à la révision de la structure de ce livre qu'à la supervision de menus détails. Ils ont toujours (oui, toujours) été pertinents, capables d'envisager les choses sous différents angles et m'ont livré leurs conseils sans se faire prier et avec humour. Elliot Schrage, Brandee Barker, Sarah Feinberg, Debbie Frost et en particulier Ashley Zandy m'ont fourni un soutien inestimable. Ce fut un plaisir de collaborer étroitement avec Ellen Feldman et Amy Ryan. Je n'ai bientôt plus été en mesure de me passer de la précision avec laquelle elles choisissent leurs mots, de leur soin du détail et de leur infinie patience. L'enthousiasme de Gina Bianchini, Rachel Thomas et Debi Hemmeter pour le message que j'ai délivré ici s'est traduit par la création de la communauté Lean in.

L'équipe de WME a donné le meilleur d'elle-même à tous les niveaux. Ari Emanuel a marqué le coup d'envoi de ce projet en me présentant à Jennifer. Je lui sais gré de son amitié, de même que de ses coups de fil toujours drôles et encourageants pour savoir où j'en étais. Tracy Fisher s'est chargée de tout le travail avec l'étranger. Sa volonté sans faille de gérer le moindre aspect de la publication et du lancement de mon livre n'a pas de prix. Je m'en suis largement remise à ses conseils d'experte. Je garde en outre une dette envers Theresa Brown, Margaret Riley, Kathleen Nishimoto, Caitlin Moore, Raffaella De Angelis, Laura Bonner, Annemarie Blumenhagen, Eric Zohn, Michelle Feehan, Rachel

McGhee, Covey Crolius, Olivia Shean, Caitlin Mahony, Janine Kamouh et David Young.

Je tiens à exprimer ma gratitude et mon enthousiasme à l'équipe des éditions Lattès, chapeautée par l'extraordinaire Isabelle Laffont. En tant que directrice générale des éditions Lattès, Isabelle offre un modèle à suivre aux femmes, consciente de ce qu'une telle mission implique. En tant que directeur littéraire, Laurent Laffont a joué un rôle clé. J'aimerais remercier tout spécialement Eva Bredin Wachter, auteur d'une lettre aussi charmante que touchante sur sa réaction à mon livre. Son optimisme quant à l'avenir m'emplit d'espoir. Joan Schlottenmeier a elle aussi été indispensable à l'édition française de mon livre.

Je suis profondément reconnaissante à Christine Lagarde de la remarquable préface qu'elle a rédigée à ce livre. C'est une femme de tête à tous les sens du terme, qui compte à son actif une longue liste de réussites l'ayant obligée à briser de nombreux « plafonds de verre ». Je nourris la plus grande admiration pour la personne aussi bien que pour la carrière de Christine. Inlassablement, elle s'est efforcée de faire advenir un monde meilleur.

Maintenant que vous avez lu ce livre, vous n'ignorez plus l'importance que j'attache à l'opinion des autres : je suis particulièrement reconnaissante aux nombreuses personnes dont j'ai reçu un retour. Dès que j'ai décidé de me lancer dans ce projet, ma belle-sœur Amy Schefler s'est proposée de m'aider. Elle m'a livré des suggestions détaillées concernant les sujets à aborder, alors même que je planchais sur mon premier brouillon, a interrogé toutes ses amies, m'a fait part de sa propre expérience et a lu et relu à n'en plus finir le moindre chapitre. Son enthousiasme passionné pour ce projet – de même que son amitié et son soutien – m'ont énormément motivée.

Gloria Steinem a partagé avec moi le fruit de son expérience, depuis que j'ai eu la chance de la rencontrer, il y a six ans. Ma compréhension des défis qui se posent aux femmes doit beaucoup au temps qu'elle m'a généreusement consacré. Nul n'a aussi profondément que Gloria réfléchi à la condition féminine – ni d'ailleurs à la condition humaine en général. Elle considère le moindre problème avec humilité, humour et le sincère désir de bâtir un monde équitable. Son action revendicative ne cesse de nous rapprocher de notre but : la véritable égalité. En tant qu'auteur, elle a le don de résumer à merveille, en peu de mots, des quantités d'idées, ce qui explique que je la cite si souvent dans mon livre. Je lui dois notamment l'expression « intérioriser la révolution », en écho à son livre *Revolution from Within*. C'est avec affection et reconnaissance que j'ai repris ses propos au fil de ces pages.

Arianna Huffington m'a constamment soutenue, sur tous les plans, pendant de nombreuses années. Elle m'a envoyé d'un peu partout dans le monde ses commentaires sur les états successifs de mon manuscrit, y incluant ses intuitions et sa remarquable intelligence des tendances culturelles. Oprah Winfrey m'a encouragée à me concentrer sur ce à quoi j'aspirais en entamant ce livre. Chaque fois que j'hésitais à faire part de quelque chose de personnel, j'ai entendu sa voix dans ma tête – ou lu l'un de ses textos – me rappelant la force que donne la sincérité. Gene Sperling compte parmi les personnes les plus occupées que je connaisse. Il a pourtant trouvé le temps de m'écrire des pages entières de suggestions cruciales. Sa capacité à cerner le cœur de problèmes liés à des choix politiques ou qui affectent des personnes de toutes conditions reste sans égale.

Mindy Levy, mon amie d'enfance, me rendait visite avec sa famille quand je l'ai enrôlée dans la relecture d'un chapitre. Son don pour organiser des idées a bénéficié aux versions ultérieures de mon manuscrit. Mellody Hobson m'a encouragée à m'exprimer du fond du cœur, avec conviction et assurance. Elle illustre à merveille ce qu'implique d'être une femme sans se chercher d'excuses. Karen Kehela Sherwood m'a aidée à donner forme à plusieurs idées essentielles, telles que le déclic qui s'est produit en moi, quand j'ai compris que la perception des femmes pouvait servir d'outil de négociation. Comme elle l'a longtemps fait pour bien des devoirs que j'ai dû rendre à la fac, mon ancienne camarade de chambre Carrie Weber a veillé plus d'un soir tard pour me relire, phrase par phrase. Elle m'a aidée comme seule une proche amie et une auteure de talent en était capable.

Beaucoup d'autres ont généreusement relu mes brouillons et m'ont glissé des suggestions, souvent même alors que le temps pressait. Un grand merci à Stephanie Flanders, Molly Graham, Larry Summers, Bill McKibben, Tina Bennett, Scott et Clia Tierney, Amanda McCall, Jami Passer, Michelle Ebersman, Stephen Paul, Diana Farrell, Adam Freed, Phil Deutch, Marne Levine, Joel Kaplan, Eric Antonow, Lorna Borenstein, Marcus Buckingham, Michael Grimes, Anna Fieler, Kim Scott, Kim Jabal, Carole Geithner, Don Graham, Zander Lurie, et Michael Balaoing.

De nombreuses personnes ont contribué aux recherches sur lesquelles se fonde ce livre. Shelley Correll et Lori Mackenzie de l'Institut Clayman de recherche sur l'appartenance sexuelle de Stanford m'ont mise en relation avec Marianne, et l'ont soutenue pour qu'elle puisse consacrer un temps fou à ce projet. Mana Nakagawa, doctorante dans le cadre du programme comparatif international d'éducation de l'université de Stanford, s'est chargée des recherches à l'étranger, seules à même de rendre ce livre pertinent pour un lectorat mondial. La professeure Deborah Gruenfeld de la Stanford Graduate School of Business a entrepris de m'éveiller aux problèmes de discrimination sexiste, voici plus de cinq ans, et continue d'ailleurs depuis. Kathleen McCartney, rectrice de la Harvard Graduate School of Education, m'a expliqué l'étude du NICHD sur le mode de garde des enfants et leur développement. La professeure Jennifer Aaker de la Stanford Graduate School of Business m'a communiqué le fruit de ses recherches sur l'importance de se fixer des buts dans la quête du bonheur. La professeure de Harvard Hannah Riley Bowles a interrompu ses vacances pour évoquer, des heures durant, au téléphone, son travail sur l'art de la négociation. Le professeur Francis Flynn de la Stanford Graduate School of Business m'a guidée pas à pas parmi les résultats de son étude phare sur Heidi et Howard. Sharon Meers m'a généreusement fait part des recherches qui lui ont pris des années en vue de son livre *Getting to 50/50*. Christine Silva, directrice en chef de la recherche chez Catalyst, m'a fourni des détails cruciaux à propos de plusieurs études. Kim Parker, principal chercheur en charge du projet Tendances sociales & démographiques du Pew Research Center, a discuté avec moi du rapport du centre sur les aspirations professionnelles en fonction de l'appartenance sexuelle. Enfin, un merci tout particulier à Phil Garland, vice-président de la méthodologie chez SurveyMonkey, pour ses commentaires avisés sur de nombreux passages de mon manuscrit ainsi que pour son aide en matière d'analyse statistique.

Merci à Divesh Makan d'Iconiq pour m'avoir aidée à structurer ma pensée, et à Gary Stiffelman de Ziffren Brittenham pour son soin minutieux du détail. Je tiens en outre à remercier Jill Gillett et Chris Sanagustin d'avoir soutenu le travail de Nell sur ce projet.

Un merci tout particulier aux femmes et aux hommes qui m'ont contactée suite à ma participation à la conférence TED ou à d'autres interventions afin de partager avec moi leur expérience, leurs luttes et leurs triomphes. Je n'aurais pas continué à évoquer ce sujet ni écrit ce livre sans leurs idées et leurs réactions. Chaque fois que l'inspiration me faisait défaut, je lisais et relisais leurs courriers.

Je reste redevable aux nombreuses personnes qui m'ont fait bénéficier d'occasions en or ou m'ont guidée au fil de ma carrière. Larry Summers s'est proposé de diriger ma thèse, m'a offert mon premier poste à la sortie de l'université et joue depuis un rôle de premier plan dans ma vie. Lant Pritchett, mon premier patron, m'a appris à examiner à la loupe les faits et à dire la vérité sans fard. Eric Schmidt, Larry Page, Sergey Brin et Omid Kordestani m'ont engagée chez Google en dépit de mon manque total d'expérience dans le secteur et m'ont soutenue d'un bout à l'autre des longues années que j'ai passées à leur service. Richard Skolnik, Salim Habayeb et Maria Clark m'ont invitée à rejoindre leur équipe de la Banque mondiale en Inde. Doug Elmendorf m'a aidée, pendant mes études, à mettre sur pied un groupe pour les femmes étudiant l'économie, et m'a énormément appris, de longues années durant. Don Graham, Pat Mitchell et John Doerr, Dan Rosenweig, Michael Lynton, Bob Iger, Howard Schultz et Bob Rubin m'ont tous donné des conseils décisifs à des tournants de ma carrière. Fred Kofman m'a fait part de son point de vue sur l'art de mener une équipe, la sincérité et la responsabilité.

J'ai la chance de collaborer chaque jour chez Facebook avec des gens extraordinaires. Camille Hart travaille à mes côtés depuis plus de dix ans. Je dois une grande part de ce que j'accomplis à son excellent jugement et sa quête sans relâche d'efficacité. Mes collègues Chris Cox, Mike Schroepfer, Elliot Schrage, David Ebersman, Ted Ullyot, Libby Leffler, Charlton Gholson, Kelly Hoffman, Anikka Fragodt, Eric Antonow, David Fischer, Lori Goler et Dan Rose me mettent au défi permanent de rester à la hauteur de leurs exigences et m'assurent d'un soutien et d'une amitié, sans lesquels cela ne vaudrait pas la peine que j'aille chaque jour travailler. Mark Zuckerberg m'a offert la chance de ma vie et n'a pas cessé depuis de m'inspirer et de me soutenir. Il m'a enseigné par son exemple à me frayer ma propre voie et m'a encouragée à faire ce que je ferais si je n'avais pas peur.

J'ai la chance d'être entourée d'amis affectionnés et pas seulement dans le cadre de ce projet. Je suis immensément reconnaissante à mes amis d'enfance Eve Greenbarg, Mindy Levy, Jami Passer, Beth Redlich, Elise Scheck, Pam Srebrenik, Brook Rose, Merle Saferstein, et Amy Trachter, ainsi qu'à mes amis plus proches, connus à l'âge adulte, Carrie Weber, Marne Levine, Phil Deutch, Katie et Scott Mitic, Craig et Kirsten Nevill-Manning, Adam Freed, Joel Kaplan, Clia et Scott Tierney, Kim Jabal, Lorna Borenstein, David Lawee, Chamath Palihapitiya, Zander Lurie, Kim Keating, Diana Farrell, Scott Pearson, Lori Talingting et Larry Brilliant.

Le soutien sans faille de ma famille a servi d'assise à ma vie. J'exprime ici ma plus profonde gratitude à ceux que j'aime tant : mes parents Adele et Joel Sandberg, mon frère David Sandberg, ma sœur Michelle Sandberg, ma belle-mère Paula Goldberg, mes beaux-frères et belles-sœurs Amy Schefler, Marc Bodnick, Rob et Leslye Golberg et ma filleule Elise Geithner.

Non content de se faire l'avocat des couples qui s'entraident, ce livre est le fruit de plusieurs relations de ce type. Colin Summers, le mari de Nell, a fait passer au second plan son travail d'architecte pour assumer l'essentiel des soins que réclament leurs enfants. En vingt ans, le soutien qu'il témoigne à la carrière de son épouse n'a pas une seule fois flanché. Il a contribué à ce projet en relisant plusieurs versions de mon manuscrit, en discutant de son contenu au fil d'innombrables repas et en assistant seul à de nombreux évé-

nements scolaires. Quand quelqu'un laisse entendre que les
mères sont plus faites pour élever des enfants, Nell sait au
fond d'elle-même que les pères aussi peuvent assumer ce
rôle avec autant d'amour, de dévouement et de joie.

Scott Saywell, le mari de Marianne, l'a encouragée à se
lancer dans ce projet en dépit de sa réticence initiale. Quand
ma proposition lui est parvenue, elle devait elle-même écrire
un livre et son cadet, encore tout jeune et qui souffrait d'al-
lergies alimentaires, ne faisait pas ses nuits. Scott a fini par
la convaincre qu'ils trouveraient un arrangement pour que
ça marche et a réorganisé à la fois ses horaires de bureau et
ses heures de sommeil. Non content de soutenir Marianne,
il s'est carrément emballé pour notre projet.

Enfin, je tiens à remercier mon formidable mari, Dave
Goldberg. Dave est mon meilleur ami, mon plus proche
conseiller, un père dévoué pour mes enfants et le grand
amour de ma vie. Nous savions l'un comme l'autre que la
rédaction de ce livre s'exercerait au détriment du temps que
nous passons ensemble. Aussi écrire *En avant toutes* a-t-il
été sa décision autant que la mienne. Il m'a soutenue à
chaque étape, comme toujours, avec patience, sagacité,
humour et amour.

Notes

Introduction :
Intérioriser la révolution

Page 15

1. Organisation internationale du travail, *ILO Global Estimates of Forced Labour, Results and Methodology* (Genève : ILO Publications, 2012), 13-14, http://www.ilo.org/wcmsp5/groups/public/---ed_norm/---declaration/documents/publication/wcms_182004.pdf

Page 16

2. Caroline Wyatt, « What Future for Afghan Women Jailed for Being Raped ? » (Quel avenir pour les femmes afghanes emprisonnées parce qu'elles ont été violées ?), BBC News, Asie du Sud, 14 janvier 2012, http://www.bbc.co.uk/news/world-south-asia-16543036

3. Le Département d'État américain recense cent quatre-vingt-quinze États indépendants au monde : http://www.state.gov/s/inr/rls/4250.htm#note3. Le nombre d'États indépendants dirigés par des femmes, c'est-à-dire où des femmes détiennent un poste de président, Premier ministre ou équivalent, a été calculé à partir des informations les plus récemment communiquées par la CIA avant la parution de ce livre. Cf. le rapport de la CIA de décembre 2012 intitulé *Chiefs of State & Cabinet Members of Foreign Govern-*

ments (chefs d'État et membres du cabinet des gouvernements étrangers), https ://www.cia.gov/library/publications/world-leaders-1/pdf-version/December2012ChiefsDirectory.pdf Le chiffre avancé tient cependant compte de l'issue de deux élections que ne mentionne pas la CIA – Park Geun-hye va devenir la première présidente de la Corée du Sud à compter de 2013 alors que le mandat de la présidente de la Suisse Eveline Widmer-Schlumpf touche à son terme en décembre 2012. Il convient de noter que la Suisse est dirigée par un conseil fédéral de sept membres. Chaque année, l'assemblée fédérale suisse élit parmi eux un président et un vice-président. En 2013, le président de la Suisse sera Ueli Maurer. Cela dit, trois des sept membres du conseil fédéral sont des femmes (Eveline Widmer-Schlumph, Simonetta Sommaruga et Doris Leuthard). Le nombre de femmes chefs d'État ou à la tête d'un gouvernement change en fonction de différents scrutins, dont la fréquence et la date varient d'un pays à l'autre.

4. Union interparlementaire, *Women in National Parliaments* (2012), http://www.ipu.org/wmn-e/world.htm

5. Center for American Women and Politics, « Women Who Will Be Serving in 2013 », http://www.cawp.rutgers.edu/fast_facts/elections/2013_womenserving.php et Center for American Women and Politics, « Record Number of Women Will Serve in Congress ; New Hampshire Elects Women to All Top Posts », *Election Watch*, 7 novembre 2012, http://www.cawp.rutgers.edu/press_room/news/documents/PressRelease_11-07-12.pdf

6. Union interparlementaire, *Women in National Parliaments* (2012), http://www.ipu.org/wmn-e/arc/classif151200.htm.

7. Patricia Sellers, « Fortune 500 Women CEOs Hits a Milestone », CNNMoney, 12 novembre 2012, http://postcards.blogs.fortune.cnn.com/2012/11/12/fortune-500-women-ceos-3/

8. Catalyst, *2012 Catalyst Census : Fortune 500 Women Executive Officers and Top Earners* (décembre 2012), http://www.catalyst.org/knowledge/2012-catalyst-census-fortune-500-Women-executive-officers-and-top-earners. Catalyst entend par cadre dirigeant toute personne « nommée ou élue par le conseil d'administration », y compris le P-DG et ceux qui occupent jusqu'au second échelon au-dessous de lui, plus « ceux que les documents de la SEC désignent comme tels ». Cf. l'appendice 1 à

la section méthodologie du rapport de 2009 de Catalyst, http://www.catalyst.org/etc/Census_app/09US/2009_Fortune_500_Census_Appendix_1.pdf ; Catalyst, *2012 Catalyst Census : Fortune 500 Women Board Directors* (décembre 2012), http://www.catalyst.org/knowledge/2012-catalyst-census-fortune-500-women-board-directors ; et Catalyst, *Targeting Inequity : The Gender Gap in U.S. Corporate Leadership* (septembre 2010), http://www.jec.senate.gov/public/index.cfm?a=Files.Serve&File_id=90f0aade-d9f5-43e7-8501-46bbd1c69bb8

Page 17

9. Commission des États-Unis sur l'égalité des chances face à l'emploi, *2011 Job Patterns for Minorities and Women in Private Industry*, 2011 EEO-1 National Aggregate Report (2011), http://www1.eeoc.gov/eeoc/statistics/employment/jobpat-eeo1/index.cfm (la Commission assimile à des « postes au sommet » ceux des cadres de direction, cadres supérieurs et managers) ; Catalyst, *2012 Catalyst Census : Fortune 500 Women Board Directors* ; et Center for American Women and Politics (Centre d'études sur les femmes et la politique), « Record Number of Women Will Serve in Congress ». Cf. aussi Catalyst, *Women of Color Executives : Their Voices, Their Journeys* (juin 2011), http://www.catalyst.org/publication/54/Women-of-color-executives-their-voices-their-journeys

10. Commission européenne, *National Factsheet : Gender Balance in Boards* (octobre 2012), www.google.com/url?sa=t&rct=j&q=&esrc=s&source=web&cd=6&cad=rja&ved=0CFkQFjAF&url=http://ec.europa.eu/justice/gender-equality/files/womenonboards/womenonboards-factsheet-de_en.pdf&ei=AO-yUOyvBYS7igKoooHABg&usg=AFQjCNGx1TMiB2mfY8pcGwTAV-AodV7xA&sig2=W_rwUkNhOfAhpiRawWh70Q

11. Le pourcentage mentionné concerne les plus grosses entreprises cotées en Bourse. Cf. Commission européenne, « National Factsheet : Gender Balance in Boards » (2012), http://ec.europa.eu/justice/gender-equality/files/womenonboards/womenonboards-factsheet-de_en.pdf ; et Catalyst, « Women in Europe » (2012), http://www.catalyst.org/knowledge/women-europe

12. Ariane Hegewisch, Claudia Williams, Anlan Zhang, *The Gender Wage Gap : 2011,* Fact Sheet (mars 2012), http://www.iwpr.org/publications/pubs/the-gender-wage-gap-2011 et Carmen

DeNavas-Walt, Bernadette D. Proctor, et Jessica C. Smith, *Income, Poverty, and Health Insurance Coverage in the United States : 2010,* Bureau du recensement des États-Unis, Current Population Reports, P60-239 (Washington, D.C. : U.S. Government Printing Office, 2011), 12, http://www.census.gov/prod/2011pubs/p60-239. pdf

Je cite ici le résultat de calculs basés sur les revenus médians annuels. D'après le Dr Pamela Coukos, conseillère au département du travail du Bureau des programmes fédéraux d'exécution des contrats (OFCCP), l'écart le plus fréquemment cité entre la rémunération des hommes et des femmes s'appuie sur les revenus médians annuels. Il est courant aussi de tenir compte des revenus médians hebdomadaires. Certains spécialistes les estiment d'ailleurs plus révélateurs, dans la mesure où ils reflètent la différence entre le nombre d'heures effectuées ; or, comme les hommes en cumulent en général plus que les femmes, cela explique en partie l'écart entre leurs revenus. D'autres prennent de préférence en considération les revenus médians annuels, parce qu'ils incluent des formes plus variées de rémunération (primes, etc.). L'essentiel reste que, dans un cas comme dans l'autre, les femmes gagnent moins que les hommes. Selon les estimations les plus récentes, les femmes gagnent 77 cents, quand les hommes empochent un dollar. Un calcul fondé sur les revenus médians hebdomadaires indique en revanche qu'elles toucheraient 82 cents, là où les hommes perçoivent un dollar.

13. Marlo Thomas, « Another Equal Pay Day ? Really ?, » *The Huffington Post,* 12 avril 2011, http://www.huffingtonpost.com/ marlo-thomas/equal-pay-day_b_847021.html

14. Les données fournies ici datent de 2010. Cf. Commission européenne, *Progress on Equality Between Women and Men in 2011 : A Europe 2020 Initiative* (Luxembourg : bureau des publications de l'Union européenne, 2012) ; http://ec.europa.eu/justice/ gender-equality/files/progress_on_equality_between_women_and_ men_in_2011.pdf

15. Les données, recueillies en 2010, proviennent d'un rapport de 2012, le plus récent qui soit aujourd'hui disponible. L'écart entre les revenus des hommes et des femmes varie d'un pays à l'autre, selon les sources et les méthodes de calcul utilisées. Les données que je cite ici s'appuient sur les revenus bruts médians

d'employés à plein temps. Cf. OCDE, « Panel B. The Pay Gap is Higher For Incomes at the Top of the Earnings Distribution : Gender Pay Gap in Earnings for Full-Time Employees, Across the Earnings Distribution, 2010 », *Inégalités hommes-femmes : il est temps d'agir* (OECD Publishing, 2012), http://dx.doi.org/10.1787/9789264179370-en

Page 19

16. C'est la sociologue Arlie Russell Hochschild qui a forgé l'expression « la révolution qui s'enraye » dans son livre *The Second Shift* (New York : Avon Books, 1989), 12.

Page 20

17. Il convient de noter que toutes les dirigeantes ne défendent pas les intérêts des femmes. Cf. Nicholas D. Kristof, « Women Hurting Women, » *New York Times,* 29 septembre 2012, http://www.nytimes.com/2012/09/30/opinion/sunday/kristof-women-hurting-women.html?hp

Le chapitre 11 traite des recherches et du débat autour des éventuels bénéfices, pour l'ensemble des femmes, de l'accès au pouvoir d'un plus grand nombre d'entre elles.

18. Joanna Barsh et Lareina Yee, *Special Report : Unlocking the Full Potential of Women in the U.S. Economy,* McKinsey & Company (avril 2011), 6, http://www.mckinsey.com/Client_Service/Organization/Latest_thinking/Unlocking_the_full_potential.aspx

1. Le fossé de l'ambition : que feriez-vous si vous n'aviez pas peur ?

Page 30

1. Parmi les mères de famille diplômées de type caucasien, le taux de départ de la vie active est passé de 25,2 à 21,3 % entre 1981 et 2005, pour atteindre son niveau le plus bas en 1993 (16,5 %). Depuis le milieu des années 1990, ces mères de famille sont toutefois de plus en plus nombreuses à renoncer à travailler. Le pourcentage de celles qui n'exercent pas d'activité professionnelle semble malgré tout se stabiliser, sans revenir au niveau observé il y a trente ou

quarante ans (Stone et Hernandez, 2012). L'évolution de la tendance des mères de famille diplômées à quitter le monde du travail reflète en gros celle du taux d'emploi des femmes depuis les années 1960. Celui-ci a connu une spectaculaire augmentation entre les années 1960 et 1990, pour atteindre un sommet en 1999 – 60 % des femmes exerçaient alors une activité professionnelle. Depuis 1999, ce taux a peu à peu baissé (Bureau des statistiques du travail, 2007 et 2011). La proportion de femmes à quitter la vie active n'a jamais été aussi faible qu'en 1993, au cours de la décennie où le taux de femmes occupant un emploi atteignait justement des sommets, et a enregistré sa plus forte augmentation entre 1999 et 2002, c'est-à-dire à l'époque où a commencé à décliner le taux global d'emploi des femmes (Stone et Hernandez, 2012). Il convient donc de rapprocher la récente diminution du taux d'activité des mères de famille diplômées du déclin du taux d'emploi parmi les autres groupes, dont les femmes sans enfants et les hommes, lié à un marché du travail en berne (Boushey, 2008). En dépit de ce creux dans la courbe de leur taux d'activité, les diplômées de l'enseignement supérieur restent proportionnellement les plus nombreuses à travailler, parmi les mères de famille (Stone et Hernandez, 2012). Le Bureau du recensement des États-Unis indique que les mères jeunes, moins instruites ou d'origine hispanique ont plus de chances de rester au foyer (Kreider et Elliott, 2010). Le départ du monde du travail et le taux d'activité des femmes ont été étudiés notamment par Pamela Stone et Lisa Ackerly Hernandez, « The Rhetoric and Reality of "Opting Out" », in *Women Who Opt Out : The Debate over Working Mothers and Work-Family Balance*, ed. Bernie D. Jones (New York : New York University Press, 2012), 33-56 ; Heather Boushey, « "Opting Out ?" The Effect of Children on Women's Employment in the United States », *Feminist Economics* 14, no. 1 (2008) : 1-36 ; Rose M. Kreider et Diana B. Elliott, « Historical Changes in Stay-at-Home Mothers : 1969-2009 », intervention à la réunion annuelle de l'Association sociologique américaine, Atlanta, Georgie, août 2010, http://www.census.gov/population/www/socdemo/ ASA2010_Kreider_Elliott.pdf ; Bureau of Labor Statistics, « Changes in Men's and Women's Labor Force Participation Rates, » The Editor's Desk, 10 janvier 2007, http://www.bls.gov/ opub/ted/2007/jan/wk2/art03.htm ; et Bureau des statistiques du travail, *Women in the Labor Force : A Datebook*, rapport 1034 (décembre 2011), http://www.bls.gov/cps/wlf-databook-2011.pdf.

En dépit de l'écrasante majorité de femmes et de mères qui travaillent, leur nombre demeure significativement inférieur à celui des hommes du même âge ou du même niveau d'études en activité professionnelle. Parmi les diplômés de l'enseignement supérieur, les hommes sont plus nombreux à travailler que les femmes, en particulier celles qui ont des enfants. Ils effectuent en outre un plus grand nombre d'heures. Une étude des promotions de Harvard 1969 à 1972, 1979 à 1982 et 1989 à 1992 a révélé que, quinze ans après leur départ de l'université, 90 à 94 % des hommes travaillaient à plein temps, toute l'année, contre 60 à 63,5 % des femmes. Le taux d'emploi à plein temps des anciennes élèves de l'université, mères de deux enfants, ne dépassait pas 41 à 47 % (Goldin et Katz, 2008). Une étude portant sur les promotions 1990 à 2006 de l'école de commerce Booth de l'université de Chicago a montré que, l'année suivant l'obtention de leur diplôme, entre 92 et 94 % des hommes travaillaient à plein temps, contre 89 % des femmes. Au fil du temps, ce pourcentage diminue, de sorte qu'au bout de six ans, 78 % des femmes à peine exercent encore une activité professionnelle à temps complet. Au bout de neuf ans, elles ne sont plus que 69 %, puis 62 % au-delà de dix ans ou plus. Le chiffre est encore plus bas dans le cas des mères de famille. Dix ans après la fin de leurs études, seule une moitié des mères travaillent à temps complet. Quel que soit le nombre d'années écoulées depuis l'obtention de leur diplôme, les hommes ne sont jamais plus d'1 % à ne pas travailler, et entre 2 et 4 % à n'exercer d'emploi qu'à temps partiel. La proportion de femmes sans activité ou ne travaillant qu'à temps partiel augmente en revanche au fil du temps, si bien que, dix ans après la fin de leurs études, 17 % d'entre elles ont cessé toute activité profession-nelle et 22 % ne sont plus employées qu'à mi-temps. Le reste des personnes interrogées dans le cadre de l'étude n'exerçait d'activité professionnelle qu'une partie de l'année. Les mères effectuaient 24 % d'heures hebdomadaires en moins que les hommes, et les femmes sans enfants, 3,3 % (Bertand, Goldin et Katz, 2010).

Les résultats d'une autre enquête de 2000 ont révélé que, parmi les diplômés des douze écoles de commerce les mieux cotées des États-Unis des promotions 1981 à 1995, 95 % des hommes travaillaient à plein temps, contre seulement 71 % des femmes. Plus l'obtention de leur diplôme remontait à longtemps, moins elles étaient nombreuses à exercer un emploi (Catalyst, Centre pour la formation des femmes de l'université du Michigan, école de commerce du Michigan, 2000). De plus amples informations sur ces études sont données par Claudia Goldin et Lawrence F. Katz, « Transitions : Career and Family Life Cycles of the Educational Elite, » *American Economic Review : Papers & Proceedings* 98, no. 2 (2008) : 363-69 ; Marianne Bertrand, Claudia Goldin, et Lawrence F. Katz, « Dynamics of the Gender Gap for Young Professionals in the Financial and Corporate Sectors », *American Economic Journal : Applied Economics* 2, no. 3 (2010) : 228-55 ; et Catalyst, Center for the Education of Women at the University of Michigan, University of Michigan Business School, *Women and the MBA : Gateway to Opportunity* (2000).

2. Judith Rodin, conversation avec l'auteur du 19 mai 2011.

Page 31

3. National Center for Education Statistics, « Table 283 : Degrees Conferred by Degree-Granting Institutions, by Level of Degree and Sex of Student : Selected Years, 1869-70 through 2011-12 », *Digest of Education Statistics* (2012), http://nces.ed.gov/programs/digest/d12/tables/dt12_283.asp

4. Les données recueillies en 2010 proviennent d'une étude publiée en 2012, la plus récente actuellement disponible. J'entends ici par diplômes de premier cycle ceux que définit la classification internationale type de l'éducation. Les chiffres cités correspondent à des formations essentiellement théoriques visant à préparer les étudiants à mener des recherches ou exercer une profession exigeant un haut niveau de qualification. Souvent délivrées par des universités, quoique pas exclusivement, elles durent de trois à quatre ans ou plus. Cf. Organisation de coopération et développement économiques (OCDE), *Regards sur l'éducation 2012 : les indicateurs de l'OCDE*, http://www.oecd-ilibrary.org/fr/education/regards-sur-l-education-2012_eag-2012-fr

5. Eurostat, « Persons of the Age 20 to 24 Having Completed at Least Upper Secondary Education by Sex » (2012), http://epp.eurostat.ec.europa.eu/tgm/refreshTableAction.do?tab= table&plugin=1&pcode=tps00186&language=en

Page 32

6. Hanna Rosen, *The End of Men : and the Rise of Women* (New York : Riverhead Books, 2012).

7. Debra Myhill, « Bad Boys and Good Girls ? Patterns of Inter-action and Response in Whole Class Teaching, » *British Educational Research Journal* 28, no. 3 (2002) : 350.

8. Les quatre mille employés interrogés travaillaient pour quatorze compagnies figurant presque toutes parmi les 500 classées par le magazine *Fortune*. Celles qui n'y apparaissaient pas étaient de taille équivalente. Cf. Joanna Barsh et Lareina Yee, *Unlocking the Full Potential of Women at Work*, McKinsey & Company (avril 2012), 7, http://www.mckinsey.com/careers/women/~/media/Reports/Women/2012 % 20WSJ % 20Women % 20in % 20the % 20Economy % 20white % 20paper % 20FINAL.ashx

La plupart des sondages sur le désir d'assumer des fonctions de direction mettent en évidence un hiatus entre les hommes et les femmes, ces dernières étant moins nombreuses à briguer des postes au sommet. Une étude de 2003 réalisée par le Family and Work Institute, Catalyst et le Center for Work & Family de l'université de Boston a montré que 19 % des hommes contre 9 % à peine des femmes cadres de direction souhaitaient devenir P-DG ou directeur général associé. 54 % des hommes et 43 % des femmes seulement espèrent rejoindre les rangs des cadres supérieurs. Parmi ceux qui affirmaient avoir revu à la baisse leurs ambitions (25 % des personnes interrogées), les femmes étaient plus nombreuses que les hommes (34 % contre 21 %). L'explication que les uns comme les autres donnaient le plus fréquemment (à 67 %) n'était autre que « les sacrifices auxquels il me faudrait consentir dans ma vie privée ou ma vie de famille ». Il convient en outre de noter que les femmes estimant que le « plafond de verre » faisant obstacle à leur avancement restait encore à briser étaient plus susceptibles de revoir à la baisse leurs ambitions que celles qui pensaient au contraire que des progrès avaient été réalisés en ce sens. Cf. Families and Work Institute, Catalyst, Center for Work & Family de l'université de Boston, *Leaders in a Global Economy : A Study of Executive Women and Men* (janvier 2003), 4, http://www.catalyst.org/publication/80/leaders-in-a-global-economy-a-study-of-executive-women-and-men

Une étude de 2003 portant sur les projets de carrière d'étudiants en école de commerce a montré que 81 % des hommes contre seulement 67 % des femmes aspiraient à un poste au sommet. Cf. Gary N. Powell et D. Anthony Butterfield, « Gender, Gender Identity, and Aspirations to Top Management », *Women in Management Review* 18, no. 1 (2003) : 88-96.

Un sondage de 2007 a révélé que, parmi les managers en activité professionnelle suivant une formation à un master, les femmes étaient moins nombreuses à briguer un poste au plus haut niveau. Cf. Barrie Litzsky et Jeffrey Greenhaus, « The Relationship Between Gender and Aspirations to Senior Management », *Career Development International* 12, no. 7 (2007) : 637-59.

Il a résulté d'une enquête que, parmi les diplômés des douze meilleures écoles de commerce des États-Unis, de 1981 à 1995, seules 44 % des femmes admettaient « désirer se hisser à un poste de direction », alors que c'était le cas de 60 % des hommes. Cf. Catalyst, Center for the Education of Women at the University of Michigan, et École de commerce de l'université du Michigan, *Women and the MBA*. Un rapport du cabinet McKinsey & Company a montré que le désir de promotion des femmes diminuait plus vite que celui des hommes à mesure que le temps passait. Les auteurs du rapport concluaient que, quel que soit leur âge, « un plus grand nombre d'hommes souhaitaient assumer plus de responsabilités dans la structure qui les employait, et plus influer sur ses résultats ». Cf. Joanna Barsh et Lareina Yee, *Special Report : Unlocking the Full Potential of Women in the U.S. Economy,* McKinsey & Company (avril 2011), 6, http://www.mckinsey.com/Client_Service/Organization/Latest_thinking/Unlocking_the_full_potential.aspx

Bien qu'à en croire la plupart des sondages, les hommes soient plus nombreux que les femmes à briguer un poste aux plus hauts échelons, une enquête de Catalyst portant en 2004 sur environ sept cents cadres de direction de sexe féminin et deux cent cinquante hommes détenant un poste à responsabilités dans l'une des mille entreprises du classement de *Fortune* a bouleversé les idées reçues en révélant que les femmes partageaient autant que les hommes le désir de devenir P-DG (ils étaient respectivement 55 % et 57 % à affirmer l'éprouver). Toujours selon la même enquête, les femmes occupant un poste à responsabilités étaient plus nombreuses que les hommes dans le même cas à souhaiter devenir P-DG. Cf. Catalyst, *Women and Men in U.S. Corporate Leadership : Same Workplace, Different Realities ?* (2004), 14-16, http://www.catalyst.org/publication/145/women-and-men-in-us-corporate-leadership-same-workplace-different-realities

Il existe plusieurs explications au défaut d'ambition des femmes par rapport aux hommes ; elles estiment par exemple qu'un poste haut placé, souvent associé à des qualités masculines, ne leur conviendrait pas (ne « collerait » pas à leur tempérament) ; les obstacles à leur avancement leur semblent par ailleurs trop nombreux ; à moins qu'elles ne souhaitent pas accorder la priorité à leur carrière au détriment de leur famille ; elles attachent aussi moins d'importance au salaire, au pouvoir et au prestige qui découlent d'un poste en vue. Enfin, les stéréotypes véhiculés par la société influencent le choix des jeunes filles d'un domaine professionnel. Se retrouvant plus souvent dans des branches où les occasions de promotion sont rares, elles revoient à la baisse leurs ambitions. Le sujet a été traité plus à fond par Litzsky et Greenhaus, « The Relationship Between Gender and Aspirations to Senior Management », 637-59. Le choix d'une formation et d'un métier par les femmes a été évoqué par Jacquelynne S. Eccles, « Understanding Women's Educational and Occupational Choices : Applying the Eccles *et al.* Model of Achievement-Related Choices », *Psychology of Women Quarterly* 18, no. 4 (1994) : 585-609. Enfin, Naomi Casserir et Barbara Reskin livrent dans « High Hopes : Organizational Position, Employment Experiences, and Women's and Men's Promotion Aspirations », *Work and Occupations* 27, no. 4 (2000) : 438-63, une analyse de l'incidence sur les ambitions professionnelles du poste occupé dans une structure donnée. Cf. aussi Rosabeth Moss Kanter, *Men and Women of the Corporation*, 2e édition (New York : Basic Books, 1993).

9. Alison M. Konrad *et al.*, « Sex Differences and Similarities in Job Attribute Preferences : A Meta-Analysis », *Psychological Bulletin* 126, no. 4 (2000) : 593-641 ; et Eccles, « Understanding Women's Educational and Occupational Choices », 585-609. Seules 15 % des femmes diplômées interrogées dans le cadre d'une enquête ont cité parmi leurs objectifs de carrière un « poste de

pouvoir ». Cf. Sylvia Ann Hewlett et Carolyn Buck Luce, « Off-Ramps and On-Ramps : Keeping Talented Women on the Road to Success », *Harvard Business Review* 83, no. 3 (2005) : 48. De multiples sondages ont révélé que les hommes étaient plus nombreux que les femmes à plébisciter les postes qui présentent des défis à relever, impliquent de grosses responsabilités, des prises de risques, assurent un ascendant sur des tiers, des opportunités de carrière et du prestige. Les femmes préfèrent en général les emplois qui leur permettent de venir en aide aux autres, de développer leurs talents et de passer du temps auprès de leur famille. Cf. Erica S. Weisgram, Lisa M. Dinella, et Megan Fulcher, « The Role of Masculinity/Femininity, Values, and Occupational Value Affordances in Shaping Young Men's and Women's Occupational Choices », *Sex Roles* 65, nos. 3-4 (2011) : 243-58.

Page 33

10. Linda Schweitzer *et al.*, « Exploring the Career Pipeline : Gender Differences in Pre-Career Expectations », *Relations industrielles,* 66, no. 3 (2011) : 422-44. Sur les 23 413 étudiants de deuxième cycle interrogés au Canada dans le cadre de cette étude, 10 % des hommes contre seulement 5 % des femmes se donnaient pour priorité de parvenir à un grade de manager moins de trois ans après la fin de leurs études.

11. Hewlett et Luce, « Off-Ramps and On-Ramps », 48. Près de la moitié des hommes diplômés interrogés dans le cadre de cette étude se décrivaient comme « extrêmement ambitieux » ou « très ambitieux », contre un tiers des femmes à peine. Celles qui avaient étudié le commerce, ou encore le droit et la médecine étaient proportionnellement plus nombreuses à se considérer comme « très ambitieuses » (43 % et 51 % respectivement).

12. Eileen Patten et Kim Parker, *A Gender Reversal on Career Aspirations,* Pew Research Center (avril 2012), http://www.pew socialtrends.org/2012/04/19/a-gender-reversal-on-career-aspirations/. À niveau d'études égal, les jeunes femmes attachent aujourd'hui autant d'importance que les jeunes hommes à leur réussite professionnelle. Parmi les diplômés de l'enseignement supérieur de moins de quarante ans, les hommes sont aussi nombreux que les femmes à mettre l'accent sur leur réussite professionnelle. La remarque ne s'applique pas, en revanche, à ceux qui n'ont pas

fait d'études. Il convient toutefois de manier avec précaution ces résultats obtenus d'après un petit échantillon de personnes.

13. La génération Y englobe les individus nés entre 1980 et 2000.

14. Sur les membres de la génération Y interrogés dans le cadre de ce sondage, 36 % des hommes contre seulement 25 % des femmes se reconnaissaient dans la formule « j'aspire à exercer le pouvoir, quel que soit le secteur où je travaillerai ». Cf. Darshan Goux, *Millennials in the Workplace,* Bentley University Center for Women and Business (2012), 17-25, http://www.bentley.edu/centers/sites/www.bentley.edu.centers/files/centers/cwb/millennials-report.pdf

Une autre étude, menée en 2008 par la branche féminine des Scouts, n'a mis en évidence aucune différence entre le désir des garçons et des filles d'acquérir du pouvoir, ou leur perception d'eux-mêmes en tant que meneurs. Les filles se souciaient toutefois plus des retombées sociales d'une telle attitude. Un tiers de celles qui disaient ne pas briguer le pouvoir attribuaient leur peu de goût pour celui-ci à « la crainte de susciter des moqueries, du ressentiment, de passer pour autoritaires ou encore de se mettre à dos leur entourage ». Cf. Girl Scout Research Institute, *Change It Up : What Girls Say About Redefining Leadership* (2008), 19, http://www.girlscouts.org/research/pdf/change_it_up_executive_summary_english.pdf

Page 34

15. Samantha Ettus, « Does the Wage Gap Start in Kindergarten ? », *Forbes*, 13 juin 13, 2012, http://www.forbes.com/sites/samanthaettus/2012/06/13/kindergarten-wage-gap/

16. Une enquête a révélé que 62 % des hommes et 46 % des femmes à même, de par leur expérience et leur niveau de formation, de briguer un mandat électoral, avaient songé à se porter candidats à une élection. Seuls 22 % des hommes et 14 % des femmes se disaient intéressés par une candidature future. Les hommes étaient enfin à 60 % plus susceptibles que les femmes de s'estimer « très qualifiés » pour la course aux votes. Cf. Jennifer L. Lawless et Richard L. Fox, *Men Rule : The Continued Under-Representation of Women in U.S. Politics* (Washington, D.C. : Women & Politics Institute, American University School of Public

Affairs, janvier 2012), http://www.american.edu/spa/wpi/upload/
2012-Men-Rule-Report-final-web.pdf

17. Sur plus de quatre mille collégiens et lycéens interrogés
dans le cadre d'un sondage, seuls 22 % des filles et 37 % des garçons considéraient comme « extrêmement important » ou « très
important » de « diriger plus tard une équipe ». 37 % des filles et
51 % des garçons attachaient de l'importance au fait de devenir
leur propre patron. Cf. Deborah Marlino et Fiona Wilson, *Teen
Girls on Business : Are They Being Empowered ?,* The Committee
of 200, Simmons College School of Management (avril 2003), 21,
http://www.simmons.edu/som/docs/centers/TGOB_report_full.pdf

18. Jenna Johnson, « On College Campuses, a Gender Gap in
Student Government », *Washington Post,* 16 mars 2011, http://
www.washingtonpost.com/local/education/on-college-campuses-a-
gender-gap-in-student-government/2011/03/10/ABim1Bf_story.
html

19. L'agressivité féminine en tant que transgression des normes
sociales a été étudiée par Madeline E. Heilman et Tyler G. Okimoto, « Why Are Women Penalized for Success at Male Tasks ?
The Implied Communality Deficit », *Journal of Applied Psychology* 92, no. 1 (2007) : 81-92 ; Madeline E. Heilman *et al.,* « Penalties for Success : Reactions to Women Who Succeed at Male
Gender-Typed Tasks », *Journal of Applied Psychology* 89, no. 3
(2004) : 416–27 ; Alice H. Eagly et Steven J. Karau, « Role
Congruity Theory of Prejudice Toward Female Leaders », *Psychological Review* 109, no. 3 (2002) : 573-98 ; et Madeline E. Heilman, « Description and Prescription : How Gender Stereotypes
Prevent Women's Ascent up the Organizational Ladder », *Journal
of Social Issues* 57, no. 4 (2001) : 657-74.

Page 36

20. Gayle Tzemach Lemmon, « We Need to Tell Girls They
Can Have It All (Even If They Can't) », *The Atlantic,* 29 juin 2012,
http://www.theatlantic.com/business/archive/2012/06/we-need-to-
tell-girls-they-can-have-it-all-even-if-they-cant/259165/

Page 37

21. May Ling Halim et Diane Ruble, « Gender Identity and Ste-
reotyping in Early and Middle Childhood », in *Handbook of Gender Research in Psychology : Gender Research in General and*

Experimental Psychology, vol. 1, ed. Joan C. Chrisler et Donald R. McCreary (New York : Springer, 2010), 495-525 ; Michael S. Kimmel et Amy Aronson, eds., *The Gendered Society Reader,* 3ᵉ édition (Oxford : Oxford University Press, 2008) ; et Campbell Leaper et Carly Kay Friedman, « The Socialization of Gender », in *Handbook of Socialization : Theory and Research,* ed. Joan E. Grusec et Paul D. Hastings (New York : Guilford Press, 2007), 561-87.

22. Melissa W. Clearfield et Naree M. Nelson, « Sex Diffe-rences in Mother's Speech and Play Behavior with 6, 9, and 14-Month-Old Infants », *Sex Roles* 54, nos. 1-2 (2006) : 127-37. Des études ont montré que les parents ont tendance à plus parler aux filles qu'aux garçons. Les conversations des mères avec leurs filles atteignent en outre un niveau de complexité supérieur sur le plan émotionnel ; enfin, avec leurs filles, les mères communiquent plus à l'aide du langage. Cf. Clearfield et Nelson, « Sex Diffe-rences in Mother's Speech and Play Behavior », 127-37 ; et Gret-chen S. Lovas, « Gender and Patterns of Language Development in Mother-Toddler and Father-Toddler Dyads », *First Language* 31, no. 1 (2011) : 83-108.

23. Emily R. Mondschein, Karen E. Adolph, et Catherine S. Tamis-Le Monda, « Gender Bias in Mothers' Expectations About Infant Crawling », *Journal of Experimental Child Psycho-logy* 77, no. 4 (2000) : 304-16.

24. Clearfield et Nelson, « Sex Differences in Mother's Speech and Play Behavior », 127-37. Une autre étude portant sur près de huit cents familles a révélé que, dans trois jardins publics sur quatre, les jeunes enfants de sexe masculin étaient plus majoritairement autorisés à marcher seuls. Cf. G. Mitchell *et al.*, « Reproducing Gen-der in Public Places : Adults' Attention to Toddlers in Three Public Places », *Sex Roles* 26, nos. 7-8 (1992) : 323-30.

25. Emma Gray, « Gymboree Onesies : "Smart Like Dad" for Boys, "Pretty Like Mommy" for Girls », *The Huffington Post,* 16 novembre 2011, http://www.huffingtonpost.com/2011/11/16/gymboree-onesies_n_1098435.html

26. Andrea Chang, « JC Penney Pulls "I'm Too Pretty to Do Homework" Shirt », *Los Angeles Times* blog, 31 août 2011,

http://latimesblogs.latimes.com/money_co/2011/08/jcpenney-pulls-im-too-pretty-to-do-homework-shirt.html

Page 39

27. La différence de traitement entre garçons et filles à l'école a été largement étudiée, ces quarante dernières années. La plupart des études montrent que les enseignants accordent plus d'attention aux garçons qu'aux filles. La présence des garçons en classe se fait plus sentir que celle des filles. Malgré tout, en fonction de la méthodologie employée (selon qu'on tient compte ou non de l'âge des élèves, de leur niveau et de la matière enseignée), il arrive que l'on observe des différences plus réduites entre le comportement des garçons et des filles et leurs rapports avec les professeurs. Il convient de noter que très peu d'études ont attesté que des filles bénéficiaient de plus d'attention que les garçons. Cf. Robyn Beaman, Kevin Wheldall, et Carol Kemp, « Differential Teacher Attention to Boys and Girls in the Classroom », *Educational Review* 58, no. 3 (2006) : 339-66 ; Susanne M. Jones et Kathryn Dindia, « A Meta-Analytic Perspective on Sex Equity in the Classroom », *Review of Educational Research* 74, no. 4 (2004) : 443-71 ; Ellen Rydell Altermatt, Jasna Javanovic, et Michelle Perry, « Bias or Responsivity ? Sex and Achievement-Level Effects on Teachers' Classroom Questioning Practices », *Journal of Educational Psychology* 90, no. 3 (1998) : 516-27 ; Myra Sadker, David Sadker, et Susan Klein, « The Issue of Gender in Elementary and Secondary Education », *Review of Research in Education* 17 (1991) : 269-334 ; et Roberta M. Hall et Bernice R. Sandler, *The Classroom Climate : A Chilly One for Women ?* (Washington, D.C. : Association of American Colleges, 1982).

Page 41

28. Riley Maida, « 4 Year-Old Girl Questions Marketing Strategies », YouTube, posté par Neuroticy 2, 28 décembre 2011, http://www.youtube.com/watch?v=P3mTTIoB_oc

29. Kelly Danaher et Christian S. Crandall, « Stereotype Threat in Applied Settings Re-Examined », *Journal of Applied Social Psychology* 38, no. 6 (2008) : 1639-55. Danaher et Crandall estiment, au vu de leur analyse de la menace du stéréotype, que 4 763 jeunes femmes en plus réussiraient un examen de mathématiques, s'il ne leur était demandé qu'à la fin de l'épreuve de cocher la case M ou

F. D'autres recherches à propos de l'incidence négative de la menace du stéréotype sur les résultats des femmes sont évoquées par Catherine Good, Joshua Aronson, et Jayne Ann Harder, « Problems in the Pipeline : Stereotype Threat and Women's Achievement in High-Level Math Courses », *Journal of Applied and Developmental Psychology* 29, no. 1 (2008) : 17-28.

Il a été prouvé que des stéréotypes comme « les Blancs ne savent pas sauter » ou « les Asiatiques sont meilleurs en maths » ont une incidence sur la performance des uns et des autres et son évaluation. Cf. Jeff Stone, Zachary W. Perry, et John M. Darley, « "White Men Can't Jump" : Evidence for the Perceptual Confirmation of Racial Stereotypes Following a Basketball Game », *Basic and Applied Social Psychology* 19, no. 3 (1997) : 291-306 ; Jeff Stone *et al.*, « Stereotype Threat Effects on Black and White Athletic Performance », *Journal of Personality and Social Psychology* 77, no. 6 (1999) : 1213-27 ; et Margaret Shih, Todd L. Pittinsky, et Nalini Ambady, « Stereotype Susceptibility : Identity Salience and Shifts in Quantitative Performance », *Psychological Science* 10, no. 1 (1999) : 80-83.

Page 42

30. Jenessa R. Shapiro et Amy M. Williams, « The Role of Stereotype Threats in Undermining Girls' and Women's Performance and Interest in STEM Fields », *Sex Roles* 66, nos. 3-4 (2011) : 175-83.

31. Goux, *Millennials in the Workplace,* 32.

32. Sarah Jane Glynn, *The New Breadwinners : 2010 Update,* Center for American Progress (avril 2012), 2, http://www.americanprogress.org/issues/labor/report/2012/04/16/11377/the-new-breadwinners-2010-update/ En 2009, 41,4 % des mères assuraient l'essentiel des revenus de leur famille et 22,5 % y contribuaient en partie.

33. Heather Boushey, « The New Breadwinners », in *The Shriver Report : A Woman Nation Changes Everything,* ed. Heather Boushey et Ann O'Leary, Rapport de Maria Shriver et du Center for American Progress (octobre 2009), 34, http://www.americanprogress.org/issues/women/report/2009/10/16/6789/the-shriver-report/

34. Mark Mather, *U.S. Children in Single-Mother Families,* Population Reference Bureau, Data Brief (mai 2012).

Page 43

35. Janet C. Gornick et Marcia K. Meyers, « Supporting a Dual-Earner/Dual-Career Society : Policy Lessons from Abroad, » in *A Democracy that Works : The Public Dimensions of the Work and Family Debate,* eds. Jody Hemann et Christopher Beem (New York : The New Press, à paraître).

36. Human Rights Watch, *Failing Its Families : Lack of Paid Leave and Work-Family Supports in the US* (février 2011), http://www.hrw.org/sites/default/files/reports/us0211webwcover.pdf

37. Ellen Bravo, « "Having It All ?" – The Wrong Question for Most Women », *Women's Media Center,* 26 juin 2012, http://www.womensmediacenter.com/feature/entry/having-it-allthe-wrong-question-for-most-women

Page 44

38. Sharon Meers et Joanna Strober, *Getting to 50/50 : How Working Couples Can Have It All by Sharing It All* (New York : Bantam Books, 2009).

39. Rosalind Chait Barnett, « Women and Multiple Roles : Myths and Reality », *Harvard Review of Psychology* 12, no. 3 (2004) : 158-64 ; Rosalind Chait Barnett et Janet Shibley Hyde, « Women, Men, Work, and Family : An Expansionist Theory », *American Psychologist* 56, no. 10 (2001) : 781-96 ; et Rosalind Chait Barnett et Caryl Rivers, *She Works/He Works : How Two-Income Families are Happy, Healthy, and Thriving* (Cambridge, MA : Harvard University Press, 1998).

40. Cheryl Buehler et Marion O'Brian, « Mothers' Part-Time Employment : Associations with Mother and Family Well-Being », *Journal of Family Psychology* 25, no. 6 (2011) : 895-906 ; Rebekah Coley *et al.*, « Maternal Functioning, Time, Money : The World of Work and Welfare », *Children and Youth Services Review* 29, no. 6 (2007) : 721-41 ; Leslie Bennetts, *The Feminine Mistake : Are We Giving Up Too Much ?* (New York : Hyperion, 2007) ; Lynne P. Cook, « "Doing" Gender in Context : Household Bargaining and the Risk of Divorce in Germany and the United States », *American Journal of Sociology* 112, no. 2 (2006) : 442-72 ; et Barnett, « Women and Multiple Roles », 158-64.

Page 45

41. L'expression a été employée pour la première fois par Spencer Johnson dans *Qui a piqué mon fromage ?* (Neuilly-sur-Seine : M. Lafon, 2000).

2. Prendre place à table

Page 49

1. Peggy McIntosh, « Feeling Like a Fraud », Wellesley Centers for Women working paper no. 18 (Wellesley, MA : Stone Center Publications, 1985).

Page 51

2. Les premières recherches menées sur le syndrome de l'imposture, à la fin des années 1970, amenaient à penser que les femmes qui réussissaient en souffraient plus que les autres. Les études qui ont suivi, dans les années 1980 et 1990, n'ont pas donné de résultats francs. Certaines ont été dans le sens des précédentes, alors que d'autres concluaient que les hommes aussi en étaient parfois victimes, et même autant que les femmes. De récentes enquêtes menées sur des étudiants, des doctorants et des internes en médecine générale ont mis en évidence une plus grande prévalence du syndrome chez les femmes. La plupart des études et des débats sur le syndrome de l'imposture affirment que celui-ci handicape plus les femmes dans la mesure où elles en souffrent plus fréquemment et plus intensément que les hommes. Cf. Gina Gibson-Beverly et Jonathan P. Schwartz, « Attachment, Entitlement, and the Imposter Phenomenon in Female Graduate Students », *Journal of College Counseling* 11, no. 2 (2008) : 120-21 ; ainsi que Shamala Kumar et Carolyn M. Jagacinski, « Imposters Have Goals Too : The Imposter Phenomenon and Its Relationship to Achievement Goal Theory », *Personality and Individual Differences* 40, no. 1 (2006) : 149. D'autres études récentes sont évoquées par Gregor Jöstl *et al.*, « When Will They Blow My Cover ? The Imposter Phenomenon Among Austrian Doctoral Students », *Zeitschrift für Psychologie* 220, no. 2 (2012) : 109-20 ; Loretta Neal McGregor, Damon E. Gee, et K. Elizabeth Posey, « I Feel Like a Fraud and

It Depresses Me : The Relation Between the Imposter Phenomenon and Depression », *Social Behavior and Personality* 36, no. 1 (2008) : 43-48 ; ainsi que Kathy Oriel, Mary Beth Plane, et Marlon Mundt, « Family Medicine Residents and the Imposter Phenomenon », *Family Medicine* 36, no. 4 (2004) : 248-52. La première étude sur le sujet a été celle de Pauline Rose Clance et Suzanne Ament Imes, « The Imposter Phenomenon in High Achieving Women : Dynamics and Therapeutic Intervention », *Psychotherapy : Theory, Research and Practice* 15, no. 3 (1978) : 241-47.

3. « Tina Fey – From Spoofer to Movie Stardom », *The Independent,* 19 mars 2010, http://www.independent.co.uk/arts-entertainment/films/features/tina-fey – from-spoofer-to-movie-stardom-1923552.html

4. S. Scott Lind *et al.*, « Competency-Based Student Self-Assessment on a Surgery Rotation », *Journal of Surgical Research* 105, no. 1 (2002) : 31-34.

5. Jennifer L. Lawless et Richard L. Fox, *Men Rule : The Continued Under-Representation of Women in U.S. Politics* (Washington, D.C. : Women & Politics Institute, American University School of Public Affairs, janvier 2012), http://www.american.edu/spa/wpi/upload/2012-Men-Rule-Report-final-web.pdf

Page 52

6. Working Group on Student Experiences, *Study on Women's Experiences at Harvard Law School* (Cambridge, MA : Working Group on Student Experiences, février 2004), http://www.law.harvard.edu/students/experiences/FullReport.pdf Parmi les étudiants en droit interrogés, une proportion plus élevée d'hommes se sont classés parmi les meilleurs 20 % de leur classe en matière de raisonnement légal (33 contre 15 %), de raisonnement quantitatif (40 contre 11 %), d'agilité mentale (28 contre 17 %), de rédaction d'un mémoire (23 contre 18 %), d'argumentation orale (24 contre 13 %), de recherche (20 contre 11 %), de capacité à imposer un consensus (27 contre 21 %) et enfin de faculté de persuasion (20 contre 12 %). Dans un seul domaine, l'éthique, un pourcentage légèrement supérieur de femmes (26 contre 25 %) estimaient faire partie des meilleurs 20 % de la classe.

7. Des études sur l'autoévaluation de leurs capacités par les femmes en présence de tiers sont évoquées par Kimberly A. Daub-

man, Laurie Heatherington, et Alicia Ahn, « Gender and the Self-Presentation of Academic Achievement », *Sex Roles* 27, nos. 3-4 (1992) : 187-204 ; Laurie Heatherington *et al.*, « Two Investigations of "Female Modesty" in Achievement Situations », *Sex Roles* 29, nos. 11-12 (1993) : 739-54 ; ainsi que Laurie Heatherington, Laura S. Townsend, et David P. Burroughs, « "How'd You Do on That Test ?" The Effects of Gender on Self-Presentation of Achievement to Vulnerable Men », *Sex Roles* 45, nos. 3-4 (2001) : 161-77. La perception des femmes de leur capacité à réaliser des tâches masculines a été analysée par Sylvia Beyer, « The Effects of Gender, Dysphoria, and Performance Feedback on the Accuracy of Self-Evaluations », *Sex Roles* 47, nos. 9-10 (2002) : 453-64.

8. Sylvia Beyer, « Gender Differences in Causal Attributions by College Students of Performance on Course Examinations », *Current Psychology* 17, no. 4 (1998) : 346-58. Les chercheurs ont mis en évidence une tendance chez les femmes à sous-estimer leurs aptitudes et leurs résultats, en particulier quand elles doivent accomplir des tâches masculines. Certaines études recourant à une méthodologie différente ont malgré tout montré que les femmes s'évaluent plus justement, alors que les hommes se surestiment. Plusieurs explications ont été avancées, dont un manque d'assurance de la part des femmes, la « modestie féminine » qui contraint les femmes à plus d'humilité, par souci de se conformer à certains stéréotypes et/ou d'éviter les conséquences pénibles de l'attitude inverse, sans parler du souci de préserver l'estime de soi d'autrui. D'un point de vue relationnel, les femmes tiennent à se maintenir sur un pied d'égalité avec leur entourage, elles revoient donc à la baisse l'évaluation de leurs performances pour éviter qu'on ne s'imagine qu'elles se vantent ou pour ne pas que quelqu'un qui a moins bien réussi qu'elles se sente diminué. Il a été prouvé dans certains cas que le sexe de la personne qui demande à une femme d'estimer ses capacités influe sur le degré auquel elle se sous-estime ; face à un camarade de sexe masculin peu sûr de lui, qui s'inquiète de ses résultats en classe, par exemple, une jeune fille va typiquement sous-évaluer sa moyenne générale. Les études qui portent sur ce point précis ne s'accordent cependant pas quant à leurs conclusions. Cf. Heatherington, Townsend, et Burroughs, « "How'd You Do on That Test ?" », 161-77 ; ainsi que Laurie

Heatherington, Andrea B. Burns, et Timothy B. Gustafson, « When Another Stumbles : Gender and Self-Presentation to Vulnerable Others », *Sex Roles* 38, nos. 11-12 (1998) : 889-913.

9. Tomi-Ann Roberts et Susan Nolan-Hoeksema, « Sex Differences in Reactions to Evaluative Feedback », *Sex Roles* 21, nos. 11-12 (décembre 1989) : 725-47 ; et aussi Maria Johnson et Vicki S. Helgeson, « Sex Differences in Response to Evaluative Feedback : A Field Study », *Psychology of Women Quarterly* 26, no. 3 (2002) : 242-51.

10. Sylvia Beyer, « Gender Differences in Causal Attributions by College Students of Performance on Course Examinations », *Current Psychology* 17, no. 4 (1998) : 354. Les conséquences du phénomène, allant d'une autoévaluation négative à la dépression, en passant par des ambitions revues à la baisse, sont examinées par Sylvia Beyer et Edward M. Bowden, « Gender Differences in Self-Perception : Convergent Evidence from Three Measures of Accuracy and Bias », *Personality and Social Psychology Bulletin* 23, no. 2 (1997) : 169.

Page 53

11. Nicole Perlroth et Claire Cain Miller, « The $1.6 Billion Woman, Staying on Message », *New York Times,* 4 février 2012, http://www.nytimes.com/2012/02/05/business/sheryl-sandberg-of-facebook-staying-on-message.html?pagewanted=all

Page 58

12. Dana R. Carney, Amy J. C. Cuddy, et Andy J. Yap, « Power Posing : Brief Nonverbal Displays Affect Neuroendocrine Levels and Risk Tolerance », *Psychological Science* 21, no. 10 (2010) : 1363-68.

Page 60

13. Bianca Bosker, « Cisco Tech Chief Outlines the Advantages of Being a Woman in Tech », *The Huffington Post,* 27 octobre 2011, http://www.huffingtonpost.com/2011/10/27/cisco-chief-technology-officer-woman-in-tech_n_1035880.html

Page 61

14. Claire Cain Miller, « For Incoming I.B. M. Chief, Self-Confidence Is Rewarded, » *New York Times,* 27 octobre 2011, http://www.nytimes.com/2011/10/28/business/for-incoming-ibm-chief-self-confidence-rewarded.html

Page 62

15. Caroline Howard, « The World's 100 Most Powerful Women : This Year It's All About Reach », *Forbes,* 24 août 2011, http://www.forbes.com/sites/carolinehoward/2011/08/24/the-worlds-100-most-powerful-women-this-year-its-all-about-reach/

3. La réussite et le capital sympathie

Page 65

1. L'auteur remercie le professeur Frank J. Flynn de lui avoir parlé de l'étude à l'occasion d'une conversation privée le 22 juin 2011.

2. Cf. Kathleen McGinn et Nicole Tempest, *Heidi Roizen*, Harvard Business School Case Study #9-800-228 (Boston : Harvard Business School Publishing, 2009).

Page 66

3. Madeline E. Heilman et Tyler G. Okimoto, « Why Are Women Penalized for Success at Male Tasks ? : The Implied Communality Deficit », *Journal of Applied Psychology* 92, no. 1 (2007) : 81-92 ; Madeline E. Heilman *et al.*, « Penalties for Success : Reactions to Women Who Succeed at Male Gender-Typed Tasks », *Journal of Applied Psychology* 89, no. 3 (2004) : 416-27 ; et enfin Madeline E. Heilman, Caryn J. Block, et Richard F. Martell, « Sex Stereotypes : Do They Influence Perceptions of Managers ? », *Journal of Social Behavior and Personality* 10, no. 6 (1995) : 237-52. D'utiles comptes-rendus de problèmes liés à celui-là figurent dans les articles de Alice H. Eagly et Steven J. Karau, « Role Congruity Theory of Prejudice Toward Female Leaders », *Psychological Review* 109, no. 3 (2002) : 573-98 ; Madeline E. Heilman, « Description and Prescription : How Gender Stereotypes Prevent Women's Ascent up the Organizational Ladder », *Journal of Social Issues* 57, no. 4 (2001) : 657-74 ; et enfin Cecilia L. Ridgeway, « Gender, Status, and Leadership », *Journal of Social Issues* 57, no. 4 (2001) : 637-55. Il convient de noter que la réussite des femmes leur coûte surtout dans les domaines qui passent pour réservés aux hommes.

4. Cyndi Kernahan, Bruce D. Bartholow, et B. Ann Bettencourt,

« Effects of Category-Based Expectancy Violation on Affect-Related Evaluations : Toward a Comprehensive Model », *Basic and Applied Social Psychology* 22, no. 2 (2000) : 85-100 ; ainsi que B. Ann Bettencourt *et al.*, « Evaluations of Ingroup and Outgroup Members : The Role of Category-Based Expectancy Violation », *Journal of Experimental Social Psychology* 33, no. 3 (1997) : 244-75. Les recherches sur la « théorie de l'attente » montrent que nous tendons à juger les autres d'après les stéréotypes attachés aux groupes dont ils font partie. Quand quelqu'un contrevient, de par sa manière d'agir, à nos attentes préconçues, interloqués, nous l'évaluons avec plus d'attention que nous ne l'aurions fait sans cela.

Page 67

5. Shankar Vedantam, « "Nicer Sex" Image at Play in Politics », *Chicago Tribune,* 13 novembre 2007, http://articles.chicagotribune. com/2007-11-13/news/0711120690_1_female-leaders-women-and-leadership-social-psychologist

Page 68

6. Ken Auletta, « A Woman's Place : Can Sheryl Sandberg Upend Silicon Valley's Male-Dominated Culture ? », *The New Yorker,* 11 juillet 2012, http://www.newyorker.com/reporting/2011/07/11/110711fa_fact_auletta ? currentPage=all

Page 72

7. Conversation de l'auteure avec la professeure Deborah H. Gruenfeld, 22 juin 2012.

8. Une étude de Madeline E. Heilman *et al.* (2004) a montré que les moins appréciés d'un groupe d'employés compétents bénéficiaient de moins de recommandations et de gratifications (telles qu'augmentations de salaire ou promotions accélérées) que les autres. Cf. Heilman *et al.*, « Penalties for Success », 416-27.

Page 73

9. Laurie A. Rudman, « Self-Promotion as a Risk Factor for Women : The Costs and Benefits of Counterstereotypical Impression Management », *Journal of Personality and Social Psychology* 74, no. 3 (1998) : 629-45 ; Laurie A. Rudman et Peter Glick, « Feminized Management and Backlash Toward Agentic Women : The Hidden Costs to Women of a Kinder, Gentler Image of Middle-Managers », *Journal of Personality and Social Psychology* 77, no. 5 (1999) : 1004-10 ; ainsi que Laurie A. Rudman et Peter Glick,

« Prescriptive Gender Stereotypes and Backlash Toward Agentic Women, » *Journal of Social Issues* 57, no. 4 (2001) : 743-62.

Page 74

10. Conversation de l'auteure avec le professeur Francis J. Flynn, 22 juin 2011.

11. Madeline E. Heilman et Julie J. Chen, « Same Behavior, Different Consequences : Reactions to Men's and Women's Altruistic Citizenship Behaviors », *Journal of Applied Psychology* 90, no. 3 (2005) : 431-41.

12. Catalyst, *The Double-Bind Dilemma for Women in Leadership : Damned if You Do, Doomed if You Don't* (juillet 2007), 1, http://www.catalyst.org/file/45/the % 20double-bind % 20dilemma % 20for % 20women % 20in % 20leadership % 20damned % 20if % 20you % 20do,% 20doomed % 20if % 20you % 20don % E2 % 80 % 99t.pdf

13. Linda Babcock et Sara Laschever, *Women Don't Ask* (New York : Bantam Books, 2007), 1-4 ; Linda Babcock *et al.*, « Gender Differences in the Propensity to Initiate Negotiations », in *Social Psychology and Economics,* ed. David De Cremer, Marcel Zeelenberg, et J. Keith Murnighan (Mahwah, NJ : Lawrence Erlbaum, 2006), 239-59 ; ainsi que Fiona Greig, « Propensity to Negotiate and Career Advancement : Evidence from an Investment Bank that Women Are on a "Slow Elevator" », *Negotiation Journal* 24, no. 4 (2008) : 495–508. La plupart des études concluent que les hommes négocient plus que les femmes et qu'ils en retirent de plus grands bénéfices. Tout dépend toutefois du contexte dans lequel se déroule la négociation. Small *et al.* ont montré en 2007 que la différence entre hommes et femmes s'estompe quand il s'agit de « demander » plutôt que de « négocier ». Bowles *et al.* ont révélé (en 2005) que les femmes obtiennent de bien meilleurs résultats quand elles négocient pour le compte d'autrui. Cf. Deborah A. Small *et al.*, « Who Goes to the Bargaining Table ? The Influence of Gender and Framing on the Initiation of Negotiation », *Journal of Personality and Social Psychology* 93, no. 4 (2007) : 600-613 ; ainsi que Hannah Riley Bowles *et al.*, « Constraints and Triggers : Situational Mechanics of Gender in Negotiation », *Journal of Personality and Social Psychology* 89, no. 6 (2005) : 951-65.

14. Babcock et Laschever, *Women Don't Ask,* 1-2.

15. Emily T. Amanatullah et Catherine H. Tinsley, « Punishing Female Negotiators for Asserting Too Much... Or Not Enough : Exploring Why Advocacy Moderates Backlash Against Assertive Female Negotiators », *Organizational Behavior and Human Decision Processes* 120, no. 1 (2013) : 110-22 ; ainsi que Hannah Riley Bowles, Linda Babcock, et Lei Lai, « Social Incentives for Gender Differences in the Propensity to Initiate Negotiations : Sometimes It Does Hurt to Ask », *Organizational Behavior and Human Decision Processes* 103, no. 1 (2007) : 84-103.

Page 75

16. Emily T. Amanatullah et Michael W. Morris, « Negotiating Gender Roles : Gender Differences in Assertive Negotiating Are Mediated by Women's Fear of Backlash and Attenuated When Negotiating on Behalf of Others », *Journal of Personality and Social Psychology* 98, no. 2 (2010) : 256-67 ; ainsi que Bowles *et al.*, « Constraints and Triggers », 951-65.

17. Bowles, Babcock, et Lai, « Social Incentives for Gender Differences », 84-103.

18. Hannah Riley Bowles et Linda Babcock, « How Can Women Escape the Compensation Negotiation Dilemma ? Relational Accounts Are One Answer », *Psychology of Women Quarterly*, article sous presse (2012), 2, http://dx.doi.org/10.1177/0361684312455524

Page 76

19. *Ibid.*, 1-17.

Page 77

20. Cecilia L. Ridgeway, « Status in Groups : The Importance of Motivation », *American Sociological Review* 47, no. 1 (1982) : 76-88. Dans les équipes en majorité composées d'hommes, les femmes sont plus écoutées quand elles prenent la parole dans l'intérêt du groupe entier (par exemple en affirmant « il me semble important que nous coopérions »).

21. Bowles and Babcock, « How Can Women Escape the Compensation Negotiation Dilemma ? », 1-17.

Page 78

22. Linda Babcock et Sara Laschever, *Ask for It : How Women Can Use the Power of Negotiation to Get What They Really Want* (New York : Bantam Dell, 2008), 253.

23. Linda Babcock et Sara Laschever livrent dans *Ask for It,* 251–66, de plus amples informations et des conseils sur l'art de se montrer « impitoyablement aimable ».

Page 80

24. E. B. Boyd, « Where Is the Female Mark Zuckerberg ? », *San Francisco,* décembre 2011, http://www.modernluxury.com/san-francisco/story/where-the-female-mark-zuckerberg

25. Jessica Valenti, « Sad White Babies with Mean Feminist Mommies », Jessica Valenti blog, 19 juin 2012, http://jessicavalenti. tumblr.com/post/25465502300/sad-white-babies-with-mean-feminist-mommies-the

4. Une cage à grimper et non pas une échelle

Page 85

1. Bureau of Labor Statistics, *Number of Jobs Held, Labor Market Activity, and Earnings Growth Among the Youngest Baby Boomers : Results from a Longitudinal Study* (juillet 2012), http://www.bls.gov/news.release/pdf/nlsoy.pdf Ce rapport a mis en évidence qu'un Américain né entre 1957 et 1964 avait exercé en moyenne 11,3 emplois entre l'âge de dix-huit et de quarante-six ans, dont près de la moitié entre dix-huit et vingt-quatre ans.

Page 97

2. Le lecteur désireux de savoir pourquoi les femmes sont moins enclines à prendre des risques que les hommes consultera Marianne Bertrand, « New Perspectives on Gender », in *Handbook of Labor Economics,* vol. 4B, ed. Orley Ashenfelter et David Card (Amsterdam : North Holland, 2010), 1544-90 ; Rachel Croson et Uri Gneezy, « Gender Differences in Preferences », *Journal of Economic Literature* 47, no. 2 (2009) : 448-74 ; ainsi que Catherine C. Eckel et Phillip J. Grossman, « Men, Women, and Risk Aversion : Experimental Evidence », in *Handbook of Experimental Economics Results,* vol. 1, ed. Charles R. Plott et Vernon L. Smith (Amsterdam : North Holland, 2008), 1061-73.

Page 98

3. Centers for Disease Control and Prevention (Centres pour le

contrôle et la prévention des maladies), *Drowning Risks in Natural Water Settings*, http://www.cdc.gov/Features/dsDrowning-Risks/

4. Karen S. Lyness et Christine A. Schrader, « Moving Ahead or Just Moving ? An Examination of Gender Differences in Senior Corporate Management Appointments », *Gender & Organization Management* 31, no. 6 (2006) : 651-76. L'étude portait sur 952 offres d'emploi de cadres de direction parues dans le *Wall Streeet Journal*. Par rapport aux hommes, les femmes assumaient plus volontiers de nouvelles fonctions semblables aux précédentes et renâclaient à changer d'entreprise. Sur l'ensemble des managers, les femmes étaient moins susceptibles que les hommes de se hisser dans la hiérarchie ou de se risquer dans une nouvelle branche. Il y a lieu d'en conclure que les changements de poste des femmes les avantagent moins, en termes de carrière, que ceux des hommes.

5. Londa Schiebinger, Andrea Davies, et Shannon K. Gilmartin, *Dual-Career Academic Couples : What Universities Need to Know*, Clayman Institute for Gender Research, Stanford University (2008), http://gender.stanford.edu/sites/default/files/DualCareerFinal_0.pdf ; Kimberlee A. Shauman et Mary C. Noonan, « Family Migration and Labor Force Outcomes : Sex Differences in Occupational Context », *Social Forces* 85, no. 4 (2007) : 1735-64 ; ainsi que Pam Stone, *Opting Out ? Why Women Really Quit Careers and Head Home* (Berkeley : University of California Press, 2007).

Page 99

6. Irene E. De Pater *et al.*, « Challenging Experiences : Gender Differences in Task Choice », *Journal of Managerial Psychology* 24, no. 1 (2009) : 4-28. Cette étude s'est intéressée à près d'une centaine d'étudiants en école de commerce pendant leur stage en entreprise. Parmi les stagiaires qui disposaient d'une « plus ample marge de décision », c'est-à-dire qui contrôlaient plus les tâches qui leur incombaient, les femmes estimaient avoir affronté moins de défis à relever que les hommes. L'étude menée par Irene E. De Pater *et al.*, « Individual Task Choice and the Division of Challenging Tasks Between Men and Women », *Group & Organization Management* 34, no. 5 (2009) : 563-89, a montré que, quand des binômes homme/femme négociaient la répartition de

certaines tâches, les plus stimulantes revenaient aux hommes. Certains résultats laissent penser que des idées reçues telles que « les femmes ont besoin qu'on les protège » (une forme de sexisme bienveillant) empêchent les femmes de mener à bien des tâches ardues obligeant à un dépassement de soi. Cf. Eden B. King *et al.*, « Benevolent Sexism at Work : Gender Differences in the Distribution of Challenging Developmental Experiences », *Journal of Management* 38, no. 6 (2012) : 1835-66.

7. Georges Desvaux, Sandrine Devillard-Hoellinger, et Mary C. Meaney, « A Business Case for Women », *The McKinsey Quarterly* (septembre 2008) : 4, http://www.rctaylor.com/Images/A_Business_Case_for_Women.pdf

Page 100

8. La hiérarchie de la banque Lloyds TSB s'est aperçue que les femmes qu'elle employait ne se portaient pas spontanément candidates à une promotion alors qu'elles étaient à 8 % plus susceptibles de remplir les critères requis que leurs collègues de sexe masculin. Cf. Desvaux, Devillard-Hoellinger, et Meaney, « A Business Case for Women », 4. Des études sur l'appartenance sexuelle et l'avancement, menées pour l'essentiel en milieu universitaire en Angleterre et en Australie, ont montré que les femmes hésitent à se mettre en avant, parce qu'elles sous-évaluent souvent leurs compétences, et la pertinence de leur expérience. Cf. Anne Ross-Smith et Colleen Chesterman, « "Girl Disease" : Women Managers' Reticence and Ambivalence Towards Organizational Advancement », *Journal of Management & Organization* 15, no. 5 (2009) : 582-95 ; Liz Doherty et Simonetta Manfredi, « Women's Progression to Senior Positions in English Universities », *Employee Relations* 28, no. 6 (2006) : 553-72 ; ainsi que Belinda Probert, « "I Just Couldn't Fit It In" : Gender and Unequal Outcomes in Academic Careers », *Gender, Work and Organization* 12, no. 1 (2005) : 50-72.

9. Hannah Seligson, « Ladies, Take off Your Tiara ! », *The Huffington Post,* 20 février 2007, http://www.huffingtonpost.com/hannah-seligson/ladies-take-off-your-tiar_b_41649.html

5. C'est toi, mon mentor ?

Page 104

1. Les mentors fournissent à leur protégé des conseils, un soutien et des critiques constructives. Les sponsors, eux, usent de l'influence que leur assure leur poste pour promouvoir celui-ci ; ils exercent par exemple des pressions pour que leur poulain se voie confier une mission délicate ou reçoive une promotion. Les différences entre mentor et sponsor sont explicitées par Herminia Ibarra, Nancy M. Carter, et Christine Silva, « Why Men Still Get More Promotions than Women », *Harvard Business Review* 88, no. 9 (2010) : 80-85. Cf. aussi Sylvia Ann Hewlett *et al.*, *The Sponsor Effect : Breaking Through the Last Glass Ceiling, a Harvard Business Review* Research Report (décembre 2010) : 5-7.

Page 106

2. Des études ont prouvé que ceux qui bénéficient d'un mentor et d'un sponsor se targuent d'une plus grande réussite professionnelle que les autres (ils gagnent plus, obtiennent plus de promotions, s'estiment plus satisfaits de leur carrière et s'y impliquent plus aussi). Cf. Tammy D. Allen *et al.*, « Career Benefits Associated with Mentoring for Protégés : A Meta-Analysis », *Journal of Applied Psychology* 89, no. 1 (2004) : 127-36. Une étude portant sur plusieurs milliers de cols blancs détenteurs d'un diplôme de premier cycle universitaire a montré qu'avoir un sponsor incitait aussi bien les hommes que les femmes à réclamer une augmentation et des missions les obligeant à se dépasser. 56 % des hommes bénéficiant d'un sponsor se montraient plus enclins à réclamer une mission délicate et 49 %, une augmentation de salaire. Les hommes sans sponsor n'étaient en revanche que 43 % à se porter candidats à une mission délicate et 37 % à demander une augmentation. 44 % des femmes dotées d'un sponsor étaient enclines à réclamer une mission délicate et 38 %, une augmentation. Parmi celles qui n'avaient pas de sponsor, seules 36 % aspiraient à se voir confier une mission ardue et 30 % souhaitaient une revalorisation de leur salaire. Cf. Hewlett *et al.*, *The Sponsor Effect*, 9-11.

3. Les difficultés que posent aux femmes les relations avec un

mentor sont évoquées par Kimberly E. O'Brien *et al.*, « A Meta-Analytic Investigation of Gender Differences in Mentoring », *Journal of Management* 36, no. 2 (2010) : 539-40. Dans l'ensemble, hommes et femmes sont aussi nombreux les uns que les autres à bénéficier du soutien d'un mentor, bien qu'ils n'en retirent pas les mêmes avantages. Les mentors disposant d'un pouvoir étendu au sein de la structure qui les emploie (le plus souvent des hommes, blancs) assurent plus de promotions à leurs protégés que les femmes ou les mentors appartenant à une minorité ethnique. Il a été prouvé que les hommes, surtout blancs, ont en général des mentors plus influents que les femmes (ou les membres de minorités ethniques). Une étude de Catalyst a montré que 78 % des hommes dans le monde des affaires avaient pour mentor un P-DG ou un cadre de direction, contre seulement 69 % des femmes. La différence dessert les femmes, dans la mesure où les protégés de mentors haut placés gravissent plus vite les échelons. Cf. Ibarra, Carter, et Silva, « Why Men Still Get More Promotions than Women », 80-85. Cf. aussi George F. Dreher et Taylor H. Cox Jr., « Race, Gender, and Opportunity : A Study of Compensation Attainment and the Establishing of Mentoring Relationships », *Journal of Applied Psychology* 81, no. 3 (1996) : 297-308.

4. Sur l'ensemble des cols blancs diplômés interrogés par Hewlett *et al.*, 19 % des hommes disaient bénéficier d'un sponsor, contre 13 % des femmes seulement. Cf. Hewlett *et al.*, *The Sponsor Effect*, 8-11. Une étude de 2010 a révélé que les femmes à fort potentiel avaient « trop de mentors et pas assez de sponsors » par rapport à leurs homologues de sexe masculin. Cf. Ibarra, Carter, et Silva, « Why Men Still Get More Promotions than Women », 80-85.

Page 108

5. Romila Singh, Belle Rose Ragins, et Phyllis Tharenou, « Who Gets a Mentor ? A Longitudinal Assessment of the Rising Star Hypothesis », *Journal of Vocational Behavior* 74, no. 1 (2009) : 11-17 ; sans oublier Tammy D. Allen, Mark L. Poteet, et Joyce E. A. Russell, « Protégé Selection by Mentors : What Makes the Difference ? », *Journal of Organizational Behavior* 21, no. 3 (2000) : 271-82.

Page 110

6. Alvin W. Gouldner, « The Norm of Reciprocity : A Prelimi-

nary Statement », *American Sociological Review* 25, no. 2 (1960) : 161-78.

Page 113

7. Tammy D. Allen, Mark L. Poteet, et Susan M. Burroughs, « The Mentor's Perspective : A Qualitative Inquiry and Future Research Agenda », *Journal of Vocational Behavior* 51, no. 1 (1997) : 86.

Page 114

8. Hewlett *et al.*, *The Sponsor Effect*, 35.

Page 116

9. Ibarra, Carter, et Silva, « Why Men Still Get More Promotions than Women », 80-85.

6. Soyez vraie, dites ce que vous pensez

Page 122

1. Denise L. Loyd *et al.*, « Expertise in Your Midst : How Congruence Between Status and Speech Style Affects Reactions to Unique Knowledge », *Group Processes & Intergroup Relations* 13, no. 3 (2010) : 379-95 ; ainsi que Lawrence A. Hosman, « The Evaluative Consequences of Hedges, Hesitations, and Intensifiers : Powerful and Powerless Speech Styles », *Human Communication Research* 15, no. 3 (1989) : 383-406. L'incidence du pouvoir sur le comportement est évoquée par Dacher Keltner, Deborah H. Gruenfeld, et Cameron Anderson, « Power, Approach, Inhibition », *Psychological Review* 110, no. 2 (2003) : 265-84. L'influence de l'appartenance sexuelle sur le discours a été étudiée par Cecilia L. Ridgeway et Lynn Smith-Lovin, « The Gender System and Interaction », *Annual Review of Sociology* 25, no. 1 (1999) : 202-3.

Page 134

2. Bell Leadership Institute, *Humor Gives Leaders the Edge* (2012), http://www.bellleadership.com/pressreleases/press_template. php ? id=15

Page 135

3. Les recherches menées par Kimberly D. Elsbach, professeur de management à l'université de Californie, et ses collègues, ont

montré qu'en pleurant au travail, les femmes suscitent en général une réaction négative de la part de leurs collègues, à moins que leur chagrin ne soit lié à un problème personnel grave, tel que le deuil d'un proche ou leur divorce. Pleurer pendant une réunion, en raison de pressions professionnelles ou d'un désaccord, passe pour « perturbant », « un manque de professionnalisme », « un signe de faiblesse », voire « une tentative de manipulation ». Une plus ample description des résultats du professeur Elsbach est fournie par Jenna Goudreau dans l'article « Crying at Work, a Woman's Burden », *Forbes*, 11 janvier 2011, http://www.forbes.com/sites/jennagoudreau/2011/01/11/crying-at-work-a-womans-burden-study-men-sex-testosterone-tears-arousal/

Page 139

4. Marcus Buckingham, « Leadership Development in the Age of the Algorithm », *Harvard Business Review* 90, no. 6 (2012) : 86-94 ; et aussi Bill George *et al.*, « Discovering Your Authentic Leadership », *Harvard Business Review* 85, no. 2 (2007) : 129-38.

7. Ne vous en allez pas
avant de partir pour de bon

Page 142

1. La plupart des études indiquent que les jeunes femmes ont beau se déclarer prêtes à s'investir à la fois dans leur future carrière et auprès de la famille qu'elles comptent fonder, elles s'attendent à ce que concilier les deux présente des difficultés et réclame des compromis. Janelle C. Fetterolf et Alice H. Eagly, « Do Young Women Expect Gender Equality in Their Future Lives ? An Answer from a Possible Selves Experiment », *Sex Roles* 65, nos. 1-2 (2011) : 83-93 ; Elizabeth R. Brown et Amanda B. Diekman, « What Will I Be ? Exploring Gender Differences in Near and Distant Possible Selves », *Sex Roles* 63, nos. 7-8 (2010) : 568-79 ; et enfin Linda Stone et Nancy P. McKee, « Gendered Futures : Student Visions of Career and Family on a College Campus », *Anthropology & Education Quarterly* 31, no. 1 (2000) : 67-89.

Page 142

2. Lesley Lazin Novack et David R. Novack, « Being Female in the Eighties and Nineties : Conflicts between New Opportunities and Traditional Expectations Among White, Middle Class, Heterosexual College Women », *Sex Roles* 35, nos. 1-2 (1996) : 67. Novack et Novack se sont aperçus que 18 % des étudiants de sexe masculin et 38 % de leurs camarades de sexe féminin forcés de choisir entre se marier ou faire carrière disaient opter pour le mariage, alors que 67 % des étudiants et 49 % des étudiantes aimeraient mieux faire carrière que de se marier. Il convient de noter que 22 % des hommes et 15 % des femmes ont refusé de choisir, affirmant pour la plupart qu'ils espéraient concilier les deux. Les auteurs de l'étude affirment que « beaucoup d'hommes ont jugé inacceptable de devoir renoncer à l'un ou à l'autre, sans doute parce que, historiquement, les hommes ont toujours pu cumuler les deux ». Selon une récente enquête du Pew Research Center, la proportion de jeunes femmes âgées de dix-huit à trente-quatre ans à considérer « un mariage réussi » comme « l'un des éléments les plus importants » de leur vie a augmenté depuis 1997 alors qu'on a observé l'inverse chez les jeunes hommes. Cf. Eileen Patten et Kim Parker, *A Gender Reversal on Career Aspirations,* Pew Research Center (avril 2012), http://www.pewsocialtrends.org/ 2012/04/19/ a-gender-reversal-on-career-aspirations/ D'après une autre enquête récente, parmi les jeunes âgés de dix-huit à trente et un ans, les femmes se sentaient plus « incitées à se marier » que les hommes. Cf. Judith E. Owen Blakemore, Carol A. Lawton, et Lesa Rae Vartanian, « I Can't Wait to Get Married : Gender Differences in Drive to Marry », *Sex Roles* 53, nos. 5-6 (2005) : 327-35. L'étude de Mindy J. Erchull *et al.*, « Well… She Wants It More : Perceptions of Social Norms About Desires for Marriage and Children and Anticipated Chore Participation », *Psychology of Women Quarterly* 34, no. 2 (2010) : 253-60, marque une exception notable à cette tendance : les auteurs n'ont relevé aucun écart entre le désir exprimé par les étudiants hommes et femmes de se marier.

Page 144

3. Des études portant sur la satisfaction au travail et la fréquence des changements de poste sont évoquées par Petri Böckerman et Pekka Ilmakunnas, « Job Disamenities, Job Satisfaction, Quit Inten-

tions, and Actual Separations : Putting the Pieces Together », *Industrial Relations* 48, no. 1 (2009) : 73-96 ; et aussi Brooks *et al.*, « Turnover and Retention Research : A Glance at the Past, a Closer Review of the Present, and a Venture into the Future », *The Academy of Management Annals* 2, no. 1 (2008) : 231-74.

Page 148

4. Caroline O'Connor, « How Sheryl Sandberg Helped Make One Entrepreneur's Big Decision », *Harvard Business Review* Blog Network, 26 septembre 2011, http://blogs.hbr.org/cs/2011/09/how_sheryl_sandberg_helped_mak.html

Page 151

5. Environ 80 % des femmes sans enfant travaillent contre 70,6 % des mères seulement. Les hommes ayant des enfants sont en revanche plus nombreux que les autres à exercer une activité professionnelle. Environ 86 % des hommes sans enfant et 94,6 % des pères travaillent. Ces chiffres correspondent au taux d'emploi des hommes et des femmes âgés de vingt-cinq à quarante-quatre ans, avec ou sans enfants de moins de dix-huit ans. Bureau of Labor Statistics, « Table 6A : Employment Status of Persons by Age, Presence of Children, Sex, Race, Hispanic or Latino Ethnicity, and Marital Status, Annual Average 2011 », Current Population Survey, Employment Characteristics (2011).

6. Organisation de coopération et de développement économiques (OCDE), « Chart LMF1.2B : Maternal Employment Rates by Age of Youngest Child, 2009 ». Base de données de l'OCDE sur la famille, http://www.oecd.org/els/familiesandchildren/38752721.pdf

7. David Cotter, Paula England, et Joan Hermsen, « Moms and Jobs : Trends in Mothers' Employment and Which Mothers Stay Home », in *Families as They Really Are*, ed. Barbara J. Risman (New York : W.W. Norton, 2010), 416-24. Les femmes dont les maris gagnent le moins (aux revenus parmi les 25 % les plus bas) sont les plus susceptibles de ne pas travailler à l'extérieur, suivies par les femmes dont les maris perçoivent des revenus parmi les 5 % les plus élevés.

8. The National Association of Child Care Resource & Referral Agencies, *Parents and the High Cost of Child Care : 2010 Update* (2010), 1, http://eyeonkids.ca/docs/files/cost_report_073010-final.pdf

Page 152

9. Child Care Aware of America, *Parents and the High Cost of Child Care : 2012 Report* (2012), 7, http://www.naccrra.org/sites/default/files/default_site_pages/2012/cost_report_2012_final_081012_0.pdf

10. Si les pays de l'Union européenne participent dans une mesure significative à la mise en place de modes de garde d'enfants, ce qu'il en coûte aux familles varie d'un État à l'autre. Les pays qui font plus massivement appel aux initiatives privées garantissent un large accès à différents modes de garde mais il en coûte un prix élevé aux foyers concernés. Ailleurs, les impôts financent la garde des enfants, largement subventionnée par l'État, mais pas pour toutes les tranches d'âge. Cf. Parlement européen, « The Cost of Childcare in EU Countries : Transversal Analysis Part 1 of 2 », Policy Department, Economic and Scientific Policy (2006), http://www.europarl.europa.eu/document/activities/cont/201107/2011071 8ATT24321/20110718ATT24321EN.pdf ; ainsi que Parlement européen, « The Cost of Childcare in EU Countries : Country Reports, Part 2 of 2 », Policy Department, Economic and Scientific Policy (2006), http://www.europarl.europa.eu/document/activities/cont/201107/20110718ATT24319/20110718ATT24319EN.pdf

11. Youngjoo Cha, « Reinforcing Separate Spheres : The Effect of Spousal Overwork on Men's and Women's Employment in Dual-Earner Households », *American Sociological Review* 75, no. 2 (2010) : 318. Cette étude a révélé que la probabilité de quitter la vie active était à 112 % plus élevée pour les mères dont le mari travaillait au moins soixante heures par semaine que pour celles dont l'époux ne cumulait pas plus de cinquante heures hebdomadaires.

12. Les résultats de l'enquête de 2007 sur les élèves de l'école de commerce de Harvard ont été fournis par le Bureau des carrières et du développement professionnel de la HBS à l'auteure, le 15 octobre 2012. Une autre enquête portant sur les promotions 1981, 1985 et 1991 de l'école de commerce de Harvard a montré que, parmi les anciens élèves ayant deux enfants ou plus, plus de 90 % des hommes travaillaient à plein temps, contre 38 % des femmes seulement. Ces données figurent dans un courrier électronique de Myra M. Hart, professeur émérite de la HBS, daté du 23 septembre

2012. Il se peut que la conclusion de ces enquêtes ait été faussée par le taux très faible de réponses des femmes par rapport aux hommes. Sans compter que les personnes ayant répondu n'avaient pas la possibilité d'expliquer ce qu'elles faisaient quand elles ne travaillaient pas à plein temps. Il est possible que certaines aient exercé des activités bénévoles ou siégé à des conseils d'administration. Il convient de noter que les femmes sont plus susceptibles que les hommes d'interrompre leur carrière suite à la naissance d'un enfant ou en raison de la priorité qu'elles accordent à certains de leurs objectifs personnels ou encore du fait de leurs responsabilités familiales. Le lecteur en apprendra plus sur les carrières en dents de scie des femmes en consultant Lisa A. Mainiero et Sherry E. Sullivan, « Kaleidoscope Careers : An Alternate Explanation for the "Opt-Out" Revolution », *The Academy of Management Executive* 19, no. 1 (2005) : 106-23. D'autres études ont montré que le taux d'activité des femmes dépend du métier qu'elles exercent. Une enquête portant sur les promotions 1988, 1989, 1990 et 1991 de Harvard a révélé que, quinze ans après la fin de leurs études, les médecins étaient, parmi les mères de famille, les plus nombreuses à travailler (c'était le cas de 94,2 % d'entre elles), suivies par les docteurs en sciences humaines (85,5 %) les docteurs en droit (77,6 %) et les titulaires d'un MBA (71,7 %). Ces chiffres invitent à penser que la culture d'un secteur professionnel donné influe sur le taux d'emploi des femmes. Cf. Jane Leber Herr et Catherine Wolfram, « Work Environment and "Opt-Out" Rates at Motherhood Across Higher-Education Career Paths » (novembre 2011), http://faculty.haas. berkeley.edu/wolfram/Papers/OptOut_ILRRNov11.pdf

13. Ce sondage des promotions 1979, 1984, 1989 et 1994 de Yale a été réalisé en 2000, comme le précise d'ailleurs Louise Story dans son article du 20 septembre 2005 du *New York Times* : « Many Women at Elite Colleges Set Career Path to Motherhood », http://www.nytimes.com/2005/09/20/national/20women.html?pagewanted=all

Page 153

14. Amy Sennett, « Work and Family : Life After Princeton for the Class of 2006 » (juillet 2006), http://www.princeton.edu/~paw/archive_new/PAW05-06/15-0719/features_family life.html

Page 156

15. Hewlett et Luce, « Off-Ramps and On-Ramps », 46.

16. Stephen J. Rose et Heidi I. Hartmann, *Still a Man's Labor Market : The Long-Term Earnings Gap,* Institute for Women's Policy Research (2004), 10, http://www.aecf.org/upload/publicationfiles/fes3622h767.pdf

17. *Ibid.*

18. Hewlett et Luce, « Off-Ramps and On-Ramps », 46.

19. OCDE, « 13.3. : Le manque à gagner lié à la maternité est élevé dans tous les pays de l'OCDE », *Inégalités hommes-femmes ; il est temps d'agir* (Éditions de l'OCDE, 2012), http://www.oecd-ilibrary.org/fr/social-issues-migration-health/inegalites-hommes-femmes_9789264179660-fr

8. Faire de son partenaire
un partenaire à part entière

Page 163

1. Melissa A. Milkie, Sara B. Raley, et Suzanne M. Bianchi, « Taking on the Second Shift : Time Allocations and Time Pressures of U.S. Parents with Preschoolers », *Social Forces* 88, no. 2 (2009) : 487-517

2. Scott S. Hall et Shelley M. MacDermid, « A Typology of Dual Earner Marriages Based on Work and Family Arrangements », *Journal of Family and Economic Issues* 30, no. 3 (2009) : 220.

3. Kimberly Fisher et John Robinson, « Daily Life in 23 countries », *Social Indicators Research 101*, no. 2 (2010) : 295-304.

4. Entre 1965 et 2000, le temps que les pères en couple aux États-Unis ont consacré chaque semaine à leurs enfants a presque triplé, alors que celui qu'ils ont réservé au ménage a doublé. En 1965, les pères en couple passaient deux heures et trente-cinq minutes par semaine à veiller sur leurs enfants, contre six heures et demie en 2000. L'essentiel de l'augmentation s'est produit après 1985. En 1965, les pères en couple se chargeaient des corvées domestiques pendant quatre heures et demie chaque semaine, contre dix heures hebdomadaires en 2000. L'essentiel de l'aug-

mentation a eu lieu entre 1965 et 1985. Le temps que les pères en couple consacrent au ménage n'a pas beaucoup varié depuis 1985. Cf. Suzanne M. Bianchi, John P. Robinson, et Melissa A. Milkie, *Changing Rhythms of American Family Life* (New York : Russell Sage Foundation, 2006). Les recherches menées par Hook (en 2006) dans vingt pays ont montré qu'entre 1965 et 2003, les pères de famille en activité professionnelle ont augmenté de six heures par semaine le temps qu'ils réservent aux tâches domestiques non rémunérées. Cf. Jennifer L. Hook, « Care in Context : Men's Unpaid Work in 20 Countries, 1965-2003 », *American Sociological Review* 71, no. 4 (2006) : 639-60.

5. Letitia Anne Peplau et Leah R. Spalding, « The Close Relationships of Lesbians, Gay Men, and Bisexuals », in *Close Relationships : A Sourcebook,* ed. Clyde A. Hendrick et Susan S. Hendrick (Thousand Oaks, CA : Sage, 2000), 111-24 ; sans oublier Sondra E. Solomon, Esther D. Rothblum, et Kimberly F. Balsam, « Money, Housework, Sex, and Conflict : Same-Sex Couples in Civil Unions, Those Not in Civil Unions, and Heterosexual Married Siblings », *Sex Roles* 52, nos. 9-10 (2005) : 561-75.

6. Lynda Laughlin, *Who's Minding the Kids ? Child Care Arrangements : Spring 2005 and Summer 2006,* Bureau du recensement des États-Unis, Current Population Reports, P70-121 (août 2010), 1. Commenté par K. J. Dell'Antonia, dans un article du *New York Times* du 8 février 2012, « The Census Bureau Counts Fathers as "Child Care" », http://parenting.blogs.nytimes.com/2012/02/08/the-census-bureau-counts-fathers-as-child-care/

7. Laughlin, *Who's Minding the Kids ?,* 7-9.

8. Joya Misra, Michelle Budig, et Stephanie Moller, « Reconciliation Policies and the Effects of Motherhood on Employment, Earnings, and Poverty », Luxembourg Income Study Working Paper Series 429 (2006), http://www.lisproject.org/publications/liswps/429.pdf ; Revenue Benefits, « Child Benefit and Guardian's Allowance : Where It All Started » (2011), http://www.revenuebenefits.org.uk/child-benefit/policy/where_it_all_started/ ; et enfin Organisation de coopération et de développement économiques (OCDE), « PF2.1 : Key Characteristics of Parental Leave Systems », Base de données de l'OCDE sur la famille (2011), http://www.oecd.org/social/familiesandchildren/37864482.pdf

312 En avant toutes

9. Maria Shriver, « Gloria Steinem, » *Interview,* 15 juillet 2011, http://www.interviewmagazine.com/culture/gloria-steinem/

Page 166
10. Des études sur les femmes qui considèrent la maternité comme leur chasse gardée sont évoquées par Sarah J. Schoppe-Sullivan *et al.*, « Maternal Gatekeeping, Coparenting Quality, and Fathering Behavior in Families with Infants », *Journal of Family Psychology* 22, no. 3 (2008) : 389-90.

Page 167
11. Sarah M. Allen et Alan J. Hawkins, « Maternal Gatekeeping : Mothers' Beliefs and Behaviors That Inhibit Greater Father Involvement in Family Work », *Journal of Marriage and Family* 61, no. 1 (1999) : 209.

Page 168
12. Richard L. Zweigenhaft et G. William Domhoff, *The New CEOs : Women, African American, Latino and Asian American Leaders of Fortune 500 Companies* (Lanham, MD : Rowman & Littlefield, 2011), 28-29.

13. James B. Stewart, « A C.E.O.'s Support System, a k a Husband », *New York Times,* 4 novembre 2011, http://www.nytimes.com/2011/11/05/business/a-ceos-support-system-a-k-a-husband.html?pagewanted=all

Page 169
14. Pamela Stone, *Opting Out ? Why Women Really Quit Careers and Head Home* (Berkeley : University of California Press, 2007), 62.

15. Stewart, « A C.E.O.'s Support System ».

Page 173
16. Le lecteur en saura plus en consultant Michael E. Lamb, *The Role of the Father in Child Development* (Hoboken, NJ : John Wiley & Sons, 2010) ; ou encore Anna Sarkadi *et al.*, « Fathers' Involvement and Children's Developmental Outcomes : A Systematic Review of Longitudinal Studies », *Acta Paediatrica* 97, no. 2 (2008) : 153-58.

17. Elisabeth Duursma, Barbara Alexander Pan, et Helen Raikes, « Predictors and Outcomes of Low-Income Fathers' Reading with Their Toddlers », *Early Childhood Research Quarterly* 23, no. 3

(2008) : 351-65 ; Joseph H. Pleck et Brian P. Masciadrelli, « Paternal Involvement in U.S. Residential Fathers : Levels, Sources, and Consequences », in *The Role of the Father in Child Development,* ed. Michael E. Lamb (Hoboken, NJ : John Wiley & Sons, 2004) : 222-71 ; Ronald P. Rohner et Robert A. Veneziano, « The Importance of Father Love : History and Contemporary Evidence », *Review of General Psychology* 5, no. 4 (2001) : 382-405 ; W. Jean Yeung, « Fathers : An Overlooked Resource for Children's Educational Success », in *After the Bell – Family Background, Public Policy, and Educational Success,* ed. Dalton Conley et Karen Albright (London : Routledge, 2004), 145-69 ; sans oublier Lois W. Hoffman et Lise M. Youngblade, *Mother's at Work : Effects on Children's Well-Being* (Cambridge : Cambridge University Press, 1999).

18. Différentes études à propos de l'influence des pères sur le développement émotionnel et social des enfants sont évoquées par Rohner et Veneziano, « The Importance of Father Love », 392.

19. Robyn J. Ely et Deborah L. Rhode, « Women and Leadership : Defining the Challenges », in *Handbook of Leadership Theory and Practice,* ed. Nitin Nohria et Rakesh Khurana (Boston : Harvard Business School Publishing, 2010), 377-410 ; sans oublier Deborah L. Rhode et Joan C. Williams, « Legal Perspectives on Employment Discrimination », in *Sex Discrimination in the Workplace : Multidisciplinary Perspectives,* ed. Faye J. Crosby, Margaret S. Stockdale, et S. Ann Ropp (Malden, MA : Blackwell, 2007), 235-70. Une enquête menée parmi cinquante-trois des cent entreprises classées par le magazine *Fortune* a montré que 73,6 % d'entre elles offraient aux mères des congés maternité contre seulement 32,1 % aux pères. Cf. Commission économique conjointe du Congrès des États-Unis, *Paid Family Leave at Fortune 100 Companies : A Basic Standard but Still Not a Gold Standard* (mars 2008), 6.

Page 174

20. Les cinq États qui accordent des allocations aux mères relevant de couches sont la Californie, Hawaii, le New Jersey, New York, et Rhode Island. En Californie et dans le New Jersey, les pères comme les mères peuvent bénéficier de six semaines de congé payé à la naissance d'un enfant. L'État de Washington a voté une loi allant dans le même sens, mais n'a pas pu l'appliquer à cause des contraintes qui pèsent sur son budget. Cf. National

Partnership for Women & Families, *Expecting Better : A State-by-State Analysis of Laws That Help New Parents* (mai 2012).

21. Sur près d'un millier de cols blancs pères de famille inter-rogés dans le cadre d'une enquête, à peu près sept cent cinquante n'avaient pas posé plus d'une semaine de congé à la naissance de leur enfant et 16 % ne s'étaient pas du tout arrêtés de travailler. Cf. Brad Harrington, Fred Van Deusen et Beth Humberd, *The New Dad : Caring, Committed and Conflicted*, Boston College, Center for Work & Family (2011) : 14-15. Un rapport sur le congé payé qu'octroie depuis peu l'État de Californie à la naissance d'un enfant a révélé que les pères qui en profitaient s'arrêtaient en moyenne trois semaines pour s'occuper de leur nouveau-né. Cf. Eileen Apple-baum et Ruth Milkman, *Leaves That Pay : Employer and Worker Experiences with Paid Family Leave in California*, Center for Eco-nomic and Policy Research (janvier 2011), 18.

22. Parlement européen, « The Cost of Childcare in EU Countries : Transversal Analysis Part 1 of 2 », Policy Department, Economic and Scientific Policy (2006), http://www.europarl. europa.eu/document/activities/cont/201107/20110718ATT24321/ 20110718ATT24321EN.pdf

23. Organisation de coopération et de développement écono-miques (OCDE), « PF2.1 : Key Characteristics of Parental Leave Systems », Base de données de l'OCDE sur la famille (2011), http:// www.oecd.org/els/socialpoliciesanddata/PF2.1_Parental_leave_ systems % 20 – % 20updated % 20 % 2018_July_2012.pdf

24. Joan C. Williams et Heather Boushey, *The Three Faces of Work-Family Conflict : The Poor, The Professionals, and the Mis-sing Middle*, Center for American Progress and Center for WorkLife Law (janvier 2010), 54-55, http://www.americanprogress.org/ issues/2010/01/three_faces_report.html

25. Laurie A. Rudman et Kris Mescher, « Penalizing Men Who Request a Family Leave : Is Flexibility Stigma a Femininity Stigma ? », *Journal of Social Issues,* à paraître.

Page 175

26. Jennifer L. Berhdahl et Sue H. Moon, « Workplace Mistreat-ment of Middle Class Workers Based on Sex, Parenthood, and Caregiving », *Journal of Social Issues,* à paraître ; Adam B. Butler et Amie Skattebo, « What Is Acceptable for Women May Not Be

for Men : The Effect of Family Conflicts with Work on Job-Performance Ratings », *Journal of Occupational and Organization Psychology* 77, no. 4 (2004) : 553-64 ; Julie Holliday Wayne et Bryanne L. Cordeiro, « Who Is a Good Organizational Citizen ? Social Perception of Male and Female Employees Who Use Family Leave », *Sex Roles* 49, nos. 5-6 (2003) : 233-46 ; et aussi Tammy D. Allen et Joyce E. A. Russell, « Parental Leave of Absence : Some Not So Family-Friendly Implications », *Journal of Applied Social Psychology* 29, no. 1 (1999) : 166-91.

27. En 2011, les pères représentaient 3,4 % des parents au foyer. Cf. Bureau du recensement des États-Unis, « Table SHP-1 Parents and Children in Stay-at-Home Parent Family Groups : 1994 to Present », America's Families and Living Arrangements, Current Population Survey, Annual Social and Economic Supplement (2011), http://webcache.googleusercontent.com/search?q=cache:ffg107mTTwAJ:www.census.gov/population/socdemo/hh-fam/shp1.xls+&cd=3&hl=en&ct=clnk&gl=us Les recherches sur l'isolement social des pères au foyer sont évoquées par Harrington, Van Deusen, et Mazar, *The New Dad*, 6.

28. À peu près 45 % des deux cent sept pères au foyer interrogés dans le cadre d'une enquête ont déclaré avoir fait l'objet d'un commentaire négatif ou d'une réaction hostile de la part d'un adulte. Dans l'écrasante majorité des cas, cet adulte n'était autre qu'une mère au foyer. Cf. Aaron B. Rochlen, Ryan A. McKelley, et Tiffany A. Whittaker, « Stay-At-Home Fathers' Reasons for Entering the Role and Stigma Experiences : A Preliminary Report », *Psychology of Men & Masculinity* 11, no. 4 (2010) : 282.

Page 176

29. En 2010, les femmes gagnaient plus que leur mari dans 29,2 % des foyers où ils travaillaient tous les deux. Cf. Bureau des statistiques du travail, *Wives Who Earn More Than Their Husbands, 1987-2010*, 1988-2011 Suppléments social et économique annuels à l'étude de la population, http://webcache.googleusercontent.com/search?q=cache:r-eatNjOmLsJwww.bls.gov/cps/wives_earn_more.xls+&cd+7&h1=en&ct=clnk&gl=us En ce qui concerne la France, se référer à : Parlement européen, « Secondary and primary earners in Europe. Percentage distributions of couples by share of female earnings, 2009 », http://www.europarl.europa.eu/

documents/activities/cont/201201/20120127ATT36454/20120127
ATT36454EN.pdf

Page 177

30. The Cambridge Women's Pornography Cooperative, *Porn for Women* (San Francisco : Chronicle Books, 2007).

Page 180

31. Cf. Scott Coltrane, « Research on Household Labor : Modeling and Measuring Social Embeddedness of Routine Family Work », *Journal of Marriage and Family* 62, no. 4 (2000) : 1208-33.

32. Lynn Price Cook, « "Doing" Gender in Context : Household Bargaining and Risk of Divorce in Germany and the United States », *American Journal of Sociology* 112, no. 2 (2006) : 442-72.

33. Scott Coltrane, *Family Man : Fatherhood, Housework, and Gender Equality* (Oxford : Oxford University Press, 1996).

34. Les revenus et le pouvoir de marchander au sein du foyer sont notamment évoqués par Frances Woolley, « Control Over Money in Marriage », in *Marriage and the Economy : Theory and Evidence from Advanced Industrial Societies,* ed. Shoshana A. Grossbard-Shechtman et Jacob Mincer (Cambridge : Cambridge University Press, 2003), 105-28 ; ainsi que par Leora Friedberg et Anthony Webb, « Determinants and Consequences of Bargaining Power in Households », NBER Working Paper 12367 (juillet 2006), http://www.nber.org/papers/w12367. Matthew McKeever et Nicholas H. Wolfinger se sont intéressés dans « Reexamining the Economic Costs of Marital Disruption for Women », *Social Science Quarterly* 82, no. 1 (2001) : 202-17 à l'atténuation des conséquences d'un divorce pour une femme, du fait de son activité professionnelle. Laura L. Carstensen évoque, dans *A Long Bright Future : An Action Plan for a Lifetime of Happiness, Health, and Financial Security* (New York : Broadway Books, 2009), les femmes, leur longue espérance de vie et leur sécurité financière.

35. Constance T. Gager et Scott T. Yabiku, « Who Has the Time ? The Relationship Between Household Labor Time and Sexual Frequency », *Journal of Family Issues* 31, no. 2 (2010) : 135-63 ; Neil Chethik, *VoiceMale : What Husbands Really Think About Their Marriages, Their Wives, Sex, Housework, and Com-*

mitment (New York : Simon & Schuster, 2006) ; et aussi K. V. Rao et Alfred DeMaris, « Coital Frequency Among Married and Cohabitating Couples in the United States », *Journal of Biosocial Science* 27, no. 2 (1995) : 135-50.

Page 182

36. Sanjiv Gupta, « The Consequences of Maternal Employment During Men's Childhood for Their Adult Housework Performance », *Gender & Society* 20, no. 1 (2006) : 60-86.

Page 183

37. Richard W. Johnson et Joshua M. Wiener, *A Profile of Frail Older Americans and Their Care Givers*, Occasional Paper Number 8, The Retirement Project, Urban Institute (février 2006), http://www.urban.org/UploadedPDF/311284_older_americans.pdf

38. Gloria Steinem, « Gloria Steinem on Progress and Women's Rights », interrogée par Oprah Winfrey, Oprah's Next Chapter, YouTube, http://www.youtube.com/watch?v=orrmWHnFjqI&feature=relmfu

39. Cette étude portant sur à peine plus d'un millier d'adultes a montré que 80 % des hommes de quarante à cinquante ans considéraient comme très important « d'effectuer un travail qui [les] met au défi d'utiliser [leurs] capacités ». 82 % des hommes de vingt à quarante ans estimaient en revanche très important « que [leur] emploi du temps [leur] permette de passer du temps en compagnie de [leur] famille ». Cf. Radcliffe Public Policy Center, *Life's Work : Generational Attitudes Toward Work and Life Integration* (Cambridge, MA : Radcliffe Public Policy Center, 2000).

9. Le mythe de la capacité à tout concilier

Page 186

1. Sharon Poczter, « For Women in the Workplace, It's Time to Abandon "Have it All" Rhetoric », *Forbes*, 25 juin 2012, http://www.forbes.com/sites/realspin/2012/06/25/for-women-in-the-workplace-its-time-to-abandon-have-it-all-rhetoric/

2. Bureau du recensement des États-Unis, « Table FG1 Married Couple Family Groups, by Labor Force Status of Both Spouses, and Race and Hispanic Origin of the Reference Person »,

America's Families and Living Arrangements, Current Population Survey, Annual Social and Economic Supplement (2011), http://www.census.gov/hhes/families/data/cps2011.html

3. Bureau du recensement des États-Unis, « Table FG10 Family Groups », America's Families and Living Arrangements, Current Population Survey, Annual Social and Economic Supplement (2011), http://www.census.gov/hhes/families/data/cps2011.html Les chiffres ne tiennent compte que des foyers où vivent des enfants de moins de dix-huit ans.

Page 187

4. Le rapport de 2012 s'appuie sur les données les plus récentes, recueillies en 2008. Cf. Organisation de coopération et de développement économiques (OCDE), « Table LMF1.1 : Children in Families by Employment Status », Base de données de l'OCDE sur la famille, http://www.oecd.org/els/familiesandchildren/43198877.pdf

5. Le rapport de 2011 s'appuie sur les données les plus récemment recueillies, en 2007. Cf. OCDE, « Les familles changent », in *Assurer le bien-être des familles*, Éditions de l'OCDE (2011), http://www.oecd.org/els/familiesandchildren/47701118.pdf

6. Tina Fey, *Bossypants* (New York : Little, Brown, 2011), 256.

Page 188

7. Gloria Steinem, « Gloria Steinem on Progress and Women's Rights », interrogée par Oprah Winfrey, Oprah's Next Chapter, YouTube, http://www.youtube.com/watch?v=orrmWHnFjqI&feature=relmfu

8. Beth Saulnier, « Meet the Dean, » *Weill Cornell Medicine Magazine,* printemps 2012, 25.

Page 191

9. Jennifer Stuart, « Work and Motherhood : Preliminary Report of a Psychoanalytic Study », *The Psychoanalytic Quarterly* 76, no. 2 (2007) : 482.

10. Nora Ephron, discours lors de la remise des diplômes au Wellesley College, 1996, http://new.wellesley.edu/events/commencementarchives/1996commencement

Page 197

11. Robyn J. Ely et Deborah L. Rhode, « Women and Leadership : Defining the Challenges », in *Handbook of Leadership*

Theory and Practice, ed. Nitin Nohria et Rakesh Khurana (Boston : Harvard Business School Publishing, 2010), 377-410 ; Deborah L. Rhode et Joan C. Williams, « Legal Perspectives on Employment Discrimination », in *Sex Discrimination in the Workplace : Multidisciplinary Perspectives,* ed. Faye J. Crosby, Margaret S. Stockdale, et S. Ann Ropp (Malden, MA : Blackwell, 2007), 235-70 ; ainsi que Ann Crittenden, *The Price of Motherhood : Why the Most Important Job in the World Is Still the Least Valued* (New York : Metropolitan Books, 2001).

12. Pamela Stone, *Opting Out ? Why Women Really Quit Careers and Head Home* (Berkeley : University of California Press, 2007) ; Leslie A. Perlow, « Boundary Control : The Social Ordering of Work and Family Time in a High-Tech Corporation », *Administrative Science Quarterly* 43, no. 2 (1998) : 328-57 ; et Arlie Russell Hochschild, *The Time Bind : When Work Becomes Home and Home Becomes Work* (New York : Metropolitan Books, 1997). Joan Williams, professeure de droit, directrice du Center for WorkLife Law de l'université de Californie, qu'elle a d'ailleurs fondé, qualifie ces pénalités de « stigmate attaché à la flexibilité ».

13. Jennifer Glass, « Blessing or Curse ? Work-Family Policies and Mother's Wage Growth over Time », *Work and Occupations* 31, no. 3 (2004) : 367-94 ; et Mindy Fried, *Taking Time : Parental Leave Policy and Corporate Culture* (Philadelphia : Temple University Press, 1998).

14. Nicholas Bloom *et al.*, « Does Working from Home Work ? Evidence from a Chinese Experiment » (juillet 2012), http://www.stanford.edu/~nbloom/WFH.pdf Les recherches les plus récentes amènent à penser que le télétravail comporte des inconvénients : ceux qui le pratiquent cumuleraient ainsi des heures supplémentaires en subissant des exigences accrues de la part de leurs employeurs. Cf. Mary C. Noonan et Jennifer L. Glass, « The Hard Truth about Telecommuting », *Monthly Labor Review* 135, no. 6 (2012) : 38-45.

Page 199

15. Les études les plus récentes concluent qu'un temps de travail allongé réduit la productivité. La professeure Leslie A. Perlow de l'école de commerce de Harvard a découvert qu'obliger les consultants du Boston Consulting Group à travailler moins les

rendait plus efficaces. Perlow a incité les équipes de consultants à communiquer plus ouvertement afin de se répartir au mieux leur charge de travail et ce dans le but de s'accorder une soirée de libre par semaine. Elle s'est en outre arrangée pour que les coéquipiers se partagent les informations de manière à pouvoir se remplacer, les uns les autres, ces soirs-là. Ces changements mineurs ont suscité chez les consultants une plus grande satisfaction par rapport à leur travail en leur permettant de mieux le concilier avec leur vie privée. Les consultants et leurs supérieurs ont jugé meilleur le travail fourni par ceux-ci. Les consultants ont dès lors été moins nombreux à démissionner. La communication au sein des équipes s'est améliorée. Et les consultants qui s'accordaient du temps libre se sont estimés plus nombreux que ceux qui continuaient à cumuler les heures supplémentaires à apporter à leur client un service de qualité. Cf. Leslie Perlow, *Sleeping with Your Smartphone : How to Break the 24/7 Habit and Change the Way You Work* (Boston : Harvard Business Review Press, 2012).

16. Colin Powell et Tony Koltz, *It Worked For Me : In Life and Leadership* (New York : HarperCollins, 2012), 40.

17. Joan C. Williams et Heather Boushey, *The Three Faces of Work-Family Conflict : The Poor, The Professionals, and the Missing Middle,* Center for American Progress and Center for WorkLife Law (janvier 2010), 7, http://www.americanprogress.org/issues/2010/01/three_faces_report.html

18. Economic Policy Institute, « Chart : Annual Hours of Work, Married Men and Women, 25-54, with Children, 1979–2010, by Income Fifth », *The State of Working America,* http://stateofworkingamerica.org/chart/swa-income-table-2-17-annual-hours-work-married/ En supposant qu'ils travaillent cinquante semaines par an, les pères et les mères de famille aux revenus moyens ont effectué quatre cent vingt-huit heures de plus en 2010 qu'en 1979, soit en moyenne huit heures trente-cinq minutes de plus par semaine.

Si certains Américains ont trop de travail, d'autres, en particulier ceux qui exercent des métiers mal rémunérés ou peu qualifiés, en manquent. Les sociologues parlent à ce propos de « dispersion croissante » des heures de travail entre les employés les plus et les moins qualifiés. Cf. Arne L. Kallenberg, *Good Jobs, Bad Jobs : The Rise of Polarized and Precarious Employment Systems in the*

United States, 1970s to 2000s (New York : Russell Sage Foundation, 2011), 152-54 ; ainsi que Jerry A. Jacobs et Kathleen Gerson, *The Time Divide : Work, Family, Gender Inequality* (Cambridge, MA : Harvard University Press, 2004).

19. Peter Kuhn et Fernando Lozano, « The Expanding Workweek ? Understanding Trends in Long Work Hours among U.S. Men, 1979-2006 », *Journal of Labor Economics* 26, no. 2 (2008) : 311-43 ; Cynthia Fuchs Epstein et Arne L. Kalleberg, eds., *Fighting for Time : Shifting Boundaries of Work and Social Life* (New York : Russell Sage Foundation, 2004).

Page 200

20. Sylvia Ann Hewlett et Carolyn Buck Luce, « Extreme Jobs : The Dangerous Allure of the 70-Hour Workweek », *Harvard Business Review* 84, no. 12 (2006) : 51.

21. Depuis les années 1990, plusieurs pays d'Europe suivant le modèle de l'État providence ont légiféré sur la durée du temps de travail dans l'intérêt des foyers où mari et femme exercent tous les deux un emploi. En 2000, la semaine de travail comptait moins de quarante heures en Allemagne, en Hollande, au Luxembourg, en France et en Belgique. Les États-Unis sont l'un des pays industrialisés où l'on travaille le plus. Cf. Janet C. Gornick et Marcia K. Meyers, « Supporting a Dual-Earner/Dual-Career Society : Policy Lessons from Abroad », in *A Democracy that Works : The Public Dimensions of the Work and Family Debate*, eds. Jody Hemann et Christopher Beem (New York : The New Press, à paraître).

22. Sarah Perez, « 80 % of Americans Work 'After Hours', Equaling an Extra Day of Work Per Week », *Techcrunch*, 2 juillet 2012, http://techcrunch.com/2012/07/02/80-of-americans-work-after-hours-equaling-an-extra-day-of-work-per-week/

23. Bronwyn Fryer, « Sleep Deficit : The Performance Killer », *Harvard Business Review* 84, no. 10 (2006) : 53-59, http://hbr.org/2006/10/sleep-deficit-the-performance-killer. L'incidence cognitive du manque de sommeil a été étudiée par Paula A. Alhola et Paivi Polo-Kantola, « Sleep Deprivation : Impact on Cognitive Performance », *Neuropsychiatric Disease and Treatment* 3, no. 5 (2007) : 553-67 ; ainsi que par Jeffrey S. Durmer et David

F. Dinges, « Neurocognitive Consequences of Sleep Deprivation », *Seminars in Neurology* 25, no. 1 (2005) : 117-29.

Page 204

24. Suzanne M. Bianchi, John P. Robinson, et Melissa A. Milkie, *The Changing Rhythms of American Family Life* (New York : Russell Sage Foundation, 2006), 74-77. Cette étude du temps que les parents déclarent consacrer à leurs enfants a révélé qu'en 2000, les mères, en activité professionnelle ou non, passaient, en moyenne, six heures et demie de plus par semaine à s'occuper de leur progéniture qu'en 1975 ; ce qui amène les auteurs à conclure : « Tout se passe comme si un changement culturel avait poussé l'ensemble des mères à s'occuper plus longuement de leurs enfants » (p. 78). L'augmentation du temps passé avec les enfants s'explique en grande partie par la volonté actuelle des parents d'associer les soins qu'ils leur donnent à des loisirs. Autrement dit, « soit les soins aux enfants correspondent de plus en plus souvent à des activités de détente, soit les parents font plus fréquemment participer leurs enfants aux activités qui les amusent, eux » (p. 85). Le renoncement croissant des adultes aux loisirs qui leur sont exclusivement réservés, associé au cumul des tâches pendant le temps consacré aux enfants, révèle la volonté des parents de sacrifier leur temps libre au bénéfice de leur progéniture. Une étude de 2009 a montré que les mères exerçant un emploi à temps plein disposaient de moins de loisirs que les autres (moins de dix heures hebdomadaires), quelle que soit l'activité envisagée – regarder la télé, participer à la vie du quartier, rendre visite à des connaissances, etc. On observe en revanche peu de différence entre le temps de loisir des pères dont l'épouse travaille à plein temps et ceux dont la femme n'exerce une activité qu'à temps partiel. Cf. Melissa A. Milkie, Sara B. Raley, et Suzanne M. Bianchi, « Taking on the Second Shift : Time Allocations and Time Pressures of U.S. Parents with Preschoolers », *Social Forces* 88, no. 2 (2009) : 487-517.

Page 205

25. Sharon Hays, *The Cultural Contradictions of Motherhood* (New Haven, CT : Yale University Press, 1996).

Page 206

26. The NICHD Early Child Care Research Network, ed., *Child*

Care and Child Development : Results from the NICHD Study of Early Child Care and Youth Development (New York : Guilford, 2005).

27. National Institute of Child Health and Human Development, *Findings for Children up to Age 4½ Years,* The NICHD Study of Early Child Care and Youth Development, NIH Pub. No. 05-4318 (2006), 1, http://www.nichd.nih.gov/publications/pubs/upload/seccyd_06.pdf

28. *Ibid.* ; voir aussi NICHD Early Child Care Research Network, « Child-Care Effect Sizes for the NICHD Study of Early Child Care and Youth Development », *American Psychologist* 61, no. 2 (2006) : 99-116. L'étude américaine a montré que les enfants qui passaient plus de temps en garderie ou chez la nourrice souffraient parfois de problèmes comportementaux plus aigus : ils piquaient des colères ou tenaient tête à leurs parents, par exemple. Ces problèmes se manifestaient moins dans les structures de garde de qualité et disparaissaient dans l'ensemble à partir de onze, douze ans. Comme l'a noté Kathleen McCartney, rectrice de la Harvard Graduate School of Education et principale auteure de l'étude : « L'effet du temps passé par l'enfant chez la nourrice ou à la crèche est négligeable. Il convient de mettre en balance les éventuelles retombées négatives de la prolongation du temps de garde de l'enfant avec les bénéfices de l'exercice d'un emploi par la mère – parmi lesquels un moindre risque de dépression et des revenus familiaux plus conséquents » (courrier électronique à l'auteure du 26 février 2012). Cf. Kathleen McCartney *et al.*, « Testing a Series of Causal Propositions Relating Time in Child Care to Children's Externalizing Behavior », *Development Psychology* 46, no. 1 (2010) : 1-17. Les liens entre l'activité professionnelle d'une mère et le développement de son enfant ont été minutieusement analysés par Wendy Goldberg *et al.*, « Maternal Employment and Children's Achievement in Context : A Meta-Analysis of Four Decades of Research », *Psychological Bulletin* 134, no. 1 (2008) : 77-108.

Les experts se sont aperçus qu'en dépit des nombreuses preuves que le travail d'une mère n'a pas d'incidence négative sur le développement de son jeune enfant, l'activité professionnelle d'une femme pendant la première année de vie de son nouveau-né a été corrélée avec un développement cognitif ralenti de ce dernier et, dans certains cas, des problèmes de comportement. Plusieurs facteurs doivent nuancer ces conclusions, depuis la réceptivité des parents aux signaux que leur adresse le nourrisson jusqu'à la qualité des soins qu'il reçoit. Cf. Jane Waldfogel, « Parental Work Arrangements and Child Development », *Canadian Public Policy* 33, no. 2 (2007) : 251-71.

Peu importe au final qui garde l'enfant, des parents ou d'un tiers, la plupart des études concluent que c'est la qualité de l'écoute qu'on lui accorde qui importe le plus. Il est nécessaire de rester attentif aux besoins de l'enfant, auquel il faut des soins adaptés. Cf. Jane Waldfogel, *What Children Need* (Cambridge, MA : Harvard University Press, 2006).

29. National Institute of Child Health and Human Development, *Findings for Children up to Age 4½ Years* ; National Institute of Child Health and Human Development Early Child Care and Research Network, « Fathers' and Mothers' Parenting Behavior and Beliefs as Predictors of Children's Social Adjustment and Transition to School, » *Journal of Family* Psychology 18, no. 4 (2004) : 628-38.

30. NICHD Early Child Care and Research Network, "Child-Care Effect Sizes," 113.

31. Une étude menée au Royaume-Uni sur onze mille enfants a révélé que les parents les plus épanouis travaillaient tous les deux à l'extérieur. À niveau égal d'instruction de la mère et revenus du foyer comparables, les enfants dont les parents travaillaient tous les deux, en particulier les filles, rencontraient moins de problèmes comportementaux, du genre hyperactivité, angoisse ou mal-être. Cf. Anne McMunn *et al.*, « Maternal Employment and Child Socio-Emotional Behavior in the UK : Longitudinal Evidence from the UK Millennium Cohort Study », *Journal of Epidemiology & Community Health* 66, no. 7 (2012) : 1-6.

Page 209

32. Robin W. Simon, « Gender, Multiple Roles, Role Meaning, and Mental Health », *Journal of Health and Social Behavior* 36, no. 2 (1995) : 182-94.

33. Marie C. Wilson, *Closing the Leadership Gap : Add Women, Change Everything* (New York : Penguin, 2007), 58.

Page 210

34. Melanie Rudd, Jennifer Aaker, et Michael I. Norton, « Leave Them Smiling : How Small Acts Create More Happiness than Large Acts » (2011), http://faculty-gsb.stanford.edu/aaker/pages/documents/LeaveThemSmiling_RuddAakerNorton12-16-11.pdf

Page 211

35. Mary C. Curtis, « There's More to Sheryl Sandberg's Secret », *Washington Post*, 4 avril 2012, http://www.washington-post.com/blogs/she-the-people/post/theres-more-to-sheryl-sandbergs-secret/2012/04/04/gIQAGhZsvS_blog.html

10. Parlons-en

Page 212

1. Gloria Steinem, « In Defense of the "Chick-Flick" », *Alternet,* 6 juillet 2007, http://www.alternet.org/story/56219/gloria_steinem%3A_in_defense_of_the_'chick_flick'

Page 215

2. Marianne Cooper, « The New F-Word », *Gender News,* 28 février 2011, http://gender.stanford.edu/news/2011/new-f-word

3. Susan Faludi, *Backlash : la guerre froide contre les femmes* (Paris : Des femmes, 1993).

Page 224

4. Richard H. Thaler et Cass R. Sunstein, *Nudge : la méthode douce pour inspirer la bonne décision* (Paris : Vuibert, Impr. 2010).

Page 229

5. Corinne A. Moss-Racusin *et al.*, « Science Faculty's Subtle Gender Biases Favor Male Students », *Proceedings of the National Academy of Sciences of the United States of America* 109, no. 41 (2012) : 16474-79.

Page 230

6. Le cas des candidats à l'embauche a été traité par Rhea E. Steinpreis, Katie A. Anders, et Dawn Ritzke, « The Impact of Gender on the Review of Curricula Vitae of Job Applicants and Tenure Candidates : A National Empirical Study », *Sex Roles* 41,

nos. 7-8 (1999) : 509-28. Christine Wennerås et Agnes Wold se sont penchées sur les préjugés liés à l'appartenance sexuelle dans le cadre de l'attribution de bourses : « Nepotism and Sexism in Peer Review », *Nature* 387 (1997) : 341-43. L'incidence de préjugés sexistes sur les auditions en vue de la formation d'un orchestre a été évoquée par Claudia Goldin et Cecilia Rouse, « Orchestrating Impartiality : The Impact of "Blind" Auditions on Female Musicians », *The American Economic Review* 90, no. 4 (2000) : 715-41.

7. Les économistes Claudia Goldin et Cecilia Rouse se sont penchées sur les méthodes de recrutement des meilleurs orchestres des États-Unis et ont remarqué que les auditions en aveugle, où l'on ne voyait pas les candidats, réduisaient la discrimination envers les femmes. Selon elles, le recours à des auditions en aveugle rend compte de 30 % de l'augmentation de la proportion de femmes parmi les nouvelles recrues. Cf. Goldin and Rouse, « Orchestrating Impartiality, » 715-41.

8. Emily Pronin, Thomas Gilovich, et Lee Ross, « Objectivity in the Eye of the Beholder : Divergent Perceptions of Bias in Self Versus Others », *Psychological Review* 111, no. 3 (2004) : 781-99 ; Emily Pronin, Daniel Y. Lin, et Lee Ross, « The Bias Blind Spot : Perceptions of Bias in Self Versus Others », *Personality and Social Psychology Bulletin* 28, no. 3 (2002) : 369-81.

9. Eric Luis Uhlmann and Geoffrey L. Cohen, « Constructed Criteria : Redefining Merit to Justify Discrimination », *Psychological Science* 16, no. 6 (2005) : 474-80. L'étude a grosso modo démontré que l'importance de tel trait de caractère en tant que critère de recrutement augmentait dès lors qu'un homme s'en prévalait, alors qu'elle diminuait dans le cas contraire. Même les attributs typiquement féminins comme « des enfants » ou « le sens de la famille » revêtaient une importance accrue, à partir du moment où ils s'attachaient à un homme. Les candidates au poste, elles, n'ont pas bénéficié d'un tel favoritisme. L'étude a même mis en évidence une tendance inverse (bien que trop peu évidente pour se révéler statistiquement significative) : il suffisait qu'une candidate soit bardée de diplômes pour que l'instruction compte moins aux yeux du recruteur que dans le cas contraire.

L'étude a révélé que les recruteurs révisaient leurs critères de sélection à des postes traditionnellement réservés à des hommes ou, à l'inverse, à des femmes, de manière à ce que l'expérience et les diplômes d'un candidat du sexe « adéquat » y correspondent. Les candidats hommes au poste de commissaire de police se voyaient ainsi favoriser. Les auteurs de l'étude se sont livrés à une autre expérience du même genre : il en a résulté que les candidates à un poste de professeur dans une école de femmes recevaient elles aussi un coup de pouce. Avoir publiquement défendu la cause féminine passait pour un critère de recrutement important quand la candidate s'en targuait. À l'inverse, cela comptait beaucoup moins quand elle n'avait pas pris fait et cause pour ses consœurs. Les candidats de sexe masculin n'ont pas bénéficié d'un tel favoritisme. D'autres recherches confirment qu'il arrive aux recruteurs d'infléchir les critères sur lesquels se fondent leurs décisions au détriment des candidats qui n'ont pas le sexe ou le type ethnique attendu. Par exemple, Phelan *et al.* se sont intéressés en 2008 aux critères de recrutement à des postes de manager, les premiers, taillés pour des personnes compétentes, sûres d'elles et ambitieuses, les autres collant mieux à un tempérament modeste et sociable. Il se trouve que les recruteurs « accordaient plus de poids aux compétences qu'à l'aptitude à la vie en société sauf dans le cas des femmes candidates aux postes de manager du premier type ». Les auteurs de l'étude concluaient que « les recruteurs justifiaient leur discrimination des femmes en modifiant leurs critères de recrutement ».

Uhlmann et Cohen précisent que, dans le cadre de l'expérience où il fallait recruter un commissaire de police, le favoritisme envers les hommes était surtout le fait des recruteurs de sexe masculin. S'il est vrai qu'hommes comme femmes mettaient en avant des critères de sélection avantageant les postulants au détriment des postulantes, cette attitude était plus flagrante encore chez les hommes. Ces derniers jugeaient en outre plus favorablement les candidats que les candidates dont rien ne distinguait pourtant les C.V., alors que les femmes, non. Dans l'étude où il fallait recruter un professeur dans un établissement scolaire pour filles, ce sont les femmes qui ont fait preuve de partialité : elles ont révisé leurs critères de sélection au bénéfice des candidates, qu'elles ont en outre favorisées lors des évaluations. Surtout, l'étude a montré que, lorsque les recruteurs devaient définir leurs critères de choix avant de connaître le sexe d'un postulant, ni les hommes ni les femmes ne faisaient preuve de partialité. Dans l'intérêt de la lutte contre les discriminations, il conviendrait donc de s'entendre sur des normes de sélection avant de passer en revue les candidatures à un poste.

En conclusion, un recruteur est susceptible de modifier ses critères de sélection pour qu'ils collent au mieux à l'expérience et à la formation de la personne (homme ou femme) qu'il souhaite engager, en particulier à un poste typiquement masculin ou féminin ; il invoque ainsi le « mérite » pour justifier la discrimination. Comme les recruteurs qui se croyaient le plus assurément objectifs se montraient aussi les plus partiaux, les auteurs de l'étude ont émis l'hypothèse que « ce groupe estimait avoir choisi l'homme qu'il fallait alors qu'en réalité il avait choisi les critères qu'il fallait à l'homme en question » (p. 478). Des contraintes de temps ont empêché les auteurs d'évaluer l'impartialité dont pensaient témoigner les femmes chargées de recruter un professeur dans une école de filles. Cf. Julie E. Phelan, Corinne A. Moss-Racusin, et Laurie A. Rudman, « Competent Yet Out in the Cold : Shifting Criteria for Hiring Reflect Backlash Toward Agentic Women », *Psychology of Women Quarterly* 32, no. 4 (2008) : 406-13. D'autres études prouvant qu'une personne convaincue de son impartialité tend à se rendre coupable d'injustices plus criantes encore que les autres sont évoquées par Eric Luis Uhlmann et Geoffrey L. Cohen, « "I Think It, Therefore It's True" : Effects of Self-Perceived Objectivity on Hiring Discrimination », *Organizational Behavior and Human Decision Processes* 104, no. 2 (2007) : 207-23.

Page 231

10. Sreedhari D. Desai, Dolly Chugh, et Arthur Brief, « Marriage Structure and Resistance to the Gender Revolution in the Workplace », Social Science Research Network (mars 2012), http://papers.ssrn.com/sol3/papers.cfm?abstract_id=2018259 Cette étude a elle aussi mis en évidence qu'à l'instar des hommes formant un couple traditionnel, les époux de femmes qui travaillent à temps partiel étaient plus susceptibles d'adopter une attitude hostile ou de répandre des idées reçues à l'encontre des femmes sur leur lieu de travail.

11. Le sexisme bienveillant fait l'objet de l'article de Peter Glick et Susan T. Fiske, « The Ambivalent Sexism Inventory : Dif-

ferentiating Hostile and Benevolent Sexism », *Journal of Personality and Social Psychology* 70, no. 3 (1996) : 491-512.

Page 232

12. Melissa Korn, « Choice of Work Partner Splits Along Gender Lines », *Wall Street Journal,* 6 juin 2012, http://online.wsj.com/article/SB10001424052702303506404577448652549105934.html

13. Un rapport de l'empire médiatique Dow Jones a révélé, en 2012, que les start-up à succès appuyées par des entreprises de capital risque employaient proportionnellement plus de femmes cadres (7,1 %) que les start-up connaissant des difficultés (3,1 %). De même, Herring (en 2009) a montré que les organisations où se mêlent les types ethniques et les employés des deux sexes s'en sortaient mieux que les autres : elles enregistrent en effet un chiffre d'affaires et des profits plus conséquents. Cela étant, Kochan *et al.* (en 2003) n'ont quant à eux mis en évidence aucune incidence directe entre la diversité des types ethniques ou la mixité au sein d'une société et sa prospérité. Des équipes mixtes, du fait qu'elles disposent d'une multiplicité de points de vue, d'aptitudes et de manières d'appréhender un problème, sont potentiellement aptes à obtenir de meilleurs résultats que des groupes plus uniformes. Certaines études ont toutefois indiqué que des difficultés, notamment à communiquer, ou la répugnance de ceux qui se trouvent en minorité à exprimer une opinion différente, empêchaient les équipes mixtes de donner leur pleine mesure. Pour que celles-ci réalisent leur potentiel, il convient de créer un climat de confiance, propice à la cohésion sociale et à la tolérance. Cf. Jessica Canning, Maryam Haque, et Yimeng Wang, *Women at the Wheel : Do Female Executives Drive Start-Up Success ?,* Dow Jones and Company (septembre 2012), http://www.dowjones.com/collateral/files/WomenPE_report_final.pdf ; Cedric Herring, « Does Diversity Pay ? Race, Gender, and the Business Case for Diversity », *American Sociological Review* 74, no. 2 (2009) : 208-24 ; Elizabeth Mannix and Margaret A. Neale, « What Difference Makes a Difference ? The Promise and Reality of Diverse Teams in Organizations », *Psychological Science in the Public Interest* 6, no. 2 (2005) : 31-55 ; sans oublier Thomas Kochan *et al.*, « The Effects of Diversity on

Business Performance : Report of the Diversity Research Network », *Human Resource Management* 42, no. 1 (2003) : 3-21.

Page 234

14. Cynthia C. Hogan, courrier électronique à l'auteure, du 30 mars 2012.

Page 238

15. L'auteure a recueilli ces informations sur les tentatives de l'école de commerce de Harvard de créer un environnement d'apprentissage plus harmonieux au cours d'une visite au campus, le 23 mai 2012.

16. Sean Alfano, « Poll : Women's Movement Worthwhile », CBS News, 11 février 2009, http://www.cbsnews.com/2100-500160_162-965224.html

11. Œuvrer ensemble à l'égalité

Page 241

1. La « rhétorique du choix », c'est-à-dire la conviction répandue que les femmes, à la différence des hommes, décident librement de travailler ou pas en dépit des obstacles idéologiques, familiaux et institutionnels qui les retiennent de concilier travail et vie de famille a été analysée par David Cotter, Joan M. Hermsen, et Reeve Vanneman, « The End of the Gender Revolution ? Gender Role Attitudes from 1977 to 2008 », *American Journal of Sociology* 117, no. 1 (2011) : 259-89 ; Pamela Stone, *Opting Out ? Why Women Really Quit Careers and Head Home* (Berkeley : University of California Press, 2007) ; ainsi que Joan Williams, *Unbending Gender : Why Family and Work Conflict and What to Do About It* (Oxford : Oxford University Press, 2000).

2. Conversation de l'auteure avec la professeure Deborah H. Gruenfeld, 26 juin 2012.

Page 242

3. Patricia Sellers, « New Yahoo CEO Mayer is Pregnant », CNNMoney, 16 juillet 2012, http://postcards.blogs.fortune.cnn.com/2012/07/16/mayer-yahoo-ceo-pregnant/

Page 243

4. « German Family Minister Slams Yahoo ! CEO Mayer », *Spiegel* Online International, 1ᵉʳ août 2012, http://www.spiegel.de/international/germany/german-government-official-criticizes-yahoo-exec-for-short-maternity-leave-a-847739.html

5. Kara Swisher, « Kara Swisher at Garage Geeks », YouTube, http://www.youtube.com/watch?v=jFtdsRx2frI&feature=youtu.be

6. Comment une femme en particulier en vient à représenter l'ensemble de ses consœurs et pourquoi le petit nombre de femmes qui occupent certains postes donnent lieu à des stéréotypes ; c'est ce dont traite Rosabeth Moss Kanter dans *Men and Women of the Corporation*, 2ᵉ éd. (New York : Basic Books, 1993).

Page 244

7. L'article intitulé « Sheryl Sandberg Is the Valley's "It" Girl – Just Like Kim Polese Once Was » peut être consulté à la fin de celui d'Eric Jackson, « Apology to Sheryl Sandberg and to Kim Polese », *Forbes*, 23 mai 2012, http://www.forbes.com/sites/eric-jackson/2012/05/23/apology-sheryl-sandberg-kim-polese/

8. Kim Polese, « Stop Comparing Female Execs and Just Let Sheryl Sandberg Do Her Job », *Forbes*, 25 mai 2012, http://www.forbes.com/sites/carolinehoward/2012/05/25/stop-comparing-female-execs-and-just-let-sheryl-sandberg-do-her-job/

9. Jackson, « Apology to Sheryl Sandberg and to Kim Polese ».

Page 246

10. Une synthèse des recherches liées au syndrome de la « reine des abeilles » est disponible dans les articles de Belle Derks *et al.*, « Gender-Bias Primes Elicit Queen Bee Behaviors in Senior Policewomen », *Psychological Science* 22, no. 10 (2011) : 1243-49 ; ainsi que de Belle Derks *et al.*, « Do Sexist Organizational Cultures Create the Queen Bee ? », *British Journal of Social Psychology* 50, no. 3 (2011) : 519-35.

Page 247

11. Elizabeth J. Parks-Stamm, Madeline E. Heilman, et Krystle A. Hears, « Motivated to Penalize : Women's Strategic Rejection of Successful Women », *Personality and Social Psychology Bulletin* 34, no. 2 (2008) : 237-47 ; Rocio Garcia-Retamero et Esther López-Zafra, « Prejudice Against Women in Male-Congenial Environments : Perceptions of Gender Role Congruity in Leadership », *Sex*

Roles 55, nos. 1-2 (2006) : 51-61 ; David L. Mathison, « Sex Differences in the Perception of Assertiveness Among Female Managers », *Journal of Social Psychology* 126, no. 5 (1986) : 599-606 ; sans oublier Graham L. Staines, Carol Tavris, et Toby E. Jayaratne, « The Queen Bee Syndrome », *Psychology Today* 7 (1974) : 55-60.

12. Naomi Ellemers *et al.*, « The Underrepresentation of Women in Science : Differential Commitment or the Queen Bee Syndrome ? », *British Journal of Social Psychology* 43, no. 3 (2004) : 315-38. Les professeures les plus âgées, ayant gravi les échelons à une époque où les obstacles à l'avancement des femmes étaient plus nombreux, témoignaient de la plus grande partialité envers leurs étudiantes ; ce qui amène à penser que l'attitude de « reine des abeilles » découle de la discrimination envers les femmes.

13. Katherine Stroebe *et al.*, « For Better or For Worse : The Congruence of Personal and Group Outcomes on Target's Responses to Discrimination », *European Journal of Social Psychology* 39, no. 4 (2009) : 576-91.

14. Madeleine K. Albright, Women in the World Summit, 8 mars 2012, http://www.thedailybeast.com/articles/2012/ 03/09/ women-in-the-world-highlights-angelina-jolie-madeline-albright- more-video.html

15. Derks *et al.*, « Do Sexist Organizational Cultures Create the Queen Bee ? », 519-35 ; Robert S. Baron, Mary L. Burgess, et Chuan Feng Kao, « Detecting and Labeling Prejudice : Do Female Perpetrators Go Undetected ? », *Personality and Social Psychology Bulletin* 17, no. 2 (1991) : 115-23.

Page 248

16. Sarah Dinolfo, Christine Silva, et Nancy M. Carter, *High Potentials in the Leadership Pipeline : Leaders Pay It Forward,* Catalyst (2012), 7, http://www.catalyst.org/publication/534/42/ high-potentials-in-the-pipeline-leaders-pay-it-forward

Page 249

17. Janet Aschkenasy, « How a "Good Old Girls" Network at Merrill Advanced the Careers of Four Women », Wall Street Technology Association, 16 juillet 2012, http://news.wsta.efinancialcareers. com/newsandviews_item/wpNewsItemId-106965

Page 250

18. Kunal Modi, « Man Up on Family and Workplace Issues :

A Response to Anne-Marie Slaughter », *The Huffington Post*, 12 juillet 2012, http://www.huffingtonpost.com/kunal-modi/.

Page 251

19. Joan Williams, « Slaughter vs. Sandberg : Both Right », *The Huffington Post*, 22 juin 2012, http://www.huffingtonpost.com/joan-williams/ann-marie-slaughter_b_1619324.html

Page 252

20. Debora Spar, « Why Do Successful Women Feel So Guilty ? », *The Atlantic*, 28 juin 2012, http://www.theatlantic.com/business/archive/2012/06/why-do-successful-women-feel-so-guilty/259079/

Page 255

21. 40 % des mères en activité professionnelle manquent de congés (maladie ou autres) et la moitié d'entre elles se trouvent dans l'impossibilité de s'arrêter de travailler pour s'occuper de leur enfant malade (Institute for Women's Policy Research 2007). Seule une femme sur deux perçoit des revenus pendant son congé maternité (Laughlin, 2011). Les conséquences en sont redoutables ; les foyers ne bénéficiant pas d'un congé rémunéré à la naissance d'un enfant s'endettent généralement, ce qui les menace de basculer dans la pauvreté (Human Rights Watch, 2011). Les emplois à temps partiel aux horaires variables ne permettent pas de s'organiser à l'avance et ne donnent pas accès aux mêmes avantages qu'une semaine de quarante heures (Bravo, 2012). Un trop grand nombre de postes ne permettent aucune flexibilité, ce qui pénalise souvent injustement les mères de famille. Cf. Institute for Women's Policy Research, *Women and Paid Sick Days : Crucial for Family Well-Being*, février 2007 ; Lynda Laughlin, *Maternity Leave and Employment Patterns of First-Time Mothers : 1961-2008*, Bureau du recensement des États-Unis, Current Population Reports, P70-128 (octobre 2011), 9, http://www.census.gov/prod/2011pubs/p70-128.pdf ; Human Rights Watch, *Failing Its Families : Lack of Paid Leave and Work-Family Supports in the US* (2011), http://www.hrw.org/sites/default/files/reports/us2011webwcover.pdf ; et Ellen Bravo, « "Having It All ?" – The Wrong Question to Ask for Most Women », Women's Media Center, 26 juin 2012, http://www.womensmediacenter.com/feature/entry/having-it-allthe-wrong-question-for-most-women

Page 258

22. Nicholas D. Kristof, « Women Hurting Women », *New York Times,* 29 septembre 2012, http://www.nytimes.com/2012/09/30/opinion/sunday/kristof-women-hurting-women.html ?_r=0

Page 259

23. Une étude des données recueillies auprès de plus de vingt mille entreprises, de 1990 à 2003, par la Commission de l'égalité des chances en matière d'emploi (EEOC), a mis en évidence le lien entre l'augmentation du pourcentage de femmes managers haut placées et celle des femmes aux échelons intermédiaires d'une entreprise. L'étude a en outre montré que, si les femmes au sommet de la hiérarchie exercent une influence favorable sur l'avancement des autres, celle-ci décroît au fil du temps. Cf. Fiden Ana Kurtulus et Donald Tomaskovic-Devey, « Do Female Top Managers Help Women to Advance ? A Panel Study Using EEO-1 Records », *The Annals of the American Academy of Political and Social Science* 639, no. 1 (2012) : 173-97. Une autre étude, portant sur plus de huit cents entreprises américaines, a montré que plus il y avait de femmes à siéger au comité de rémunération des cadres du conseil d'administration, plus la différence des salaires que percevaient les hommes et les femmes employés par la société se réduisait. Il n'en allait toutefois pas de même lorsqu'une femme occupait le poste de P-DG. Cf. Taekjin Shin, « The Gender Gap in Executive Compensation : The Role of Female Directors and Chief Executive Officers », *The Annals of the American Academy of Political and Social Science* 639, no. 1 (2012) : 258-78. Une étude portant sur soixante-douze grosses entreprises américaines a révélé qu'une forte proportion de femmes managers aux échelons inférieurs dans les années 1980 et au début des années 1990 était liée à un plus grand nombre de mesures appliquées par les directions des ressources humaines en 1994, permettant de concilier travail et vie privée, ainsi qu'en 1999, à un pourcentage plus élevé de femmes aux postes de direction. Cf. George F. Dreher, « Breaking the Glass Ceiling : The Effects of Sex Ratios and Work-Life Programs on Female Leadership at the Top », *Human Relations* 56, no. 5 (2003) : 541-62.

24. *Gloria : In Her Own Words,* documentaire diffusé par HBO, réalisé par Peter Kunhardt (2011).

Table

Le Livre de Poche s'engage pour
l'environnement en réduisant
l'empreinte carbone de ses livres.
Celle de cet exemplaire est de :

550 g éq. CO_2

Rendez-vous sur
www.livredepoche-durable.fr

PAPIER À BASE DE
FIBRES CERTIFIÉES

Composition réalisée par Nord Compo

Imprimé en France par CPI
en avril 2016
N° d'impression : 2021991
Dépôt légal 1re publication : mai 2014
Édition 04 - avril 2016
LIBRAIRIE GÉNÉRALE FRANÇAISE
31, rue de Fleurus - 75278 Paris Cedex 06

31/9429/7